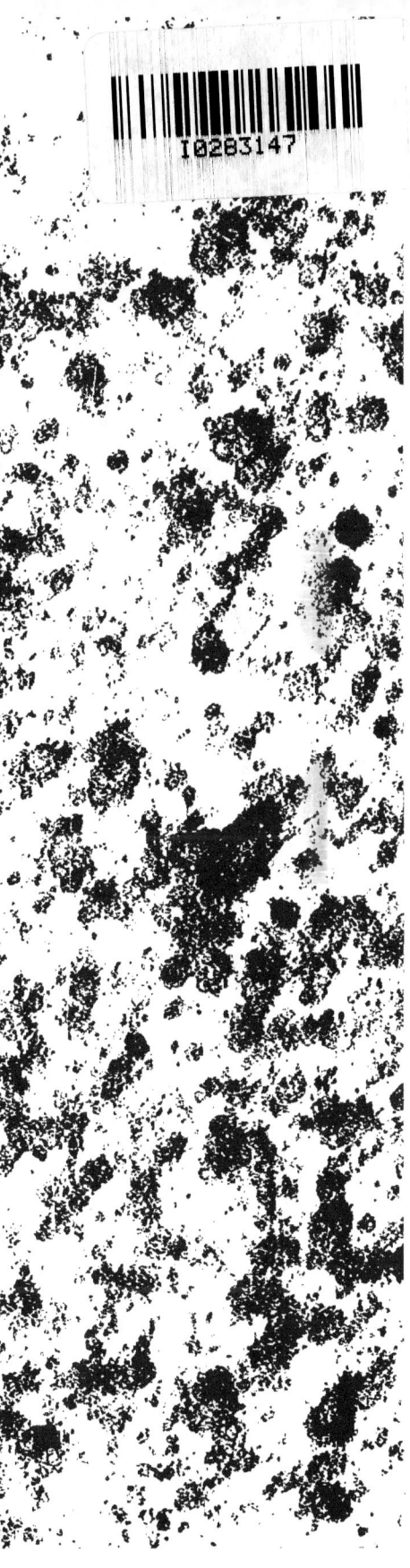

ALLAN KARDEC

Œuvres

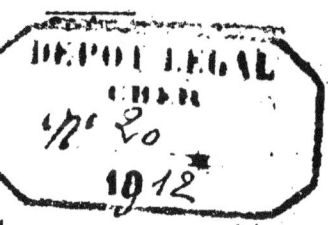

Posthumes

Il faut propager la Morale
et la Vérité.

« Mums »

BIOGRAPHIE D'ALLAN KARDEC
SA PROFESSION DE FOI SPIRITE RAISONNÉE
COMMENT IL EST DEVENU SPIRITE
LES DIVERS PHÉNOMÈNES AUXQUELS IL A ASSISTÉ

SIXIÈME MILLE

PARIS
LIBRAIRIE DES SCIENCES SPIRITES ET PSYCHIQUES
P. LEYMARIE, Éditeur
42, RUE SAINT-JACQUES, 42

1912
Tous droits de reproduction, de traduction et d'adaptation réservés
pour tous pays.

ŒUVRES POSTHUMES

ALLAN KARDEC

ŒUVRES POSTHUMES

Il faut propager la Morale
et la Vérité.
« Mums ».

SIXIÈME MILLE

PARIS
LIBRAIRIE DES SCIENCES SPIRITES ET PSYCHIQUES
Paul LEYMARIE, Éditeur
42, RUE SAINT-JACQUES, 42

1912

BIOGRAPHIE D'ALLAN KARDEC

C'est sous le coup de la douleur profonde causée par le départ prématuré du vénérable fondateur de la doctrine spirite, que nous abordons une tâche, simple et facile pour ses mains savantes et expérimentées, mais dont la lourdeur et la gravité nous accableraient, si nous ne comptions sur le concours efficace des bons Esprits et sur l'indulgence de nos lecteurs.

Qui, parmi nous, pourrait, sans être taxé de présomption, se flatter de posséder l'esprit de méthode et d'organisation dont s'illuminent tous les travaux du maître? Sa puissante intelligence pouvait seule concentrer tant de matériaux divers, et les triturer, les transformer, pour les répandre ensuite, comme une rosée bienfaisante, sur les âmes désireuses de connaître et d'aimer.

Incisif, concis, profond, il savait plaire et se faire comprendre, dans un langage à la fois simple et élevé aussi éloigné du style familier que des obscurités de la métaphysique.

Se multipliant sans cesse, il avait pu jusqu'ici suffire à tout. Cependant, l'accroissement journalier de ses relations et le développement incessant du Spiritisme lui faisaient sentir la nécessité de s'adjoindre quelques aides intelligents, et il préparait simultanément l'organisation nouvelle de la doctrine et de ses travaux, lorsqu'il nous a quittés pour aller dans un monde meilleur, recueillir la sanction de la mission accomplie, et réunir les éléments d'une nouvelle œuvre de dévoûment et de sacrifice.

Il était seul !... Nous nous appellerons *légion*, et, quelque faibles et inexpérimentés que nous soyons, nous avons l'intime conviction que nous nous maintiendrons à la hauteur de la situation, si, partant des principes établis et d'une évidence incontestable, nous nous attachons à exécuter, autant qu'il nous sera possible et selon les besoins du moment, les projets d'avenir que M. Allan Kardec se proposait d'accomplir lui-même.

Tant que nous serons dans sa voie et que toutes les bonnes volontés s'uniront dans un commun effort vers le progrès et la régénération intellectuelle et morale de l'humanité, l'Esprit du grand philosophe sera avec nous et nous secondera de sa puissante influence. Puisse-t-il suppléer à notre insuffisance, et puissions-nous nous rendre dignes de son concours, en nous consacrant à l'œuvre avec autant de dévoûment et de sincérité, sinon avec autant de science et d'intelligence !

Il avait inscrit sur son drapeau, ces mots : *Travail, solidarité, tolérance*. Soyons, comme lui, infatigables ; soyons, selon ses vœux, tolérants et solidaires, et ne craignons pas de suivre son exemple en remettant vingt fois sur le chantier les principes encore discutés. Nous faisons appel à tous les concours, à toutes les lumières. Nous essayerons d'avancer avec certitude plutôt qu'avec rapidité, et nos efforts ne seront pas infructueux, si, comme nous en sommes persuadés, et comme nous en donnerons les premiers l'exemple, chacun s'attache à faire son devoir, en mettant de côté toute question personnelle pour contribuer au bien général.

Nous ne saurions entrer sous des auspices plus favorables dans la nouvelle phase qui s'ouvre pour le Spiritisme, qu'en faisant connaître à nos lecteurs, dans une rapide esquisse, ce que fut, toute sa vie, l'homme intègre et honorable, le savant intelligent et fécond dont la mémoire se transmettra aux siècles futurs, entourée de l'auréole des bienfaiteurs de l'humanité.

Né à Lyon, le 3 octobre 1804, d'une ancienne famille qui s'est distinguée dans la magistrature et le barreau, M. Allan Kardec (*Léon-Hippolyte-Denizart Rivail*) n'a point suivi cette carrière. Dès sa première jeunesse, il se sentait attiré vers l'étude des sciences et de la philosophie.

Élevé à l'École de Pestalozzi, à Yverdun (Suisse), il devint un des disciples les plus éminents de ce célèbre professeur, et l'un des propagateurs zélés de son système d'éducation qui a exercé une grande influence sur la réforme des études en Allemagne et en France.

Doué d'une intelligence remarquable et attiré vers l'enseignement par son caractère et ses aptitudes spéciales, dès l'âge de quatorze ans, il apprenait ce qu'il savait à ceux de ses condisciples qui avaient moins acquis que lui. C'est à cette école que se sont développées les idées qui devaient, plus tard, le placer dans la classe des hommes de progrès et des libres-penseurs.

Né dans la religion catholique, mais élevé dans un pays protestant, les actes d'intolérance qu'il eut à subir à ce sujet lui firent, de bonne heure, concevoir l'idée d'une réforme religieuse, à laquelle il travailla dans le silence pendant de longues années avec la pensée d'arriver à l'unification des croyances ; mais il lui manquait l'élément indispensable à la solution de ce grand problème.

Le Spiritisme vint plus tard le lui fournir et imprimer une direction spéciale à ses travaux.

Ses études terminées, il vint en France. Possédant à fond la langue allemande, il traduisit pour l'Allemagne différents ouvrages d'éducation et de morale, et, ce qui est caractéristique, les œuvres de Fénélon, qui l'avaient particulièrement séduit.

Il était membre de plusieurs sociétés savantes, entre autres de l'Académie royale d'Arras, qui, dans son concours de 1831, le couronna pour un mémoire remarquable sur cette question : « *Quel est le système d'études le plus en harmonie avec les besoins de l'époque ?* »

De 1835 à 1840, il fonda, dans son domicile, rue de Sèvres, des cours gratuits, où il enseignait la chimie, la physique, l'anatomie comparée, l'astronomie, etc. ; entreprise digne d'éloges en tous temps, mais surtout à une époque où un bien petit nombre d'intelligences se hasardaient à entrer dans cette voie.

Constamment occupé de rendre attrayants et intéressants les systèmes d'éducation, il inventa, dans le même temps, une méthode ingénieuse pour apprendre à compter, et un tableau mnémonique de l'histoire de France, ayant pour objet de fixer dans la mémoire les dates des événements remarquables et des découvertes qui illustrèrent chaque règne.

Parmi ses nombreux ouvrages d'éducation nous citerons les suivants : *Plan proposé pour l'amélioration de l'instruction publique* (1828) ; *Cours pratique et théorique d'arithmétique*, d'après la méthode de Pestalozzi, à l'usage des instituteurs et des mères de famille (1829) ; *Grammaire française classique* (1831) ; *Manuel des examens pour les brevets de capacité* ; *Solutions raisonnées des questions et problèmes d'arithmétique et de géométrie* (1846) ; *Catéchisme grammatical de la langue française* (1848) ; *Programme des cours usuels de chimie, physique, astronomie, physiologie* qu'il professait au Lycée Polymathique ; *Dictées normales des examens de l'Hôtel-de-ville et de la Sorbonne*, accompagnées de *Dictées spéciales sur les difficultés orthographiques* (1849), ouvrage très estimé à l'époque de son apparition, et dont, récemment encore, il faisait tirer de nouvelles éditions.

Avant que le Spiritisme ne vînt populariser le pseudonyme Allan Kardec, il avait, comme on le voit, su s'illustrer par des travaux d'une nature toute différente, mais ayant pour objet d'éclairer les masses et de les attacher davantage à leur famille et à leur pays.

« Vers 1855, dès qu'il fut question des manifestations des Esprits, M. Allan Kardec se livra à des observations persévérantes sur ce phénomène et s'attacha principalement à en déduire les conséquences philosophiques. Il y entrevit tout d'abord le principe de nouvelles lois naturelles ; celles qui régissent les rapports du monde visible et du monde invisible ; il reconnut dans l'action de ce dernier, une des forces de la nature, dont la connaissance devait jeter la lumière sur une foule de problèmes réputés insolubles, et il en comprit la portée au point de vue religieux.

« Ses principaux ouvrages sur cette matière sont : *le Livre des Esprits*, pour la partie philosophique et dont la première édition a paru le 18 avril 1857 ; *le Livre des médiums*, pour la partie expérimentale et scientifique (janvier 1861) ; *l'Évangile selon le Spiritisme*, pour la partie morale (avril 1864) ; *le Ciel et l'Enfer*, ou la justice de Dieu selon le Spiritisme (août 1865) ; *la Genèse, les miracles et les prédictions* (janvier 1868) ; *la Revue spirite, journal d'études psychologiques*, recueil mensuel commencé le 1ᵉʳ janvier 1858. Il a fondé à Paris, le 1ᵉʳ avril 1858, la première Société spirite régulièrement constituée, sous le nom de *Société parisienne des études spirites*, dont le but exclusif est l'étude de tout ce qui peut contribuer au progrès de cette nouvelle science. M. Allan Kardec se défend à juste titre d'avoir rien écrit sous l'influence d'idées préconçues ou systématiques ; homme d'un caractère froid et calme, il a observé les faits, et de ses observations il a déduit les lois qui les régissent ; le premier il en a donné la théorie et en a formé un corps méthodique et régulier.

« En démontrant que les faits faussement qualifiés de surnaturels sont soumis à des lois, il les fait entrer dans l'ordre des phénomènes de la nature, et détruit ainsi le dernier refuge du merveilleux et l'un des éléments de la superstition.

« Pendant les premières années où il fut question de phénomènes spirites, ces manifestations furent plutôt un objet de curiosité qu'un sujet de méditations sérieuses ; *le Livre des Esprits* fit envisager la chose sous un tout autre aspect : alors on délaissa les tables tournantes, qui n'avaient été qu'un prélude, et l'on se rallia à un corps de doctrine qui embrassait toutes les questions intéressant l'humanité.

« De l'apparition du *Livre des Esprits* date la véritable fondation du Spiritisme, qui, jusqu'alors, n'avait possédé que des éléments épars sans coordination, et dont la portée n'avait pu être comprise de tout le monde ; de ce moment aussi, la doctrine fixa l'attention des hommes sérieux et prit un développement rapide. En peu d'années ces idées trouvèrent de nombreux adhérents dans tous les rangs de la société et dans tous les pays. Ce succès, sans précédent, tient sans doute aux sympathies que ces idées ont rencontrées, mais il est dû aussi en grande partie, à la clarté, qui est un des caractères distinctifs des écrits d'Allan Kardec.

« En s'abstenant des formules abstraites de la métaphysique, l'auteur a su se faire lire sans fatigue, condition essentielle pour la vulgarisation d'une idée. Sur tous les points de controverse, son argumentation, d'une logique serrée, offre peu de prise à la réfutation et prédispose à la conviction. Les preuves matérielles que donne le Spiritisme de l'existence de l'âme et de la vie future tendent à la destruction des idées matérialistes et panthéistes. Un des principes les plus féconds de cette doctrine, et qui découle du précédent, est celui de *la pluralité des existences*, déjà entrevu par une foule de philosophes anciens et modernes, et dans ces derniers temps par *Jean Reynaud, Charles Fourier, Eugène Sue* et autres ; mais il était resté à l'état d'hypothèse et de système, tandis que le Spiritisme en démontre la réalité et prouve que c'est un des attributs essentiels de l'humanité. De ce principe découle la solution de toutes les anomalies apparentes de la vie humaine, de toutes les inégalités intellectuelles, morales et sociales ; l'homme sait ainsi d'où il vient, où il va, pour quelle fin il est sur la terre et pourquoi il y souffre.

« Les idées innées s'expliquent par les connaissances acquises dans les vies antérieures ; la marche des peuples et de l'humanité, par les hommes des temps passés qui revivent après avoir progressé ; les sympathies et les antipathies, par la nature des rapports antérieurs ; ces rapports, qui relient la grande famille humaine de toutes les époques, donnent pour base les lois mêmes de la nature, et non plus une théorie, aux grands principes de fraternité, d'égalité, de liberté et de solidarité universelle.

« Au lieu du principe : *Hors l'Église point de salut*, qui entretient la division et l'animosité entre les différentes sectes, et qui a fait verser tant de sang, le Spiritisme a pour maxime : *Hors la Charité point de salut*, c'est-à-dire l'égalité parmi les hommes devant Dieu, la tolérance, la liberté de conscience et la bienveillance mutuelle.

« Au lieu de la *foi aveugle* qui annihile la liberté de penser, il dit : *Il n'y a de foi inébranlable que celle qui peut regarder la raison face à face à tous les âges de l'humanité. A la foi il faut une base, et cette base, c'est l'intelligence parfaite de ce qu'on doit croire ; pour croire il ne suffit pas de voir, il faut surtout, comprendre. La foi aveugle n'est plus de ce siècle ; or c'est précisément le dogme de la foi aveugle qui fait aujourd'hui le plus grand nombre d'incrédules, parce qu'elle veut s'imposer et qu'elle exige l'addition d'une des plus précieuses facultés de l'homme : le raisonnement et le libre arbitre.* » (Évangile selon le Spiritisme).

Travailleur infatigable, toujours le premier et le dernier à l'œuvre, Allan Kardec a succombé, le 31 mars 1869, au milieu des préparatifs d'un changement de local, nécessité par l'extension considérable de ses multiples occupations. De nombreux ouvrages qu'il était sur le point de terminer, ou qui attendaient le temps opportun pour paraître, viendront un jour prouver davantage encore l'étendue et la puissance de ses conceptions.

Il est mort comme il a vécu, en travaillant. Depuis de longues années, il souffrait d'une maladie de cœur qui ne pouvait être combattue que par le repos intellectuel et une certaine activité matérielle ; mais tout entier à son œuvre, il se refusait à tout ce qui pouvait absorber un de ses instants. aux dépens de ses préoccupations de prédilection. Chez lui comme chez toutes les âmes fortement trempées, la lame a usé le *fourreau,*

Son corps s'alourdissait et lui refusait ses services, mais son esprit, plus vif plus énergique, plus fécond, étendait toujours davantage le cercle de son activité.

Dans cette lutte inégale, la matière ne pouvait éternellement résister. Un jour elle fut vaincue ; l'anévrisme se rompit, et Allan Kardec tomba foudroyé. Un homme manquait à la terre ; mais un grand nom prenait place parmi les illustrations de ce siècle, un grand Esprit llait se retremper dans l'infini, où tous ceux qu'il avait consolés et éclairés attendaient impatiemment sa venue!

« La mort, disait-il récemment encore, la mort frappe à coups redoublés dans les rangs illustres!... Qui viendra-t-elle maintenant délivrer ? ».

Il est venu, après tant d'autres, se retremper dans l'espace, chercher de nouveaux éléments pour renouveler son organisme usé par une vie de labeurs incessants. Il est parti avec ceux qui seront les phares de la nouvelle génération, pour revenir bientôt avec eux continuer et achever l'œuvre laissée entre des mains dévouées.

L'homme n'est plus, mais l'âme demeurera parmi nous; c'est un protecteur sûr, une lumière de plus, un travailleur infatigable dont se sont accrues les phalanges de l'espace. Comme sur terre, sans blesser personne, il saura faire entendre à chacun les conseils convenables; il tempérera le zèle prématuré des ardents, secondera les sincères et les désintéressés, et stimulera les tièdes. Il voit, il sait aujourd'hui tout ce qu'il prévoyait naguère encore! Il n'est plus sujet ni aux incertitudes, ni aux défaillances, et il nous fera partager sa conviction en nous faisant toucher du doigt le but, en nous désignant la voie, dans ce langage clair, précis, qui en fait un type dans les annales littéraires.

L'homme n'est plus, nous le répétons, mais Allan Kardec est immortel, et son souvenir, ses travaux, son Esprit seront toujours avec ceux qui tiendront fermement et hautement le drapeau qu'il a toujours su faire respecter.

Une individualité puissante a constitué l'œuvre; c'était le guide et la lumière de tous. L'œuvre, sur terre, nous tiendra lieu de l'individu. On ne se ralliera pas autour d'Allan Kardec : on se ralliera autour du Spiritisme tel qu'il l'a constitué, et, par ses conseils, sous son influence, nous avancerons à pas certains vers les phases heureuses promises à l'humanité régénérée.

(*Revue Spirite, mai 1869*).

DISCOURS

PRONONCÉ SUR

LA TOMBE D'ALLAN KARDEC

par Camille Flammarion

Messieurs,

En me rendant avec déférence à l'invitation sympathique des amis du penseur laborieux dont le corps terrestre gît maintenant à nos pieds, je me souviens d'une sombre journée du mois de décembre 1865. Je prononçais alors de suprêmes paroles d'adieu sur la tombe du fondateur de la Librairie académique, de l'honorable Didier, qui fut, comme éditeur, le collaborateur convaincu d'Allan Kardec dans la publication des ouvrages fondamentaux d'une doctrine qui lui était chère, et qui mourut subitement aussi, comme si le ciel eût voulu épargner à ces deux esprits intègres, l'embarras philosophique de sortir de cette vie par une voie différente de la voie communément reçue. — La même réflexion s'applique à la mort de notre ancien collègue Jobard, de Bruxelles.

Aujourd'hui ma tâche est plus grande encore, car je voudrais pouvoir représenter à la pensée de ceux qui m'entendent, et à celle des millions d'hommes qui dans le nouveau monde se sont occupés du problème encore mystérieux des phénomènes surnommés spirites ; — je voudrais, dis-je, pouvoir leur représenter l'intérêt scientifique et l'avenir philosophique de l'étude de ces phénomènes (à laquelle se sont livrés, comme nul ne l'ignore, des hommes éminents parmi nos contemporains). J'aimerais leur faire entrevoir quels horizons inconnus la pensée humaine verra s'ouvrir devant-elle, à mesure qu'elle étendra sa connaissance positive des forces naturelles en action autour de nous ; leur montrer que de telles constatations sont l'antidote le plus efficace de la lèpre de l'athéisme qui semble s'attaquer particulièrement à notre époque de transition ; et témoigner enfin publiquement ici de l'éminent service que l'auteur du *Livre des Esprits* a rendu à la philosophie, *en appelant l'attention et la discussion* sur des faits qui jusqu'alors, appartenaient au domaine morbide et funeste des superstitions religieuses.

Ce serait en effet un acte important d'établir ici devant cette tombe éloquente, que l'examen méthodique des phénomènes appelés à tort surnaturels, loin de renouveler l'esprit superstitieux et d'affaiblir l'énergie de la raison, éloigne au contraire les erreurs et les illusions de l'ignorance, et *sert mieux le progrès* que la négation illégitime de ceux qui ne veulent point se donner la peine de voir.

Mais ce n'est pas ici le lieu d'ouvrir une arène à la discussion irrespectueuse. Laissons seulement descendre de nos pensées, sur la face impassible de l'homme couché devant nous, des témoignages d'affection et des sentiments de regret, qui restent autour de lui dans son tombeau comme un embaumement du cœur ! Et puisque nous savons que son âme éternelle survit à cette dépouille mortelle comme elle lui a préexisté ; puisque nous savons que des liens indestructibles rattachent notre monde visible au monde invisible ; puisque cette âme existe aujourd'hui aussi bien qu'il y a trois jours, et qu'il n'est pas impossible quelle ne se trouve actuellement ici devant moi ; disons-lui que nous n'avons pas voulu voir s'évanouir son image corporelle et l'enfermer dans son sépulcre, sans honorer unanimement ses travaux et sa mémoire, sans payer un tribut de reconnaissance à son incarnation terrestre, si utilement et si dignement remplie.

Je retracerai d'abord dans une esquisse rapide les lignes principales de sa carrière littéraire.

Mort à l'âge de 65 ans, Allan Kardec avait consacré la première partie de sa vie à écrire des ouvrages classiques, élémentaires, destinés surtout à l'usage des instituteurs de la jeunesse. Lorsque, vers 1855, les manifestations, en apparence nouvelles, des tables tournantes, des coups frappés sans cause ostensible des mouvements insolites des objets et des meubles, commencèrent à attirer l'attention publique et déterminèrent même chez des imaginations aventureuses une sorte de fièvre du à la nouveauté de ces expériences, Allan Kardec, étudiant à la fois le magnétisme et ses effets étranges, suivit avec la plus grande patience et une judicieuse clairvoyance les expériences et les tentatives si nombreuses faites alors à Paris. Il recueillit et mit en ordre les résultats obtenus par cette longue observation, et en composa le corps de doctrine publié en 1857 dans la première édition du *Livre des Eprits*. Vous savez tous quel succès accueillit cet ouvrage, en France et à l'étranger.

Parvenu aujourd'hui à sa 15ᵉ édition (1), il a répandu dans toutes les classes ce corps de doctrine élémentaire, qui n'est point nouveau dans son essence puisque l'école de Pythagore en Grèce et celle des druides dans notre pauvre Gaule en enseignaient les principes, mais qui revêtait une véritable forme d'actualité par sa correspondance avec les phénomènes.

Après ce premier ouvrage, parurent successivement le *Livre des Médiums ou Spiritisme expérimental* ; — *Qu'est-ce que le Spiritisme ?* ou abrégé sous forme de questions et de réponses ; — l'*Evangile selon le Spiritisme* ; — *le Ciel et l'Enfer* ; — *la Genèse* : — et la mort vient de le surprendre au moment où, dans son activité infatigable, il travaillait à un ouvrage sur les rapports du magnétisme et du spiritisme.

Par la *Revue Spirite* et la Société de Paris dont il était président, il s'était constitué, en quelque sorte, le centre où tout aboutissait, le trait d'union de tous les expérimentateurs. Il y a quelques mois, sentant sa fin prochaine, il a préparé les conditions de vitalité de ces mêmes études après sa mort, et établi le Comité central qui lui succède.

Il a soulevé des rivalités ; il a fait école sous une forme un peu personnelle ; il y a encore quelque division entre les « spiritualistes » et les « spirites ». Désormais, Messieurs (tel est du moins le vœu des amis de la vérité), nous devons être tous réunis par une solidarité confraternelle, par les mêmes efforts vers l'élucidation du problème, par le désir général et impersonnel du vrai et du bien.

(1) A l'heure de la présente édition de ce volume, le *Livre des Esprits* a atteint sa 52ᵉ édit.

On a objecté, Messieurs, à notre digne ami auquel nous rendons aujourd'hui les derniers devoirs, on lui a objecté de n'être point ce qu'on appelle *un savant*, de n'avoir pas été d'abord physicien, naturaliste ou astronome, et d'avoir préféré constituer un corps de doctrine morale avant d'avoir appliqué la discussion scientifique à la réalité et à la nature des phénomènes.

Peut-être, Messieurs, est-il préférable que les choses aient ainsi commencé. Il ne faut pas toujours rejeter la valeur du sentiment. Combien de cœurs ont été consolés d'abord par cette croyance religieuse ! Combien de larmes ont été séchées ! combien de consciences ouvertes au rayon de la beauté spirituelle ! Tout le monde n'est pas heureux ici-bas. Bien des affections ont été déchirées ! Bien des âmes ont été endormies par le scepticisme. N'est-ce donc rien que d'avoir amené au spiritualisme tant d'êtres qui flottaient dans le doute et qui n'aimaient plus la vie ni physique ni intellectuelle ?

Allan Kardec eût été homme de science, que, sans doute, il n'eût pu rendre ce premier service et répandre ainsi au loin comme une invitation à tous les cœurs.

Mais il était ce que j'appellerai simplement « le bon sens incarné ». Raison droite et judicieuse, il appliquait sans oubli à son œuvre permanente les indications intimes du sens commun. Ce n'était pas là une moindre qualité, dans l'ordre de choses qui nous occupe. C'était, on peut l'affirmer, la première de toutes et la plus précieuse, sans laquelle l'œuvre n'eût pu devenir populaire ni jeter ses immenses racines dans le monde. La plupart de ceux qui se sont livrés à ces études se sont souvenus avoir été dans leur jeunesse, ou dans certaines circonstances spéciales, témoins eux-mêmes de manifestations inexpliquées ; il est peu de familles qui n'aient observé dans leur histoire des témoignages de cet ordre. Le premier point était d'y appliquer la raison ferme du simple bon sens et de les examiner selon les principes de la méthode positive.

Comme l'organisateur de cette étude lente et difficile l'a prévu lui-même, cette complexe étude doit entrer maintenant dans sa période scientifique. Les phénomènes physiques sur lesquels on n'a pas insisté d'abord, doivent devenir l'objet de la critique expérimentale, à laquelle nous devons la gloire du progrès moderne et les merveilles de l'électricité et de la vapeur ; cette méthode doit saisir les phénomènes de l'ordre encore mystérieux auquel nous assistons, les disséquer, les mesurer, et les définir.

Car, Messieurs, le spiritisme n'est pas une religion, mais c'est une science, science dont nous connaissons à peine l'*a b c*. Le temps des dogmes est fini. La nature embrasse l'univers, et, Dieu lui-même, qu'on a fait jadis à l'image de l'homme, ne peut être considéré par la métaphysique moderne que comme *un Esprit dans la nature*. Le surnaturel n'existe pas. Les manifestations obtenues par l'intermédiaire des médiums, comme celles du magnétisme et du somnambulisme, *sont de l'ordre naturel*, et doivent être sévèrement soumises au contrôle de l'expérience. Il n'y a plus de miracles. Nous assistons à l'aurore d'une science inconnue. Qui pourrait prévoir à quelles conséquences conduira dans le monde de la pensée l'étude positive de cette psychologie nouvelle ?

La science régit le monde désormais ; et, Messieurs, il ne sera pas étranger à ce discours funèbre de remarquer son œuvre actuelle et les inductions nouvelles qu'elle nous découvre, précisément au point de vue de nos recherches.

A aucune époque de l'histoire la science n'a développé devant le regard étonné de l'homme des horizons aussi grandioses. Nous savons maintenant que la *Terre est un astre*, et que *notre vie actuelle s'accomplit dans le ciel*. Par l'analyse de la lumière, nous connaissons les éléments qui brûlent dans le soleil et dans les étoiles, à des millions, et à des trillions de lieues de notre observatoire terrestre. Par le calcul, nous possédons l'histoire du ciel et de la terre dans leur passé lointain comme dans leur avenir, qui n'existent pas pour les lois immuables. Par l'observation, nous avons pesé les terres célestes qui gravitent dans l'étendue. Le globe où nous sommes est devenu un atome stellaire volant dans l'espace au milieu des profondeurs infinies, et notre propre existence sur ce globe est devenue une fraction infinitésimale de notre vie éternelle. Mais ce qui peut à juste titre nous frapper plus vivement encore, c'est cet étonnant résultat des travaux physiques opérés en ces dernières années : que *nous vivons au milieu d'un monde invisible* agissant sans cesse autour de nous. Oui, Messieurs, c'est là, pour nous, une révélation immense. Contemplez par exemple la lumière répandue à cette heure dans l'atmosphère par ce brillant soleil, contemplez cet azur si doux de la voûte céleste, remarquez ces effluves d'air tiède qui viennent caresser nos visages, regardez ces monuments et cette terre : eh bien, malgré nos yeux grands ouverts, nous ne voyons pas ce qui se passe ici ! Sur cent rayons émanés du soleil, un tiers seulement sont accessibles à notre vue, soit directement, soit réfléchis par tous ces corps ; les deux tiers existent et agissent autour de nous, mais d'une manière invisible quoique réelle. Ils sont chauds, sans être lumineux pour nous et sont cependant beaucoup plus actifs que ceux qui nous frappent, car ce sont eux qui attirent les fleurs du côté du soleil, qui produisent toutes les actions chimiques (1), et ce sont eux aussi qui élèvent, sous une forme également invisible, la vapeur d'eau dans l'atmosphère pour en former les nuages ; — exerçant ainsi incessamment autour de nous, d'une manière occulte et silencieuse, une force colossale, mécaniquement évaluable au travail de plusieurs milliards de chevaux !

Si les rayons calorifiques et les rayons chimiques qui agissent constamment dans la nature sont invisibles pour nous, c'est parce que les premiers ne frappent pas assez vite notre rétine, et parce que les seconds la frappent trop vite. Notre œil ne voit les choses qu'entre deux limites, en deçà et au delà desquelles il ne voit plus. Notre organisme terrestre peut être comparé à une harpe à deux cordes, qui sont le nerf optique et le nerf auditif. Une certaine espèce de mouvements met en vibration la première et une autre espèce de mouvements met en vibration la seconde : c'est là *toute la sensation humaine,* plus restreinte ici que celle de certains êtres vivants, de certains insectes, par exemple, chez lesquels ces mêmes cordes de la vue et de l'ouïe sont plus délicates. Or il existe en réalité dans la nature, non pas deux, mais dix, cent, mille espèces de mouvements. La

___
(1) Notre rétine est insensible pour ces rayons ; mais d'autres substances les *voient,* par exemple l'iode et les sels d'argent. On a photographié le spectre solaire chimique, que notre œil ne voit pas. La plaque du photographe n'offre, du reste, jamais, aucune image visible en sortant de la chambre noire, quoiqu'elle la *possède,* puisqu'une opération chimique la fait apparaître.

science physique nous enseigne donc que nous vivons ainsi au milieu d'un monde invisible pour nous, et qu'il n'est pas impossible que des êtres (invisibles également pour nous) vivent également sur la terre, dans un ordre de sensations absolument différent du nôtre, et sans que nous puissions apprécier leur présence, à moins qu'ils ne se manifestent à nous par des faits rentrant dans notre ordre de sensations.

Devant de telles vérités, qui ne font encore que s'entr'ouvrir, combien la négation *à priori* ne paraît-elle pas absurde et sans valeur ! Quand on compare le peu que nous savons, et l'exiguïté de notre sphère de perception à la quantité de ce qui existe, on ne peut s'empêcher de conclure que nous ne savons rien et que tout nous reste à savoir. De quel droit prononcerions-nous donc le mot « impossible » devant des faits que nous constatons sans pouvoir en découvrir la cause unique ?

La science nous ouvre des vues aussi autorisées que les précédentes sur les phénomènes de la vie et de la mort et sur la force qui nous anime. Il nous suffit d'observer la circulation des existences.

Tout n'est que métamorphose. Emportés dans leur cours éternel, les atomes constitutifs de la matière passent sans cesse d'un corps à l'autre, de l'animal à la plante, de la plante à l'atmosphère, de l'atmosphère à l'homme, et notre propre corps, pendant la durée entière de notre vie, change incessamment de substance constitutive, comme la flamme ne brille que par des éléments sans cesse renouvelés ; et quand l'âme s'est envolée, ce même corps, tant de fois transporté déjà pendant la vie, rend définitivement à la nature toutes les mollécules pour ne plus les reprendre. Au dogme inadmissible de la résurrection de la chair s'est substituée la haute doctrine de la transmigration des âmes.

Voici le soleil d'Avril qui rayonne dans les cieux et nous inonde de sa première rosée calorescente. Déjà les campagnes se réveillent, déjà les premiers bourgeons s'entr'ouvrent, déjà le printemps fleurit, l'azur céleste sourit, et la résurrection s'opère ; et pourtant cette vie nouvelle n'est formée que par la mort et ne recouvre que des ruines ! D'où vient la sève de ces arbres qui reverdissent dans ce champ des morts ? d'où vient cette humidité qui nourrit leurs racines ? d'où viennent tous les éléments qui vont faire apparaître sous les caresses de mai les petites fleurs silencieuses et les oiseaux chanteurs ? — De la mort !... Messieurs..., de ces cadavres ensevelis dans la nuit sinistre des tombeaux !... Loi suprême de la nature, le corps n'est qu'un assemblage transitoire de particules qui ne lui appartiennent point et que l'âme a groupées suivant son propre type pour se créer des organes la mettant en relation avec notre monde physique. Et tandis que notre corps se renouvelle ainsi pièces par pièces par l'échange perpétuel des matières, tandis qu'un jour il tombe, masse inerte, pour ne plus se relever, notre esprit, être personnel, a gardé constamment son *identité* indestructible, a régné en souverain sur la matière dont il était revêtu, établissant ainsi par ce fait constant et universel sa personnalité indépendante, son essence spirituelle non soumise à l'empire de l'espace et du temps, sa grandeur individuelle, *son immortalité*.

En quoi consiste le mystère de la vie ? par quels liens l'âme est-elle rattachée à l'organisme ? par quel dénoûment s'en échappe-t-elle ? sous quelle forme et en quelles conditions existe-t-elle après la mort ? quels souvenirs, quelles affections garde-t-elle ? — Ce sont là, Messieurs, autant de problèmes qui sont loin d'être résolus, et dont l'ensemble constituera la science psychologique de l'avenir. Certains hommes peuvent nier l'existence même de l'âme comme celle de Dieu, affirmer que la vérité morale n'existe pas, qu'il n'y a point de lois intelligentes dans la nature, et que nous, spiritualistes, sommes les dupes d'une immense illusion. D'autres peuvent, à l'opposé, déclarer qu'ils connaissent par un privilège spécial l'essence de l'âme humaine, la forme de l'Être suprême, l'état de la vie future, et nous traiter d'athées parce que notre raison se refuse à leur foi. Les uns et les autres, Messieurs, n'empêcheront pas que nous soyons ici en face des plus grands problèmes, que nous ne nous intéressions à ces choses (qui sont loin de nous être étrangères), et que nous n'ayons le droit d'appliquer la méthode expérimentale de la science contemporaine à la recherche de la vérité.

C'est par l'étude positive des effets que l'on remonte à l'appréciation des causes. Dans l'ordre des études réunies sous la dénomination générique de « spiritisme », *les faits existent*. Mais nul ne connaît leur mode de production. Ils existent, tout aussi bien que les phénomènes électriques, lumineux, caloriques ; mais, Messieurs, nous ne connaissons ni la biologie, ni la physiologie. Qu'est-ce que le corps humain ? qu'est-ce que le cerveau ? quelle et l'action absolue de l'âme ? Nous l'ignorons. Nous ignorons également l'essence de l'électricité, l'essence de la lumière ; il est donc sage d'observer sans parti pris tous ces faits et d'essayer d'en déterminer les causes, qui sont peut-être d'espèces diverses et plus nombreuses que nous ne l'avons supposé jusqu'ici.

Que ceux dont la vue est bornée par l'orgueil ou par le préjugé ne comprennent point ces anxieux désirs de nos pensées avides de connaître ; qu'ils jettent sur ce genre d'étude le sarcasme ou l'anathème ; nous élevons plus haut nos contemplations !... Tu fus le premier, ô maître et ami ! tu fus le premier qui, dès le début de ma carrière astronomique, témoigna une vive sympathie pour mes déductions relatives à l'existence des humanités célestes ; car, prenant en main le livre de la *Pluralité des mondes habités*, tu le posas de suite à la base de l'édifice doctrinaire que tu rêvais. Bien souvent nous nous entretenions ensemble de cette vie céleste si mystérieuse ; maintenant, ô âme ! tu sais par une vision directe en quoi consiste cette vie spirituelle à laquelle nous retournerons tous, et que nous oublions pendant cette existence.

Maintenant tu es retourné à ce monde d'où nous sommes venus, et tu recueilles le fruit de tes études terrestres. Ton enveloppe dort à nos pieds, ton cerveau est éteint, tes yeux sont fermés pour ne plus s'ouvrir, ta parole ne se fera plus entendre... Nous savons que tous nous arriverons à ce même dernier sommeil, à la même inertie, à la même poussière. Mais ce n'est pas dans cette enveloppe que nous mettons notre gloire et notre espérance. Le corps tombe, l'âme reste et retourne à l'espace. Nous nous retrouverons dans un monde meilleur, et dans le ciel immense où s'exerceront nos facultés les plus puissantes, nous continuerons les études qui n'avaient sur la terre qu'un théâtre trop étroit pour les contenir.

Nous aimons mieux savoir cette vérité, que de croire que tu gis tout entier dans ce cadavre et que ton âme ait été détruite par la cessation du jeu d'un organe. L'immortalité est la lumière de la vie, comme cet éclatant soleil est la lumière de la nature.

Au revoir mon cher Allan Kardec, au revoir.

Aux abonnés de la Revue.

Jusqu'à ce jour la *Revue Spirite* a été essentiellement l'œuvre, la création d'Allan Kardec, comme du reste, tous les ouvrages doctrinaux qu'il a publiés.

Lorsque la mort l'a surpris, la multiplicité de ses occupations et la nouvelle phase dans laquelle entrait le Spiritisme, lui faisaient désirer de s'adjoindre quelques collaborateurs convaincus, pour exécuter, sous sa direction, des travaux auxquels il ne pouvait plus suffire.

Nous nous attacherons à ne pas nous écarter de la voie qu'il nous a tracée ; mais il nous a paru de notre devoir de consacrer aux travaux du Maître, sous le titre d'*Œuvres posthumes*, les quelques pages qu'il se fut réservées s'il était demeuré corporellement parmi nous. L'abondance des documents accumulés dans son cabinet de travail nous permettra, pendant plusieurs années, de publier dans chaque numéro, outre les instructions qu'il voudra bien nous donner comme Esprit, un de ces intéressants articles qu'il savait si bien rendre compréhensibles à tous.

Nous sommes persuadés de satisfaire ainsi aux vœux de tous ceux que la philosophie spirite a réunis dans nos rangs, et qui ont su apprécier dans l'auteur du *Livre des Esprits*, l'homme de bien, le travailleur infatigable et dévoué, le spirite convaincu, s'appliquant dans sa vie privée à mettre en pratique les principes qu'il enseignait dans ses œuvres.

Revue Spirite, 12ᵉ année — Juin 1869.

ŒUVRES POSTHUMES
D'ALLAN KARDEC

PROFESSION
DE FOI SPIRITE RAISONNÉE.

§ I. Dieu.

1 *Il y a un Dieu, intelligence suprême, cause première de toutes les choses.*

La preuve de l'existence de Dieu est dans cet axiome : *Il n'y a point d'effet sans cause.* Nous voyons sans cesse une multitude innombrable d'effets, dont la cause n'est pas dans l'humanité puisque l'humanité est impuissante à les reproduire et même à les expliquer ; la cause est donc au-dessus de l'humanité. C'est cette cause que l'on appelle *Dieu, Jéhovah, Allah, Brahma, Fo-hé, Grand-Esprit*, etc., selon les langues, les temps et les lieux.

Ces effets ne se produisent point au hasard, fortuitement et sans ordre ; depuis l'organisation du plus petit insecte et de la plus petite graine, jusqu'à la loi qui régit les mondes circulant dans l'espace, tout atteste une pensée une combinaison, une prévoyance, une sollicitude qui dépassent toutes les conceptions humaines. Cette cause est donc souverainement intelligente.

2. *Dieu est éternel, immuable, immatériel, unique, tout-puissant, souverainement juste et bon.*

Dieu est *éternel* : s'il avait eu un commencement, quelque chose aurait existé avant lui ; il serait sorti du néant, ou bien il aurait été créé lui-même par un être antérieur. C'est ainsi que, de proche en proche, nous remontons à l'infini dans l'éternité.

Il est *immuable* ; s'il était sujet à des changements, les lois qui régissent l'univers n'auraient aucune stabilité.

Il est *immatériel* ; c'est-à-dire que sa nature diffère de tout ce que nous appelons matière, autrement il serait sujet aux fluctuations et aux transformations de la matière, et il ne serait pas *immuable*.

Il est *unique*; s'il y avait plusieurs Dieux, il y aurait plusieurs volontés; et dès lors il n'y aurait ni unité de vues, ni unité de puissance dans l'ordonnance de l'univers.

Il est *tout-puissant*, parce qu'il est *unique*. S'il n'avait pas la souveraine puissance, il y aurait quelque chose de plus puissant que lui ; il n'aurait pas fait toutes choses, et celles qu'il n'aurait pas faites seraient l'œuvre d'un autre Dieu.

Il est *souverainement juste et bon*. La sagesse providentielle des lois divines se révèle dans les plus petites choses comme dans les plus grandes, et cette sagesse ne permet de douter ni de sa justice, ni de sa bonté.

3 *Dieu est infini dans toutes ses perfections.*

Si l'on suppose imparfait un seul des attributs de Dieu, si l'on retranche la moindre parcelle de *l'éternité,* de *l'immuabilité,* de *l'immatérialité,* de *l'unité,* de *la toute puissance,* de *la justice* et de *la bonté* de Dieu, on peut supposer un être possédant ce qui lui manquerait, et cet être, plus parfait que lui, serait Dieu.

§ II L'âme

4. *Il y a en l'homme un principe intelligent que l'on appelle* Ame *ou* Esprit, *indépendant et la matière et qui lui donne le sens moral de la faculté et penser*.

Si la pensée était une propriété de la matière, on verrait la matière brute penser ; or, comme on n'a jamais vu la matière inerte douée de facultés intellectuelles ; que lorsque le corps est mort il ne pense plus, il faut en conclure que l'âme est indépendante de la matière, et que les organes ne sont que des instruments à l'aide desquels l'homme manifeste sa pensée.

5. *Les doctrines matérialistes sont incompatibles avec la morale et subversives de l'ordre social.*

Si, selon les matérialistes, la pensée était sécrétée par le cerveau, comme la bile est sécrétée par le foie, il en résulterait qu'à la mort du corps, l'intelligence de l'homme et toutes ses qualités morales rentreraient dans le néant ; que les parents, les amis et tous ceux qu'on aurait affectionnés seraient perdus sans retour, que l'homme de génie serait sans mérite, puisqu'il ne devrait ses facultés transcendantes qu'au hasard de son organisation ; qu'il n'y aurait entre l'imbécile et le savant que la différence du plus ou du moins de cervelle.

Les conséquences de cette doctrine seraient que l'homme n'attendant rien au-delà de cette vie, n'aurait aucun intérêt à faire le bien ; qu'il serait tout naturel de chercher à se procurer le plus de jouissances possibles, fût-ce même aux dépens d'autrui; qu'il y aurait stupidité à se priver pour les autres ; que l'égoïsme serait le sentiment le plus rationnel, que celui qui est obstinément malheureux sur la terre, n'aurait rien de mieux à faire que de se tuer, puisque devant tomber dans le néant, il n'en serait ni plus ni moins pour lui, et qu'il abrégerait ses souffrances.

La doctrine matérialiste est donc la sanction de l'égoïsme, source de tous les vices, la négation de la charité, source de toutes les vertus et base de l'ordre social, et la justification du suicide.

6 *L'indépendance de l'âme est prouvée par le Spiritisme.*

L'existence de l'âme est prouvée par les actes intelligents de l'homme, qui doivent avoir une cause intelligente et non une cause inerte. Son indépendance de la matière est démontrée d'une manière patente par les phénomènes spirites qui la montrent agissant par elle-même, et surtout par l'expérience de son isolement *pendant la vie*, ce qui lui permet de se manifester, de penser et d'agir en l'absence du corps.

On peut dire que si la chimie a séparé les éléments de l'eau, si elle a mis par là leurs propriétés à découvert et si elle peut à volonté défaire et refaire un corps composé, le Spiritisme peut également isoler les deux éléments constitutifs de l'homme : *l'esprit et la matière, l'âme et le corps*, les séparer et les réunir à volonté, ce qui ne peut laisser de doute sur leur indépendance.

7. *L'âme de l'homme survit au corps et conserve son individualité après la mort.*

Si l'âme ne survivait pas au corps, l'homme n'aurait pour perspective que le néant, tout aussi bien que si la faculté de penser était le produit de la matière ; si elle ne conservait pas son individualité, c'est-à-dire si elle allait se perdre dans le réservoir commun appelé *grand tout*, comme les gouttes d'eau dans l'Océan, ce n'en serait pas moins pour l'homme le néant de la pensée, et les conséquences seraient absolument les mêmes que s'il n'avait pas d'âme.

La survivance de l'âme après la mort est prouvée d'une manière irrécusable et en quelque sorte palpable par les communications spirites. Son individualité est démontrée par le caractère et les qualités propres à chacun ; ces qualités, distinguant les âmes les unes des autres, constituent leur personnalité ; si elles étaient confondues dans un tout commun, elles n'auraient que des qualités uniformes.

Outre ces preuves intelligentes, il y a encore la preuve matérielle des manifestations visuelles ou apparitions, qui sont si fréquentes et si authentiques, qu'il n'est pas permis de les révoquer en doute.

8. *L'âme de l'homme est heureuse ou malheureuse après la mort, selon le bien ou le mal qu'elle a fait pendant la vie.*

Dès lors qu'on admet un Dieu souverainement juste, on ne peut admettre que les âmes aient un sort commun. Si la position future du criminel et de l'homme vertueux devait être la même, cela exclurait toute utilité de chercher à faire le bien ; or, supposer que Dieu ne fait pas de différence entre celui qui fait bien et celui qui fait mal, ce serait nier sa justice. Le mal ne recevant pas toujours sa punition, ni le bien sa récompense pendant la vie terrestre, il faut en conclure que justice sera faite après, sans cela Dieu ne serait pas juste.

Les peines et les jouissances futures sont en outre prouvées matériellement par les communications que les hommes peuvent établir avec les âmes de ceux qui ont vécu et qui viennent décrire leur état heureux ou malheureux la nature de leurs joies ou de leurs souffrances, et en dire la cause.

9. *Dieu, l'âme, survivance et individualité de l'âme après la mort du corps, peines et récompenses futures, sont les principes fondamentaux de toutes les religions.*

Le Spiritisme vient ajouter aux preuves morales de ces principes les preuves matérielles des faits et de l'expérimentation, et couper court aux sophismes du matérialisme. En présence des faits, l'incrédulité n'a plus de raison d'être ; c'est ainsi que le Spiritisme vient redonner la foi à ceux qui l'ont perdue, et lever les doutes chez les incertains.

§ III. Création

10. *Dieu est le créateur de toutes choses.*

Cette proposition est la conséquence de la preuve de l'existence de Dieu.

11. *Le principe des choses est dans les secrets de Dieu.*

Tout dit que Dieu est l'auteur de toutes choses, mais quand et comment les a-t-il créées ? La matière est-elle de toute éternité comme lui ? c'est ce que nous ignorons. Sur tout ce qu'il n'a pas jugé à propos de nous révéler, on ne peut établir que des systèmes plus ou moins probables. Des effets que nous voyons, nous pouvons remonter à certaines causes; mais il est une limite qu'il nous est impossible de franchir, et ce serait à la fois perdre son temps et s'exposer à s'égarer que de vouloir aller au-delà.

12. *L'homme a pour guide dans la recherche de l'inconnu, les attributs de Dieu.*

Dans la recherche des mystères qu'il nous est permis de sonder par le raisonnement, il est un critérium certain, un guide infaillible : ce sont les attributs de Dieu.

Dès lors qu'on admet que Dieu doit être *éternel, immuable, immatériel, unique tout-puissant souverainement juste et bon*, qu'il est infini dans ses perfections, toute doctrine ou théorie, scientifique ou religieuse, qui tendrait à lui ôter une parcelle d'un seul de ses attributs, serait nécessairement fausse, puisqu'elle tendrait à la négation de la divinité même.

13. *Les mondes matériels ont eu un commencement et auront une fin.*

Que la matière soit de toute éternité comme Dieu, ou qu'elle ait été créée à une époque quelconque, il est évident, d'après ce qui se passe journellement sous nos yeux, que les transformations de la matière sont temporaires, et que de ces tranformations résultent les différents corps qui naissent et se détruisent sans cesse.

Les différents mondes étant les produits de l'agglomération et de la transformation de la matière, doivent comme tous les corps matériels, avoir eu un commencement et avoir une fin, selon des lois qui nous sont inconnues. La science peut, jusqu'à un certain point, établir les lois de leur formation et remonter à leur état primitif. Toute théorie philosophique en contradiction avec les faits démontrés par la science, est nécessairement fausse, à moins de prouver que la science est dans l'erreur.

14. En créant les mondes matériels, Dieu a aussi créé des êtres intelligents que nous nommons Esprits.

15 L'origine et le mode de création des Esprits nous sont inconnus ; nous savons seulement qu'ils sont créés simples et ignorants, c'est-à-dire sans science et sans connaissance du bien et du mal, mais perfectibles et avec une égale aptitude pour tout acquérir et tout connaître avec le temps. Dans le principe, ils sont dans une sorte d'enfance, sans volonté propre et sans conscience parfaite de leur existence.

16. A mesure que l'esprit s'éloigne du point de départ

les idées se développent en lui, comme chez l'enfant, et avec les idées, le libre arbitre, c'est-à-dire la liberté de faire ou de ne pas faire, de suivre telle ou telle voie pour son avancement ce qui est un des attributs essentiels de l'Esprit.

17. Le but final de tous les esprits est d'atteindre la perfection dont est susceptible la créature ; le résultat de cette perfection est la jouissance du bonheur suprême qui en est la conséquence, et auquel ils arrivent plus ou moins promptement selon l'usage qu'ils font de leur libre arbitre.

18. Les esprits sont les agents de la puissance divine ; ils constituent la force intelligente de la nature et concourent à l'accomplissement des vues du Créateur pour le maintien de l'harmonie générale de l'univers et des lois immuables de la création.

19. Pour concourir, comme agents de la puissance divine, à l'œuvre des mondes matériels, les Esprits revêtent temporairement un corps matériel.

Les Esprits incarnés constituent l'humanité. L'âme de l'homme est un Esprit incarné.

20. La vie spirituelle est la vie normale de l'Esprit : elle est éternelle ; la vie corporelle est transitoire et passagère ; ce n'est qu'un instant dans l'éternité.

21. L'incarnation des Esprits est dans les lois de la nature ; elle est nécessaire à leur avancement et à l'accomplissement des œuvres de Dieu. Par le travail que nécessite leur existence corporelle, ils perfectionnent leur intelligence et acquièrent, en observant la loi de Dieu, les mérites qui doivent les conduire au bonheur éternel.

Il en résulte que, tout en concourant à l'œuvre générale de la création, les Esprits travaillent à leur propre avancement.

22. Le perfectionnement de l'Esprit est le fruit de son propre travail ; il avance en raison de son plus ou moins d'activité ou de bonne volonté pour acquérir les qualités qui lui manquent.

23. L'esprit ne pouvant acquérir dans une seule existence corporelle toutes les qualités morales et intellectuelles qui doivent le conduire au but, il y arrive par une succession d'existences à chacune desquelles il fait quelques pas en avant dans la voie du progrès et se purifie de quelques-unes de ses imperfections.

24. A chaque nouvelle existence, l'Esprit apporte ce qu'il a acquis en intelligence et en moralité dans ses existences précédentes, ainsi que les germes des imperfections dont il ne s'est pas encore dépouillé.

25. Lorsqu'une existence a été mal employée par l'Esprit, c'est à dire s'il n'a fait aucun progrès dans la voie du bien, elle est sans profit pour lui, et il doit la recommencer dans des conditions plus ou moins pénibles, en raison de sa négligence et de son mauvais vouloir.

26. A chaque existence corporelle, l'Esprit devant acquérir quelque chose de bien et se dépouiller de quelque chose de mal, il en résulte qu'après un certain nombre d'incarnations, il se trouve épuré et arrive à l'état de pur Esprit.

27. Le nombre des existences corporelles est indéterminé : il dépend de la volonté de l'Esprit de l'abréger en travaillant activement à son perfectionnement moral.

28. Dans l'intervalle des existences corporelles, l'Es-

prit est *errant* et vit de la vie spirituelle. L'erraticité n'a pas de durée déterminée.

29. Lorsque les Esprits ont acquis sur un monde la somme de progrès que comporte l'état de ce monde, ils le quittent pour s'incarner dans un autre plus avancé, où ils acquièrent de nouvelles connaissances, et ainsi de suite jusqu'à ce que l'incarnation dans un corps matériel ne leur étant plus utile, ils vivent exclusivement de la vie spirituelle, où ils progressent encore dans un autre sens et par d'autres moyens. Arrivés au point culminant du progrès, ils jouissent de la suprême félicité ; admis dans les conseils du Tout-Puissant, ils ont sa pensée et deviennent ses messagers ses ministres directs pour le gouvernement des mondes ayant sous leur ordres les Esprits à différents degrés d'avancement.

MANIFESTATIONS DES ESPRITS

Caractère et conséquences religieuses des manifestations spirites.

1. Les âmes ou Esprits de ceux qui ont vécu, constituent le monde invisible qui peuple l'espace et au milieu duquel nous vivons; il en résulte que depuis qu'il y a des hommes, il y a des Esprits, et que si ces derniers ont le pouvoir de se manifester, ils ont dû le faire à toutes les époques. C'est ce que constatent l'histoire et les religions de tous les peuples. Cependant, dans ces derniers temps, les manifestations des Esprits ont pris un grand développement et ont acquis un plus grand caractère d'authenticité, parce qu'il était dans les vues de la Providence de mettre un terme à la plaie de l'incrédulité et du matérialisme, par des preuves évidentes, en permettant à ceux qui ont quitté la terre de venir attester leur existence, et nous révéler leur situation heureuse ou malheureuse.

2. Le monde visible vivant au milieu du monde invisible, avec lequel il est en contact perpétuel, il en résulte qu'ils réagissent incessamment l'un sur l'autre. Cette réaction est la source d'une foule de phénomènes que l'on a regardés comme surnaturels faute d'en connaître la cause.

L'action du monde invisible sur le monde visible et réciproquement est une des lois, une des forces de la nature nécessaire à l'harmonie universelle comme la loi d'attraction ; si elle venait à cesser, l'harmonie serait troublée, comme dans un mécanisme dont un rouage serait supprimé. Cette action étant fondée sur une loi de nature, il en résulte que tous les phénomènes qu'elle produit n'ont rien de surnaturel. Ils n'ont paru tels que parce qu'on n'en connaissait pas la cause ; ainsi en a-t-il été de certains effets de l'électricité, de la lumière, etc.

3. Toutes les religions ont pour base l'existence de Dieu, et pour but l'avenir de l'homme après la mort. Cet avenir, qui est pour l'homme d'un intérêt capital, est nécessairement lié à l'existence du monde invisible ; aussi la connaissance de ce monde a-t-elle fait, de tout temps, l'objet de ses recherches de ses préoccupations. Son attention a été naturellement portée sur les phénomènes tendant à prouver l'existence de ce monde, et il n'y en avait pas de plus concluants que ceux de la manifestation des Esprits, par lesquels les habitants mêmes de ce monde révélaient leur existence ; c'est pourquoi ces phénomènes sont devenus la base de la plupart des dogmes de toutes les religions.

4. L'homme ayant instinctivement l'intuition d'une puissance supérieure, a été porté, dans tous les temps, à attribuer à l'action *directe* de cette puissance les phénomènes dont la cause lui était inconnue, et qui passsaient à ses yeux pour des prodiges et des effets surnaturels. Cette tendance est considérée par les incrédules comme la conséquence de l'amour de l'homme pour le merveilleux, mais ils ne cherchent pas la source de cet amour

du merveilleux ; elle est tout simplement dans l'intuition mal définie d'un ordre de choses extra-corporel. Avec le progrès de la science et la connaissance des lois de la nature, ces phénomènes ont peu à peu passé du domaine du merveilleux dans celui des effets naturels, de telle sorte que ce qui semblait jadis surnaturel ne l'est plus aujourd'hui, et que ce qui l'est encore aujourd'hui, ne le sera plus demain.

Les phénomènes dépendant de la manifestation des Esprits, par leur nature même, ont dû fournir un large contingent aux faits réputés merveilleux ; mais il devait venir un temps où la loi qui les régit étant connue, ils rentreraient, comme les autres, dans l'ordre des faits naturels. Ce temps est venu, et le Spiritisme, en faisant connaître cette loi donne la clef de la plupart des passages incompris des Écritures sacrées y faisant allusion, et des faits regardés comme miraculeux.

5. Le caractère du fait miraculeux est d'être insolite et exceptionnel ; c'est une dérogation aux lois de la nature ; dès lors qu'un phénomène se reproduit dans des conditions identiques, c'est qu'il est soumis à une loi, et n'est pas miraculeux. Cette loi peut être inconnue, mais elle n'en existe pas moins ; le temps se charge de la faire connaître.

Le mouvement du soleil, ou mieux de la terre, arrêté par Josué serait un véritable miracle, car ce serait une dérogation manifeste à la loi qui régit le mouvement des astres ; mais si le fait pouvait se reproduire dans des conditions données, c'est qu'il serait soumis à une loi, et il cesserait, par conséquent, d'être miraculeux.

6. C'est à tort que l'Église s'effraie de voir se res-

treindre le cercle des faits miraculeux, car Dieu prouve mieux sa grandeur et sa puissance par l'admirable ensemble de ses lois, que par quelques infractions à ces mêmes lois, et cela d'autant qu'elle attribue au démon le pouvoir de faire des prodiges, ce qui impliquerait que le démon pouvant interrompre le cours des lois divines, serait ausssi puissant que Dieu. Oser dire que l'Esprit du mal peut suspendre l'action des lois de Dieu, est un blasphème et un sacrilège.

La religion, loin de perdre de son autorité à ce que des faits réputés miraculeux passent dans l'ordre des faits naturels, ne peut qu'y gagner ; d'abord parce que, si un fait est à tort réputé miraculeux, c'est une erreur, et la religion ne peut que perdre à s'appuyer sur une erreur, si surtout elle s'obstinait à regarder comme un miracle ce qui n'en serait pas : secondement que beaucoup de personnes, n'admettant pas la possibilité des miracles, nient les faits réputés miraculeux, et, par suite, la religion qui s'appuie sur ces faits ; si, au contraire, la possibilité de ces faits est démontrée comme conséquence des lois naturelles, il n'y a plus lieu de les repousser, non plus que la religion qui les proclame.

7. Les faits constatés par la science d'une manière péremptoire, ne peuvent être infirmés par aucune croyance religieuse contraire. La religion ne peut que gagner en autorité, à suivre le progrès des connaissances scientifiques et perdre à rester en arrière ou à protester contre ces mêmes connaissances au nom des dogmes, car aucun dogme ne saurait prévaloir contre les lois de la nature ni les annuler ; un dogme fondé sur la négation d'une loi de nature ne peut être l'expression de la vérité.

Le Spiritisme fondé sur la connaissance des lois incomprises jusqu'à ce jour, ne vient point détruire les faits religieux mais les sanctionner en leur donnant une explication rationnelle ; il ne vient détruire que les fausses conséquences qui en ont été déduites par suite de l'ignorance de ces lois ou de leur interprétation erronée.

8. L'ignorance des lois de la nature portant l'homme à chercher des causes fantastiques aux phénomènes qu'il ne comprend pas, est la source des idées superstitieuses, dont quelques-unes sont dues aux phénomènes spirites mal compris : la connaissance des lois qui régissent les phénomènes détruit ces idées superstitieuses, en ramenant les choses à la réalité, et en démontrant la limite du possible et de l'impossible.

§ 1ᵉʳ Le périsprit, principe des manifestations.

9. Les Esprits, comme il a été dit, ont un corps fluidique auquel on donne le nom de *périsprit*. Sa substance est puisée dans le fluide universel ou cosmique qui le forme et l'alimente, comme l'air forme et alimente le corps matériel de l'homme. Le périsprit est plus ou moins éthéré selon les mondes et selon le degré d'épuration de l'Esprit. Dans les mondes et les Esprits inférieurs, sa nature est plus grossière et se rapproche davantage de la matière brute.

10. Dans l'incarnation, l'Esprit conserve son périsprit : le corps n'est pour lui qu'une seconde enveloppe plus

grossière, plus résistante, appropriée aux fonctions qu'il doit remplir et dont il se dépouille à la mort.

Le périsprit est l'intermédiaire entre l'Esprit et le corps ; c'est l'organe de transmission de toutes les sensations. Pour celles qui viennent de l'extéreur, on peut dire que le corps reçoit l'impression ; le périsprit, la transmet, et l'Esprit, l'être sensible et intelligent, la reçoit ; lorsque l'acte part de l'initiative de l'Esprit, on peut dire que l'Esprit veut, que le périsprit transmet, et que le corps exécute.

11. Le périsprit n'est point renfermé dans les limites du corps comme dans une boite ; par sa nature fluidique il est expansible ; il rayonne au dehors et forme autour du corps une sorte d'atmosphère que la pensée et la force de la volonté peuvent étendre plus ou moins ; d'où il suit que des personnes qui ne sont point en contact corporellement, peuvent l'être par leur périsprit et se transmettre à leur insu leurs impressions, quelquefois même l'intuition de leurs pensées.

12. Le périsprit, étant un des éléments constitutifs de l'homme, joue un rôle important dans tous les phénomènes psychologiques et jusqu'à un certain point dans les phénomènes physiologiques et pathologiques. Quand les sciences médicales tiendront compte de l'influence de l'élément spirituel dans l'économie, elles auront fait un grand pas et des horizons tout nouveaux s'ouvriront devant elles ; bien des causes de maladies seront alors expliquées et de puissants moyens de les combattre seront trouvés.

13. C'est au moyen du périsprit que les Esprits agissent sur la matière inerte et produisent les différents phénomènes des manifestations. Sa nature éthérée ne

saurait être un obstacle, puisqu'on sait que les plus puissants moteurs se trouvent dans les fluides les plus raréfiés et les fluides impondérables. Il n'y a donc point lieu de s'étonner de voir, à l'aide de ce levier, les Esprits produire certains effets physiques, tels que des coups frappés et bruits de toutes sortes, des objets soulevés, transportés ou projetés dans l'espace. Il n'est nul besoin pour s'en rendre compte, d'avoir recours au merveilleux ou aux effets surnaturels.

14. Les Esprits agissant sur la matière peuvent se manifester de plusieurs manières différentes : par des effets physiques tels que les bruits et le mouvement des objets; par la transmission de pensée, par la vue, l'ouïe, la parole, le toucher, l'écriture, le dessin, la musique, etc., en un mot par tous les moyens qui peuvent servir à les mettre en rapport avec les hommes.

15. Les manifestations des Esprits peuvent être spontanées ou provoquées. Les premières ont lieu inopinément et à l'improviste ; elles se produisent souvent chez les personnes les plus étrangères aux idées spirites. Dans certains cas et sous l'empire de certaines circonstances, les manifestations peuvent être provoquées par la volonté, sous l'influence de personnes douées à cet effet de facultés spéciales.

Les manifestations spontanées ont eu lieu à toutes les époques et dans tous les pays ; le moyen de les provoquer était certainement aussi connu dans l'antiquité, mais il était le privilège de certaines castes qui ne le révélaient qu'à de rares initiés sous des conditions rigoureuses, le cachant au vulgaire afin de le dominer par le prestige d'une puissance occulte. Il s'est néanmoins perpétué à travers les âges jusqu'à nos jours chez quelques individus, mais presque toujours défiguré par la superstition ou mêlé aux pratiques ridicules de la magie, ce qui avait contribué à le discréditer. Ce n'avait été jusqu'alors que des germes jetés çà et là ; la Providence avait réservé à notre époque la connaissance complète et la vulgarisation de ces phénomènes, pour les dégager de leurs mauvais alliages et les faire servir à l'amélioration de l'humanité, mûre aujourd'hui pour les comprendre et en tirer les conséquences.

§ 2. Manifestations visuelles

16. Par sa nature et dans son état normal, le périsprit est invisible, et il a cela de commun avec une foule de fluides que nous savons exister et que nous n'avons cependant jamais vus ; mais il peut aussi, de même que certains fluides, subir des modifications qui le rendent perceptible à la vue, soit par une sorte de condensation, soit par un changement dans la disposition moléculaire ; il peut même acquérir les propriétés d'un corps solide et tangible, mais il peut instantanément reprendre son état éthéré et invisible. On peut se rendre compte de cet effet par celui de la vapeur qui peut passer de l'invisibilité à l'état brumeux, puis liquide, puis solide, et *vice versa*.

Ces différents états du périsprit sont le résultat de la volonté de l'Esprit, et non d'une cause physique extérieure, comme dans les gaz. Quand un Esprit apparaît, c'est qu'il met son périsprit dans l'état nécessaire pour le rendre visible. Mais sa volonté ne suffit pas toujours ; il faut, pour que cette modification du périsprit puisse s'opérer, un concours de circonstances indépendantes de lui ; il faut, en outre, que l'Esprit ait la permission de se faire voir à telle personne, ce qui ne lui est pas toujours accordé, ou ne l'est que dans certaines circonstances, par des motifs que nous ne pouvons apprécier. (Voir le *Livre des Médiums*, page 132.)

Une autre propriété du périsprit et qui tient à sa nature éthérée, c'est la *pénétrabilité*. Aucune matière ne lui fait obstacle ; il les traverse toutes, comme la lumière traverse les corps transparents. C'est pourquoi, il n'est pas de clôture qui puisse s'opposer à l'entrée des Esprits ; ils vont visiter le prisonnier dans son cachot aussi facilement que l'homme qui est au milieu des champs.

17. Les manifestations visuelles les plus ordinaires ont lieu dans le sommeil, par les rêves : ce sont les *visions*. Les *apparitions* proprement dites ont lieu à l'état de veille, et alors qu'on jouit de la plénitude et de l'entière liberté de ses facultés. Elles se présentent généralement sous une forme vaporeuse et diaphane, quelquefois vague et indécise : c'est souvent, au premier abord, une lueur blanchâtre dont les contours se dessinent peu à peu. D'autres fois, les formes sont nettement accentuées, et l'on distingue les moindres traits du visage, au point d'en pouvoir faire une description très précise. Les allures, l'aspect sont semblables à ce qu'était l'Esprit de son vivant.

18. Pouvant prendre toutes les apparences, l'Esprit se présente sous celle qui peut mieux le faire reconnaître, si tel est son désir. Aussi, bien que, comme

Esprit, il n'ait aucune infirmité corporelle, il se montrera estropié, boiteux, blessé, avec des cicatrices, si cela est nécessaire pour constater son identité. Il en est de même pour le costume ; celui des Esprits qui n'ont rien conservé des chutes terrestres, se compose le plus ordinairement d'une draperie à longs plis flottants, avec une chevelure ondoyante et gracieuse.

Souvent les Esprits se présentent avec les attributs caractéristiques de leur élévation, comme une auréole, des ailes pour ceux que l'on peut considérer comme des anges, un aspect lumineux resplendissant, tandis que d'autres ont ceux qui rappellent leurs occupations terrestres ; ainsi un guerrier pourra apparaître avec son armure, un savant avec des livres, un assassin avec un poignard, etc. Les Esprits supérieurs ont une figure belle, noble et sereine ; les plus inférieurs ont quelque chose de farouche et de bestial, et quelquefois portent encore les traces des crimes qu'ils ont commis ou des supplices qu'ils ont endurés ; pour eux cette apparence est une réalité ; c'est-à-dire qu'ils se croient être tels qu'ils paraissent ; c'est pour eux un châtiment.

19. L'Esprit, qui veut ou peut apparaître, revêt quelquefois une forme plus nette encore, ayant toutes les apparences d'un corps solide, au point de produire une illusion complète, et de faire croire que l'on a devant soi un être corporel.

Dans quelques cas et sous l'empire de certaines circonstances, la tangibilité peut devenir réelle, c'est-à-dire qu'on peut toucher, palper, sentir la même résistance, la même chaleur que de la part d'un corps vivant, ce qui ne l'empêche pas de s'évanouir avec la rapidité de l'éclair. On pourrait donc être en présence d'un Esprit avec lequel on échangerait les paroles et les actes de la vie, croyant avoir affaire à un simple mortel et sans se douter que c'est un Esprit.

20. Quel que soit l'aspect sous lequel se présente un Esprit, même sous la forme tangible, il peut, dans le même instant, n'être visible que pour quelques-uns seulement ; dans une assemblée, il pourrait donc ne se montrer qu'à un ou plusieurs membres ; de deux personnes placées à côté l'une de l'autre, l'une peut le voir et le toucher, l'autre ne rien voir et ne rien sentir.

Le phénomène de l'apparition à une seule personne parmi plusieurs qui se trouvent ensemble, s'explique par la nécessité, pour qu'il se produise, d'une combinaison entre le fluide périsprital de l'esprit et celui de la personne ; il faut, pour cela, qu'il y ait entre ces fluides une sorte d'affinité qui favorise la combinaison ; si l'Esprit ne trouve pas l'aptitude organique nécessaire, le phénomène de l'apparition ne peut se reproduire ; si l'aptitude existe, l'Esprit est libre d'en profiter ou non ; d'où il résulte que si deux personnes également douées sous ce rapport, se trouvent ensemble, l'Esprit peut opérer la combinaison fluidique avec celle des deux seulement à qui il veut se montrer ; ne le faisant pas avec l'autre, celle-ci ne le verra pas. Ainsi en serait-il de deux individus ayant chacun un voile sur les yeux, si un troisième individu veut se montrer à l'un des deux seulement, il ne lèvera qu'un seul voile ; mais à celui qui serait aveugle, il aura beau lever le voile, la faculté de voir ne lui sera pas donnée pour cela.

21. Les apparitions tangibles sont fort rares, mais les apparitions vaporeuses sont fréquentes ; elles le

sont surtout au moment de la mort ; l'Esprit dégagé semble vouloir se hâter d'aller revoir ses parents et ses amis, comme pour les avertir qu'il vient de quitter la terre, et leur dire qu'il vit toujours. Que chacun recueille ses souvenirs, et l'on verra combien de faits authentiques de ce genre, dont on ne se rendait pas compte ont eu lieu non seulement la nuit, mais en plein jour et à l'état de veille le plus complet.

§ 3. Transfiguration. Invisibilité.

22. Le périsprit des personnes vivantes jouit des mêmes propriétés que celui des Esprits. Comme cela a été dit, il n'est point confiné dans le corps, mais il rayonne et forme autour de lui une sorte d'atmosphère fluidique ; or, il peut arriver qu'en certains cas et sous l'empire des mêmes circonstances, il subisse une transformation analogue à celle qui a été décrite ; la forme réelle et matérielle du corps peut s'effacer sous cette couche fluidique, si l'on peut s'exprimer ainsi, et revêtir momentanément une apparence toute différente, celle même d'une autre personne ou de l'Esprit qui combine son fluide avec celui de l'individu, ou bien encore donner à une figure laide un aspect beau et radieux. Tel est le phénomène désigné sous le nom de transfiguration, phénomène assez fréquent, et qui se produit principalement lorsque des circonstances provoquent une expansion plus abondante de fluide.

Le phénomène de la transfiguration peut se manifester avec une intensité très différente, selon le degré d'épuration du périsprit, degré qui correspond toujours à celui de l'élévation morale de l'Esprit. Il se borne parfois à un simple changement dans l'aspect de la physionomie, comme il peut donner au périsprit une apparence lumineuse et splendide.

La forme matérielle peut donc disparaître sous le fluide périsprital, mais il n'y a pas nécessité pour ce fluide de revêtir un autre aspect; il peut parfois simplement voiler un corps inerte ou vivant, et le rendre invisible aux yeux d'une ou plusieurs personnes, comme le ferait une couche de vapeur.

Nous ne prenons les choses actuelles que comme des points de comparaison, et non en vue d'établir une analogie absolue qui n'existe pas.

23. Ces phénomènes ne peuvent paraître étranges que parce qu'on ne connait pas les propriétés du fluide périsprital ; c'est pour nous un corps nouveau qui doit avoir des propriétés nouvelles, et qu'on ne peut étudier par les procédés ordinaires de la science, mais qui n'en sont pas moins des propriétés naturelles, n'ayant de merveilleux que la nouveauté.

§ 4. Emancipation de l'âme.

24. Pendant le sommeil, le corps seul repose, mais l'Esprit ne dort pas ; il profite du repos du corps et des moments où sa présence n'est pas nécessaire pour agir séparément et aller où il veut ; il jouit de sa

liberté et de la plénitude de ses facultés. Pendant la vie, l'Esprit n'est jamais complètement séparé du corps ; à quelque distance qu'il se transporte, il y tient toujours par un lien fluidique qui sert à l'y rappeler dès que sa présence est nécessaire ; ce lien n'est rompu qu'à la mort.

« Le sommeil délivre en partie l'âme du corps. Quand on dort, on est momentanément dans l'état où l'on se trouve d'un manière fixe après la mort. Les Esprits qui sont dégagés de la matière après leur mort, ont eu des sommeils intelligents ; ceux-là, quand ils dorment, rejoignent la société des autres êtres supérieurs à eux ; ils voyagent, causent et s'instruisent avec eux ; ils travaillent même à des ouvrages qu'ils trouvent tout faits en mourant. Ceci doit vous apprendre une fois de plus à ne pas craindre la mort, puisque vous mourez tous les jours, selon la parole d'un saint.

« Voilà pour les Esprits élevés ; mais pour la masse des hommes qui, à la mort, doivent rester de longues heures dans ce trouble, dans cette incertitude dont ils vous ont parlé, ceux-là vont, soit dans les mondes inférieurs à la terre où d'anciennes affections les rappellent, soit chercher des plaisirs peut-être encore plus bas que ceux qu'ils ont ici ; il vont puiser des doctrines encore plus viles, plus ignobles, plus nuisibles que celles qu'ils professent au milieu de vous. Et ce qui engendre la sympathie sur la terre, n'est pas autre chose que ce fait, qu'on se sent au réveil rapproché, par le cœur, de ceux avec qui on vient de passer huit à neuf heures de bonheur ou de plaisir. Ce qui explique aussi ces antipathies invincibles, c'est qu'on sait au fond de son cœur que ces gens-là ont une autre conscience que la nôtre, parce qu'on les connait sans les avoir vus avec les yeux. C'est encore ce qui explique l'indifférence parce qu'on ne tient pas à faire de nouveaux amis, lorsqu'on sait qu'on en a d'autres qui nous aiment et nous chérissent. En un mot, le sommeil influe plus que vous ne pensez sur votre vie.

« Par l'effet du sommeil, les Esprits incarnés sont toujours en rapport avec le monde des Esprits, et c'est ce qui fait que les Esprits supérieurs consentent, sans trop de répulsion, à s'incarner parmi vous. Dieu a voulu que, pendant leur contact avec le vice, ils pussent aller se retremper à la source du bien pour ne pas faillir eux-mêmes, eux qui venaient instruire les autres. Le sommeil est la porte que Dieu leur a ouverte vers les amis du ciel ; c'est la récréation après le travail, en attendant la grande délivrance, la libération finale qui doit les rendre à leur vrai milieu.

« Le rêve est le souvenir de ce que l'Esprit a vu pendant le sommeil : mais remarquez que vous ne rêvez pas toujours parce que vous ne vous souvenez pas toujours de ce que vous avez vu, ou de tout ce que vous avez vu. Ce n'est pas votre âme dans tout son développement ; ce n'est souvent que le souvenir du trouble qui accompagne votre départ ou votre rentrée, auquel se joint celui de ce que vous avez fait ou de ce qui vous préoccupe dans l'état de veille ; sans cela comment expliqueriez-vous ces rêves absurdes que font les plus savants comme les plus simples ? Les mauvais Esprits se servent aussi des rêves pour tourmenter les âmes faibles et pusillanimes.

« L'incohérence des rêves s'explique encore par les

lacunes que produit le souvenir incomplet de ce qui est apparu en songe. Tel serait un récit dont on aurait tronqué au hasard les phrases : les fragments qui resteraient étant réunis, perdraient toute signification raisonnable.

« Au reste, vous verrez dans peu se développer une autre espèce de rêves ; elle est aussi ancienne que celles que vous connaissez, mais vous l'ignoriez. Le rêve de Jeanne d'Arc, le rêve de Jacob, le rêve des prophètes juifs et de quelques devins indiens ; ce rêve-là est le souvenir de l'âme entièrement dégagée du corps, le souvenir de cette seconde vie dont je vous entretenais tout-à-l'heure. » (*Livre des Esprits*, p. 177 et suiv.)

25. L'indépendance et l'émancipation de l'âme se manifestent surtout d'une manière évidente dans le phénomène du somnambulisme naturel et magnétique, dans la catalepsie et la léthargie. La lucidité somnambulique n'est autre que la faculté que possède l'âme de voir et de sentir sans le secours des organes matériels. Cette faculté est un de ses attributs ; elle réside dans tout son être ; les organes du corps sont les canaux restreints par où lui arrivent certaines perceptions. La vue à distance que possèdent certains somnambules, provient du déplacement de l'âme qui voit ce qui se passe aux lieux où elle se transporte. Dans ses pérégrinations, elle est toujours revêtue de son périsprit, agent de ses sensations, mais qui n'est jamais entièrement détaché du corps, ainsi que nous l'avons dit. Le dégagement de l'âme produit l'inertie du corps qui semble parfois privé de vie.

26. Ce dégagement peut également se produire à divers degrés dans l'état de veille, mais alors le corps ne

jouit jamais complètement de son activité normale ; il y a toujours une certaine absorption, un détachement plus ou moins complet des choses terrestres ; le corps ne dort pas, il marche, il agit, mais les yeux regardent sans voir ; on comprend que l'âme est ailleurs. Comme dans le somnambulisme, elle voit les choses absentes ; elle a des perceptions et des sensations qui nous sont inconnues ; parfois elle a la prescience de certains évènements futurs par la liaison qu'elle leur reconnaît avec les choses présentes. Pénétrant le monde invisible, elle voit les Esprits avec lesquels elle peut s'entretenir et dont elle peut nous transmettre la pensée.

L'oubli du passé suit assez généralement le retour à l'état normal, mais quelquefois on en conserve un souvenir plus ou moins vague comme serait celui d'un rêve.

27. L'émancipation de l'âme amortit parfois les sensations physiques au point de produire une véritable insensibilité qui, dans les moments d'exaltation, peut faire supporter avec indifférence les plus vives douleurs. Cette insensibitité provient du dégagement du périsprit, agent de transmission des sensations corporelles : l'Esprit absent ne ressent pas les blessures du corps.

28. La faculté émancipatrice de l'âme, dans sa manifestation la plus simple, produit ce qu'on appelle la rêverie éveillée ; elle donne aussi à certaines personnes la prescience qui constitue les pressentiments ; à un plus grand degré de développement, elle produit le phénomène désigné sous le non de seconde vue, double vue ou somnambulisme éveillé.

29. *L'extase* est le degré maximum de l'émancipation de l'âme. « Dans le rêve et le somnambulisme, l'âme

erre dans les mondes terrestres ; dans l'extase, elle pénètre dans un monde inconnu, dans celui des Esprits éthérés avec lesquels elle entre en communication, sans toutefois pouvoir dépasser certaines limites qu'elle ne saurait franchir sans briser totalement les liens qui l'attachent au corps. Un éclat resplendissant et tout nouveau l'environne, des harmonies inconnues sur la terre la ravissent, un bien-être indéfinissable la pénètre ; elle jouit par anticipation de la béatitude céleste, et l'on peut dire qu'elle pose un pied sur le seuil de l'éternité. Dans l'extase, l'anéantissement du corps est presque complet ; il n'y a plus pour ainsi dire que la vie organique, et l'on sent que l'âme n'y tient plus que par un fil qu'un effort de plus ferait rompre sans retour. « (*Livre des Esprits*, n° 455.)

30. L'extase, pas plus que les autres degrés d'émancipation de l'âme, n'est exempte d'erreurs ; c'est pourquoi les révélations des extatiques sont loin d'être toujours l'expression de la vérité absolue. La raison en est dans l'imperfection de l'Esprit humain ; ce n'est que lorsqu'il est arrivé au sommet de l'échelle qu'il peut juger sainement les choses ; jusque-là, il ne lui est pas donné de tout voir ni de tout comprendre. Si, après la mort, alors que le détachement est complet, il ne voit pas toujours juste ; s'il en est qui sont encore imbus des préjugés de la vie, qui ne comprennent pas les choses du monde invisible où ils sont, il doit en être de même à plus forte raison, de l'Esprit qui tient encore à la chair.

Il y a quelquefois chez les extatiques plus d'exaltation que de véritable lucidité, ou, pour mieux dire, leur exaltation nuit à leur lucidité ; c'est pourquoi leurs révélations sont souvent un mélange de vérités et d'erreurs, de choses sublimes ou mêmes ridicules. Des Esprits inférieurs profitent aussi de cette exaltation, qui est toujours une cause de faiblesse quand on ne sait pas la maîtriser, pour dominer l'extatique, et à cet effet ils revêtent à ses yeux des *apparences* qui l'entretiennent dans ses idées ou préjugés, de sorte que ses visions et ses révélations ne sont souvent qu'un reflet de ses croyances. C'est un écueil auquel n'échappent que les Esprits d'un ordre élevé et contre lequel l'observateur doit se tenir en garde.

31. Il est des personnes dont le périsprit est tellement identifié avec le corps, que le dégagement de l'âme ne s'opère qu'avec une extrême difficulté, même au moment de la mort ; ce sont généralement celles qui ont vécu le plus matériellement ; ce sont aussi celles dont la mort est la plus pénible, la plus remplie d'angoisses, et l'agonie la plus longue et la plus douloureuse ; mais il en est d'autres, au contraire, dont l'âme tient au corps par des liens si faibles, que la séparation se fait sans secousse, avec la plus grande facilité et souvent avant la mort du corps ; aux approches du terme de la vie, l'âme entrevoit déjà le monde où elle va entrer, et aspire au moment de sa délivrance complète.

§ 5. Apparition des personnes vivantes. Bi-corporéité.

32. La faculté émancipatrice de l'âme, et son dégagement du corps pendant la vie, peuvent donner lieu à des phénomènes analogues à ceux que présentent

Esprits désincarnés. Pendant que le corps est dans le sommeil, l'Esprit se transportant en divers lieux peut se rendre visible et apparaître sous une forme vaporeuse soit en rêve, soit à l'état de veille ; Il peut également se présenter sous la forme tangible, ou tout au moins avec une apparence tellement identique à la réalité, que plusieurs personnes peuvent être dans le vrai en affirmant l'avoir vu au même moment sur deux points différents ; il y était en effet, mais d'un côté seul était le corps véritable, et de l'autre il n'y avait que l'Esprit. C'est ce phénomène, fort rare du reste, qui a donné lieu à la croyance aux hommes doubles, et qui est désigné sous le nom de *bi-corporéité.*

Quelque extraordinaire qu'il soit, il n'en reste pas moins, comme toutes les autres, dans l'ordre des phénomènes naturels, puisqu'il repose sur les propriétés du périsprit et sur une loi de nature.

§ 6. Des Médiums.

33. Les Médiums sont les personnes aptes à ressentir l'influence des Esprits et à transmettre leur pensée.

Toute personne qui ressent à un degré quelconque l'influence des Esprits est, par cela même, médium. Cette faculté est inhérente à l'homme, et, par conséquent, n'est point un privilège exclusif : aussi en est-il peu chez lesquels on n'en trouve quelque rudiment. On peut donc dire que tout le monde, à peu de chose près, est médium ; toutefois, dans l'usage, cette qualification ne s'applique qu'à ceux chez lesquels la faculté médiumnique se manifeste par des effets ostensibles d'une certaine intensité.

34. Le fluide périsprital est l'agent de tous les phénomènes spirites ; ces phénomènes ne peuvent s'opérer que par l'action réciproque des fluides émis par le médium et par l'Esprit. Le développement de la faculté médiumnique tient à la nature plus ou moins expansible du périsprit du médium et à son assimilation plus ou moins facile avec celui des Esprits ; elle tient, par conséquent, à l'organisation, et peut être développée quand le principe existe, mais elle ne peut être acquise quand ce principe n'existe pas. La prédisposition médiumnique est indépendante du sexe, de l'âge et du tempérament ; on trouve des médiums dans toutes les catégories d'individus, depuis l'âge le plus tendre jusqu'au plus avancé.

35. Les rapports entre les Esprits et les médiums s'établissent au moyen de leur périsprit ; la facilité de ces rapports dépend du degré d'affinité qui existe entre les deux fluides ; il en est qui s'assimilent facilement et d'autres qui se repoussent ; d'où il suit qu'il ne suffit pas d'être médium pour communiquer indistinctement avec tous les Esprits ; il est des médiums qui ne peuvent communiquer qu'avec certains Esprits, ou avec certaines catégories d'Esprits, et d'autres qui ne le peuvent que par une transmission de pensée, sans aucune manifestation extérieure.

36. Par l'assimilation des fluides périspritaux, l'Esprit s'identifie pour ainsi dire avec la personne qu'il veut influencer ; non seulement il lui transmet sa pensée, mais il peut exercer sur elle une action physique, la faire

agir ou parler à son gré, lui faire dire ce qu'il veut; se servir en un mot de ses organes comme s'ils étaient les siens ; il peut enfin neutraliser l'action de son propre Esprit et paralyser son libre arbitre. Les bons Esprits se servent de cette influence pour le bien, et les mauvais Esprits pour le mal.

37. Les Esprits peuvent se manifester d'une infinité de manières différentes, et ils ne le peuvent qu'à la condition de trouver une personne apte à recevoir et à transmettre tel ou tel genre d'impression selon son aptitude ; or, comme il n'en est aucune possédant toutes les aptitudes au même degré, il en résulte que les unes obtiennent des effets impossibles pour d'autres. Cette diversité dans les aptitudes produit différentes variétés de médiums.

38. La volonté du médium n'est point toujours nécessaire ; l'Esprit qui veut se manifester cherche l'individu apte à recevoir son impression, et s'en sert souvent à son insu ; d'autres personnes, au contraire, ayant la conscience de leur faculté, peuvent provoquer certaines manifestations ; de là deux catégories de médiums : les *médiums inconscients* et les *médiums facultatifs*.

Dans le premier cas, l'initiative vient de l'Esprit ; dans le second, elle vient du médium.

39. Les *médiums facultatifs* ne se trouvent que parmi les personnes qui ont une connaissance plus ou moins complète des moyens de communiquer avec les Esprits, et peuvent ainsi avoir la volonté de se servir de leur faculté ; les *médiums inconscients*, au contraire, se rencontrent parmi ceux qui n'ont aucune idée ni du Spiritisme ni des Esprits, parmi les plus incrédules même, et qui servent d'instruments sans le savoir et

sans le vouloir. Tous les genres de phénomènes spirites peuvent se produire par leur influence, et il s'en est trouvé à toutes les époques et chez tous les peuples. L'ignorance et la crédulité leur ont attribué un pouvoir surnaturel, et, selon les lieux et les temps, on en a fait des saints, des sorciers, des fous ou des visionnaires ; le Spiritisme nous montre en eux la simple manifestation spontanée d'une faculté naturelle.

40. Parmi les différentes variétés de médiums, on distingue principalement : les *médiums à effets physiques;* les *médiums sensitifs ou impressibles*; les *médiums auditifs, parlants, voyants, inspirés, somnambules, guérisseurs, écrivains* ou *psychographes*, etc.; nous ne décrivons ici que les plus essentielles (1).

41. *Médiums à effets physiques.* — Ils sont plus spécialement aptes à produire des phénomènes matériels, tels que les mouvements des corps inertes, les bruits, le déplacement, le soulèvement et la translation des objets, etc. Ces phénomènes peuvent être spontanés ou provoqués ; dans tous les cas, ils requièrent le concours volontaire ou involontaire de médiums doués de facultés spéciales. Ils sont généralement le fait d'Esprits d'un ordre inférieur, les Esprits élevés ne s'occupant que des communications intelligentes et instructives.

42. *Médiums sensitifs ou impressibles.* — On désigne ainsi des personnes susceptibles de ressentir la présence des Esprits par une vague impression, une sorte de frôlement sur tous les membres, dont elles ne peuvent se rendre compte. Cette faculté peut acquérir

---

(1) Pour les détails complets, voir le *Livre des Médiums.*

une telle subtilité, que celui qui en est doué reconnaît à l'impression qu'il resssent, non-seulement la nature bonne ou mauvaise de l'Esprit qui est à ses côtés mais même son individualité, comme l'aveugle reconnaît instinctivement l'approche de telle ou telle personne. Un bon Esprit fait toujours une impression douce et agréable; celle d'un mauvais, au contraire, est pénible, anxieuse et désagréable; il y a comme un flair d'impureté.

43. *Médiums auditifs.* — Ils entendent la voix des Esprits; c'est quelquefois une voix intime qui se fait entendre dans le for intérieur; d'autres fois c'est une voix extérieure, claire et distincte comme celle d'une personne vivante. Les médiums auditifs peuvent ainsi entrer en conversation avec les Esprits. Lorsqu'ils ont l'habitude de communiquer avec certains Esprits, ils les reconnaissent immédiatement au son de la voix. Quand on n'est pas soi-même médium auditif, on peut communiquer avec un Esprit par l'intermédiaire d'un médium auditif qui transmet ses paroles.

44. *Médiums parlants.* — Les médiums auditifs qui ne font que transmettre ce qu'ils entendent ne sont pas, à proprement parler, des *Médiums parlants*; ces derniers, très souvent, n'entendent rien; chez eux, l'Esprit agit sur les organes de la parole comme il agit sur la main des médiums écrivains. L'Esprit voulant se communiquer se sert de l'organe qu'il trouve le plus flexible; à l'un il emprunte la main, à un autre la parole, à un troisième l'ouïe. Le médium parlant s'exprime généralement sans avoir la conscience de ce qu'il dit, et souvent il dit des choses complètement en dehors de ses idées habituelles, de ses connaissances et même de la

portée de son intelligence. On voit parfois des personnes illettrées et d'une intelligence vulgaire, s'exprimer, dans ces moments-là, avec une véritable éloquence et traiter, avec une incontestable supériorité, des questions sur lesquelles elles seraient incapables d'émettre une opinion dans l'état ordinaire.

Quoique le médium parlant soit parfaitement éveillé, il conserve rarement le souvenir de ce qu'il a dit. La passivité, cependant, n'est pas toujours complète ; il en est qui ont l'intuition de ce qu'ils disent au moment même où ils prononcent les mots.

La parole est, chez le médium parlant, un instrument dont se sert l'Esprit avec lequel une personne étrangère peut entrer en communication, comme elle peut le faire par l'entremise d'un médium auditif. Il y a cette différence entre le médium auditif et le médium parlant, que le premier parle volontairement pour répéter ce qu'il entend, tandis que le second parle involontairement.

45. *Médiums voyants.* — On donne ce nom aux personnes qui, dans l'état normal, et parfaitement éveillées, jouissent de la faculté de voir les Esprits. La possibilité de les voir en rêve résulte sans contredit d'une sorte de médiumnité, mais ne constitue pas, à proprement parler, les médiums voyants. Nous avons expliqué la théorie de ce phénomène dans le chapitre des *Visions et Apparitions* du *Livre des médiums.*

Les apparitions accidentelles des personnes que l'on a aimées ou connues sont assez fréquentes; et, bien que ceux qui en ont eu puissent être considérés comme des médiums voyants, on donne plus généralement ce nom à ceux qui jouissent, d'une manière en quelque sorte permanente, de la faculté de voir à peu près tous les Esprits. Dans le nombre, il en est qui ne voient que les Esprits que l'on évoque et dont ils peuvent faire la description avec une minutieuse exactitude ; ils décrivent dans les moindres détails leurs gestes, l'expression de leur physionomie, les traits du visage, le costume et jusqu'aux sentiments dont ils paraissent animés. Il en est d'autres chez lesquels cette faculté est encore plus générale ; ils voient toute la population spirite ambiante aller, venir, et l'on pourrait dire vaquer à ses affaires. Ces médiums ne sont jamais seuls : ils ont toujours avec eux une société qu'ils peuvent choisir à leur gré, selon leur goût, car ils peuvent, par leur volonté, écarter les Esprits qui ne leur conviennent pas, ou attirer ceux qui leur sont sympathiques.

46. *Médiums somnambules.* — Le somnambulisme peut être considéré comme une variété de la faculté médiumnique, ou, pour mieux dire, ce sont deux ordres de phénomènes qui se trouvent très souvent réunis. Le somnambule agit sous l'influence de son propre Esprit ; c'est son âme qui, dans les moments d'émancipation, voit, entend et perçoit en dehors de la limite des sens ; ce qu'il exprime, il le puise en lui-même ; ses idées sont en général plus justes que dans l'état normal, ses connaissances plus étendues, parce que son âme est libre ; en un mot, il vit par anticipation de la vie des Esprits. Le médium, au contraire, est l'instrument d'une intelligence étrangère ; il est passif, et ce qu'il dit ne vient point de lui. En résumé, le somnambule exprime sa propre pensée, et le médium exprime celle d'un autre. Mais l'Esprit qui se communique à un médium ordi-

naire peut tout aussi bien le faire à un somnambule; souvent même l'état d'émancipation de l'âme, pendant le somnambulisme, rend cette communication plus facile. Beaucoup de somnambules voient parfaitement les Esprits et les décrivent avec autant de précision que les médiums voyants ; ils peuvent s'entretenir avec eux et nous transmettre leur pensée ; ce qu'ils disent en dehors du cercle de leurs connaissances personnelles leur est souvent suggéré par d'autres Esprits.

47. *Médiums inspirés.* — Ces médiums sont ceux chez lesquels les signes extérieurs de la médiumnité sont les moins apparents ; l'action des Esprits est ici toute intellectuelle et toute morale, et se révèle dans les plus petites circonstances de la vie, comme dans les plus grandes conceptions ; c'est sous ce rapport surtout qu'on peut dire que tout le monde est médium, car il n'est personne qui n'ait ses Esprits protecteurs et familiers qui font tous leurs efforts pour suggérer à leurs protégés des pensées salutaires. Chez l'inspiré il est souvent difficile de distinguer la pensée propre de celle qui est suggérée ; ce qui caractérise cette dernière, c'est surtout la spontanéité.

L'inspiration devient plus évidente dans les grands travaux de l'intelligence. Les hommes de génie dans tous les genres, artistes, savants, littérateurs, orateurs, sont sans doute des Esprits avancés, capables par eux-mêmes de comprendre et de concevoir de grandes choses; or, c'est précisément parce qu'ils sont jugés capables que les Esprits qui veulent l'accomplissement de certains travaux leur suggèrent les idées nécessaires, et c'est ainsi qu'ils sont le plus souvent *médiums sans le savoir*. Ils ont pourtant une vague intuition d'une assistance étrangère, car celui qui fait appel à l'inspiration ne fait pas autre chose qu'une évocation; s'il n'espérait pas être entendu, pourquoi s'écrierait-il si souvent: Mon bon génie, viens à mon aide!

48. *Médiums à pressentiments.* — Personnes qui, dans certaines circonstances, ont une vague intuition des choses futures vulgaires. Cette intuition peut provenir d'une sorte de double vue qui permet d'entrevoir les conséquences des choses présentes et la filiation des événements; mais souvent elle est le fait de communications occultes qui en font une variété des *médiums inspirés*.

49. *Médiums prophétiques.* — C'est également une variété des médiums inspirés; ils reçoivent avec la permission de Dieu, et avec plus de précision que les médiums à pressentiments, la révélation des choses futures d'un intérêt général, et qu'ils sont chargés de faire connaître aux hommes pour leur instruction. Le pressentiment est donné à la plupart des hommes en quelque sorte pour leur usage personnel; le don de prophétie au contraire est exceptionnel et implique l'idée d'une mission sur la terre.

S'il y a de vrais prophètes, il y en a encore plus de faux, et qui prennent les rêves de leur imagination pour des révélations, quand ce ne sont pas des fourbes qui se font passer pour tels par ambition.

Le vrai prophète est *un homme de bien inspiré de Dieu*; on peut le reconnaître à ses paroles et à ses actions; Dieu ne peut se servir de la bouche du menteur pour enseigner la vérité. (*Liv. des Esprits*, n° 624.)

50. *Médiums écrivains ou psychographes.* — On

désigne sous ce nom les personnes qui écrivent sous l'influence des Esprits. De même qu'un Esprit peut agir sur les organes de la parole d'un médium parlant pour lui faire prononcer des mots, il peut se servir de sa main pour le faire écrire. La médiumnité psychographique présente trois variétés très distinctes : les médiums *mécaniques*, *intuitifs* et *semi-mécaniques*.

Chez le *médium mécanique*, l'Esprit agit directement sur la main à laquelle il donne l'impulsion. Ce qui caractérise ce genre de médiumnité, c'est l'inconscience absolue de ce que l'on écrit ; le mouvement de la main est indépendant de la volonté ; elle marche sans interruption et malgré le médium tant que l'Esprit a quelque chose à dire, et s'arrête quand il a fini.

Chez le *médium intuitif*, la transmission de la pensée se fait par l'intermédiaire de l'Esprit du médium. L'Esprit étranger, dans ce cas, n'agit pas sur la main pour la diriger, il agit sur l'âme avec laquelle il s'identifie et à laquelle il imprime sa volonté et ses idées ; elle reçoit la pensée de l'Esprit étranger et la transcrit. Dans cette situation, le médium écrit volontairement et a la conscience de ce qu'il écrit, quoique ce ne soit pas sa propre pensée.

Il est souvent assez difficile de distinguer la pensée propre du médium de celle qui lui est suggérée, ce qui porte *beaucoup de médiums de ce genre à douter de leur faculté*. On peut reconnaître la pensée suggérée en ce qu'elle n'est jamais préconçue ; elle naît à mesure que l'on écrit, et souvent elle est contraire à l'idée préalable qu'on s'était formée ; elle peut même être en dehors des connaissances et des capacités du médium.

Il y a une grande analogie entre la médiumnité intuitive et l'inspiration ; la différence consiste en ce que la première est le plus souvent restreinte à des questions d'actualité, et peut s'appliquer en dehors des capacités intellectuelles du médium ; un médium pourra traiter par intuition un sujet auquel il est complètement étranger. L'inspiration s'étend sur un champ plus vaste et vient généralement en aide aux capacités et aux préoccupations de l'Esprit incarné. Les traces de la médiumnité sont généralement moins évidentes.

Le médium *semi-mécanique* ou *semi-intuitif* participe des deux autres. Dans le médium purement mécanique, le mouvement de la main est indépendant de la volonté ; dans le médium intuitif le mouvement est volontaire et facultatif. Le médium semi-mécanique sent une impulsion donnée à sa main malgré lui, mais en même temps il a la conscience de ce qu'il écrit à mesure que les mots se forment. Chez le premier, la pensée suit l'acte de l'écriture ; chez le second, elle le précède ; chez le troisième, elle l'accompagne.

84. Le médium n'étant qu'un instrument qui reçoit et transmet la pensée d'un Esprit étranger, qui suit l'impulsion mécanique qui lui est donnée, il n'est rien qu'il ne puisse faire en dehors de ses connaissances s'il est doué de la flexibilité et de l'aptitude médiumnique nécessaires. C'est ainsi qu'il existe des médiums *dessinateurs, peintres, musiciens, versificateurs*, quoique étrangers aux arts du dessin, de la peinture, de la musique et de la poésie ; des médiums illettrés qui écrivent sans savoir ni lire ni écrire ; des médiums *polygraphes* qui reproduisent différents genres d'écriture, et quel-

quefois avec une parfaite exactitude celle que l'Esprit avait de son vivant ; des médiums *polyglottes* qui parlent ou écrivent dans des langues qui leur sont inconnues, etc.

52. *Médiums guérisseurs.* — Ce genre de médiumnité consiste dans la faculté que certaines personnes possèdent de guérir par le simple attouchement, par l'imposition des mains, le regard, un geste même sans le secours d'aucun médicament. Cette faculté a incontestablement son principe dans la puissance magnétique ; elle en diffère toutefois par l'énergie et par l'instantanéité de l'action, tandis que les cures magnétiques exigent un traitement méthodique plus ou moins long. Tous les magnétiseurs sont à peu près aptes à guérir s'ils savent s'y prendre convenablement ; ils ont la science acquise ; chez les médiums guérisseurs la faculté est spontanée et quelques-uns la possèdent sans avoir jamais entendu parler du magnétisme.

La faculté de guérir par l'imposition des mains a évidemment son principe dans une puissance exceptionnelle d'expansion, mais elle est accrue par diverses causes, parmi lesquelles il faut placer en première ligne : la pureté des sentiments, le désintéressement, la bienveillance, l'ardent désir de soulager, la prière fervente et la confiance en Dieu, en un mot toutes les qualités morales. La puissance magnétique est purement organique; elle peut, comme la force musculaire, être donnée à tout le monde, même à l'homme pervers ; mais l'homme de bien seul s'en sert exclusivement pour le bien, sans arrière-pensée d'intérêt personnel ni de satisfaction d'orgueil ou de vanité; son fluide épuré possède des propriétés bienfaisantes et réparatrices que ne peut avoir celui de l'homme vicieux ou intéressé.

Tout effet médiumnique, comme il a été dit, est le résultat de la combinaison des fluides émis par un Esprit et par le médium : par cette union ces fluides acquièrent des propriétés nouvelles qu'ils n'auraient pas séparément, ou tout au moins qu'ils n'auraient pas au même degré. La prière, qui est une véritable évocation, attire les bons Esprits empressés de venir seconder les efforts de l'homme bien intentionné ; leur fluide bienfaisant s'unit facilement avec le sien, tandis que le fluide de l'homme vicieux s'allie avec celui des mauvais Esprits qui l'entourent.

L'homme de bien qui n'aurait pas la puissance fluidique ne pourrait donc que peu de chose par lui-même, il ne peut qu'appeler l'assistance des bons Esprits, mais son action personnelle est presque nulle ; une grande puissance fluidique alliée à la plus grande somme possible de qualités morales, peut opérer de véritables prodiges de guérisons.

63. L'action fluidique est, en outre, puissamment secondée par la confiance du malade et Dieu récompense souvent sa foi par le succès.

64. La superstition seule peut attacher une vertu à certaines paroles, et des Esprits ignorants et menteurs peuvent seuls entretenir de pareilles idées en prescrivant des formules quelconques. Cependant il peut arriver que, pour des personnes peu éclairées et incapables de comprendre les choses purement spirituelles, l'emploi d'une formule de prière ou d'une pratique déterminée contribue à leur donner confiance ; dans ce cas, ce n'est pas la formule qui est efficace, mais la foi qui

est augmentée par l'idée attachée à l'emploi de la formule.

55. Il ne faut pas confondre les *médiums guérisseurs* avec les *médiums médicaux* ; ces derniers sont de simples médiums écrivains dont la spécialité est de servir plus facilement d'interprètes aux Esprits pour les prescriptions médicales ; mais ils ne font absolument que transmettre la pensée de l'Esprit, et n'ont, par eux-mêmes, aucune influence.

§ 6. De l'obsession et de la possession

56. L'obsession est l'empire que de mauvais Esprits prennent sur certaines personnes, en vue de les maîtriser et de les soumettre à leur volonté, par le plaisir qu'ils éprouvent à faire le mal.

Lorsqu'un Esprit, bon ou mauvais, veut agir sur un individu, il l'enveloppe pour ainsi dire de son périsprit comme d'un manteau ; les fluides se pénétrant, les deux pensées et les deux volontés se confondent, et l'Esprit peut alors se servir de ce corps comme du sien propre, le faire agir selon sa volonté, parler, écrire, dessiner, tels sont les médiums. Si l'Esprit est bon, son action est douce, bienfaisante ; il ne fait faire que de bonnes choses ; est-il mauvais, il en fait faire de mauvaises ; est-il pervers et méchant, il l'étreint, comme dans un filet, paralyse jusqu'à sa volonté, son jugement même, qu'il étouffe sous son fluide, comme on étouffe le feu sous une couche d'eau ; le fait penser, parler, agir par lui, le pousse malgré lui à des actes extravagants ou ridicules, en un mot il le magnétise, le cataleptise moralement, et l'individu devient un instrument aveugle de ses volontés. Telle est la cause de l'obsession, de la fascination et de la subjugation qui se montrent à des degrés d'intensité très divers. C'est le paroxysme de la subjugation, que l'on appelle vulgairement *possession*. Il est à remarquer que, dans cet état, l'individu a très souvent la conscience que ce qu'il fait est ridicule, mais il est contraint de le faire, comme si un homme plus vigoureux que lui faisait mouvoir contre son gré ses bras, ses jambes et sa langue.

57. Puisque les Esprits ont existé de tout temps, de tout temps aussi ils ont joué le même rôle, parce que ce rôle est dans la nature, et la preuve en est dans le grand nombre de personnes obsédées ou possédées, si on le veut, avant qu'il ne fût question des Esprits, ou qui, de nos jours, n'ont jamais entendu parler de Spiritisme ni de médiums. L'action des Esprits, bons ou mauvais, est donc spontanée; celle des mauvais produit une foule de perturbations dans l'économie morale et même physique que, par une ignorance de la cause véritable, on attribuait à des causes erronées. Les mauvais Esprits sont des ennemis invisibles d'autant plus dangereux qu'on ne soupçonnait pas leur action. Le Spiritisme, en les mettant à découvert, vient révéler une nouvelle cause à certains maux de l'humanité; la cause connue, on ne cherchera plus à combattre le mal par des moyens que l'on sait désormais inutiles, on en cherchera de plus efficaces. Or, qui est-ce qui a fait découvrir cette cause ? La médiumnité ; c'est par la médiumnité que ces ennemis occultes ont trahi leur présence;

elle a fait pour eux ce que le miscroscope a fait pour les infiniment petits : elle a révélé tout un monde. Le Spiritisme n'a point attiré les mauvais Esprits ; il les a dévoilés, et a donné les moyens de paralyser leur action, et par conséquent de les éloigner. Il n'a donc point apporté le mal, puisque le mal existait de tout temps : il apporte au contraire le remède au mal en montrant la cause. Une fois l'action du monde invisible reconnue, on aura la clef d'une foule de phénomènes incompris, et la *science*, enrichie de cette nouvelle loi, verra s'ouvrir devant elle de nouveaux horizons. QUAND Y ARRIVERA-T-ELLE ? *Quand elle ne professera plus le matérialisme*, car le matérialisme l'arrête dans son essor et lui pose une barrière infranchissable.

58. Puisque, s'il y a de mauvais Esprits qui obsèdent, il y en a de bons qui protègent, on se demande si les mauvais Esprits sont plus puissants que les bons.

Ce n'est pas le bon Esprit qui est plus faible, c'est le médium qui n'est pas assez fort pour secouer le manteau qu'on a jeté sur lui, pour se dégager de l'étreinte des bras qui l'enlacent et dans lesquels, il faut bien le dire, quelquefois il se complaît. Dans ce cas, on comprend que le bon Esprit ne puisse avoir le dessus, puisqu'on lui en préfère un autre. Admettons maintenant le désir de se débarrasser de cette enveloppe fluidique dont la sienne est pénétrée comme un vêtement est pénétré par l'humidité, le désir ne suffira pas. La volonté même ne suffit pas toujours.

Il s'agit de lutter contre un adversaire ; or, quand deux hommes luttent corps à corps, c'est celui qui a les muscles les plus forts qui terrasse l'autre. Avec un Esprit il faut lutter, non corps à corps, mais d'Esprit à Esprit, et c'est encore le plus fort qui l'emporte ; ici, la force est dans *l'autorité* que l'on peut prendre sur l'Esprit, et cette autorité est subordonnée à la supériorité morale. La supériorité morale est comme le soleil qui dissipe le brouillard par la puissance de ses rayons. S'efforcer d'être bon, de devenir meilleur si l'on est déjà bon, se purifier de ses imperfections, en un mot, s'élever moralement le plus possible, tel est le moyen d'acquérir le pouvoir de commander aux Esprits inférieurs pour les écarter, autrement ils se moquent de vos injonctions. (*Livre des Médiums*, nos 252 et 279.)

Cependant, dira-t-on, pourquoi les Esprits protecteurs ne leurs enjoignent-ils pas de se retirer ? Sans doute ils le peuvent et le font quelquefois ; mais, en permettant la lutte, ils laissent aussi le mérite de la victoire ; s'ils laissent se débattre des personnes méritantes à certains égards, c'est pour éprouver leur persévérance et leur faire acquérir *plus de force* dans le bien ; c'est pour elles une sorte de *gymnastique morale*.

Certaines personnes préféreraient sans doute une autre recette plus facile pour chasser les mauvais Esprits : quelques mots à dire ou quelques signes à faire, par exemple, ce qui serait plus commode que de se corriger de ses défauts. Nous en sommes fâché, mais nous ne connaissons aucun moyen efficace pour *vaincre un ennemi que d'être plus fort que lui*. Quand on est malade, il faut se résigner à prendre une médecine, quelque amère qu'elle soit ; mais aussi, quand on a eu le courage de boire, comme on se porte bien, et combien l'on est fort ! Il faut donc bien se persuader qu'il n'y a, pour atteindre ce but, ni paroles sacramentelles, ni formules, ni talisman, ni signes matériels quelconques. Les mauvais Esprits s'en rient et se plaisent souvent à en indiquer qu'ils ont toujours soin de dire infaillibles, pour mieux capter la confiance de ceux qui veulent abuser, parce qu'alors ceux-ci, confiants dans la vertu du procédé, se livrent sans crainte.

Avant d'espérer dompter le mauvais Esprit, il faut se dompter soi-même. De tous les moyens d'acquérir la force pour y parvenir, le plus efficace est la volonté secondée par la prière, la prière de cœur s'entend, et non des paroles auxquelles la bouche a plus de part que la pensée. Il faut prier son ange gardien et les bons Esprits de nous assister dans la lutte ; mais il ne suffit pas de leur demander de chasser le mauvais Esprit, il faut se souvenir de cette maxime : *Aide-toi, le ciel t'aidera*, et leur demander surtout la force qui nous manque pour vaincre nos mauvais penchants qui sont pour nous pires que les mauvais Esprits, car ce sont ces penchants qui les attirent, comme la corruption attire les oiseaux de proie. En priant aussi pour l'Esprit obsesseur, c'est lui rendre le bien pour le mal, et se montrer meilleur que lui, et c'est déjà une supériorité. Avec de la persévérance, on finit le plus souvent par le ramener à de meilleurs sentiments et de persécuteur en faire un obligé.

En résumé, la prière fervente, et les efforts sérieux pour s'améliorer, sont les seuls moyens d'éloigner les mauvais Esprits qui reconnaissent leurs maîtres dans ceux qui pratiquent le bien, tandis que les formules les font rire, la colère et l'impatience les excitent. Il faut les lasser en se montrant plus patients qu'eux.

Mais il arrive quelquefois que la subjugation augmente

au point de paralyser la volonté de l'obsédé, et qu'on ne peut attendre de lui aucun concours sérieux. C'est alors surtout que l'intervention de tiers devient nécessaire, soit par la prière, soit par l'action magnétique ; mais la puissance de cette intervention dépend aussi de l'ascendant moral que les intervenants peuvent prendre sur les Esprits ; car s'ils ne valent pas mieux, leur action est stérile. L'action magnétique dans ce cas, a pour effet de pénétrer le fluide de l'obsédé d'un fluide meilleur, et de dégager celui de l'Esprit mauvais ; en opérant, le magnétiseur doit avoir le double but d'opposer une force morale à une force morale, et de produire sur le sujet une sorte de réaction chimique, pour nous servir d'une comparaison matérielle, chassant un fluide par un autre fluide. Par là, non seulement il opère un dégagement salutaire, mais il donne de la force aux organes affaiblis par une longue et souvent vigoureuse étreinte. On comprend, du reste, que la puissance de l'action fluidique est en raison, non seulement de l'énergie de la volonté, mais surtout de la qualité du fluide introduit, et, d'après ce que nous avons dit, que cette qualité dépend de l'instruction et des qualités morales du magnétiseur ; d'où il suit qu'un magnétiseur ordinaire qui agirait machinalement pour magnétiser purement et simplement, produirait peu ou point d'effet ; il faut, de toute nécessité, un magnétiseur *spirite* agissant en connaissance de cause, avec l'intention de produire, non le somnambulisme ou une guérison organique, mais les effets que nous venons de décrire. Il est en outre évident qu'une action magnétique, dirigée dans ce sens, ne peut être que très utile dans les cas d'obsession ordinaire, parce qu'alors, si le magnétiseur est secondé par la volonté de l'obsédé, l'Esprit est combattu par deux adversaires au lieu d'un.

Il faut dire aussi qu'on charge souvent les Esprits étrangers de méfaits dont ils sont très innocents ; certains états maladifs et certaines aberrations que l'on attribue à une cause occulte, tiennent simplement parfois à l'Esprit de l'individu lui-même. Les contrariétés, que le plus ordinairement on concentre en soi-même, les chagrins amoureux surtout, ont fait commettre bien des actes excentriques qu'on aurait tort de mettre sur le compte de l'obsession. On est souvent son propre obsesseur.

Ajoutons enfin que certaines obsessions tenaces, surtout chez les personnes méritantes, font quelquefois partie des épreuves auxquelles elles sont soumises. « Il arrive même parfois que l'obsession, quand elle est simple, est une tâche imposée à l'obsédé qui doit travailler à l'amélioration de l'obsesseur, comme un père à celle d'un enfant vicieux. »

(Nous renvoyons pour plus de détails au *Livre des Médiums*.)

La prière est généralement un puissant moyen pour aider à la délivrance des obsédés, mais ce n'est pas une prière de mots, dite avec indifférence et comme une formule banale, qui peut être efficace en pareil cas ; il faut une prière ardente qui soit en même temps une sorte de magnétisation mentale ; par la pensée on peut porter sur le patient un courant fluidique salutaire dont la puissance est en raison de l'intention. La prière n'a donc pas seulement pour effet d'invoquer un secours étranger, mais d'exercer une action fluidique. Ce qu'une personne ne peut faire seule, plusieurs personnes unies d'intention dans une prière collective et réitérée, le peuvent souvent, la puissance d'action étant augmentée par le nombre.

59. L'inefficacité de l'exorcisme dans les cas de possession est constatée par l'expérience, et il est prouvé que la plupart du temps il augmente le mal plutôt qu'il ne le diminue. La raison en est que l'influence est tout entière dans l'ascendant moral exercé sur les mauvais Esprits, et non dans un acte extérieur, dans la vertu des paroles et des signes. L'exorcisme consiste dans des cérémonies et des formules dont se rient les mauvais Esprits, tandis qu'ils cèdent à la supériorité morale qui leur impose; ils voient qu'on veut les maîtriser par des moyens impuissants, qu'on pense les intimider par un vain appareil, et ils tiennent à se montrer les plus forts, c'est pourquoi ils redoublent; ils sont comme le cheval ombrageux qui jette par terre le cavalier inhabile, et qui plie quand il a trouvé son maître; or, le véritable maître ici est l'homme au cœur le plus pur, parce que c'est celui qui est le plus écouté des bons Esprits.

60. Ce qu'un Esprit peut faire sur un individu, plusieurs Esprits peuvent le faire sur plusieurs individus simultanément et donner à l'obsession un caractère épidémique. Une nuée de mauvais Esprits peut faire invasion dans une localité et s'y manifester de diverses manières. C'est une épidémie de ce genre qui sévissait en Judée du temps du Christ; or, le Christ, par son immense supériorité morale, avait sur les démons ou mauvais Esprits une telle autorité, qu'il lui suffisait de leur commander de se retirer pour qu'ils le fissent, et il n'employait pour cela ni signes, ni formules.

61. Le Spiritisme est fondé sur l'observation des faits résultant des rapports entre le monde visible et le monde invisible. Ces faits étant dans la nature se sont produits à toutes les époques, et ils abondent surtout dans les livres sacrés de toutes les religions, parce qu'ils ont servi de base à la plupart des croyances. C'est faute de les comprendre que la Bible et les Évangiles offrent tant de passages obscurs et qui ont été interprétés dans des sens si différents ; le Spiritisme est la clef qui doit en faciliter l'intelligence.

DES HOMMES DOUBLES
ET DES
APPARITIONS DE PERSONNES VIVANTES

C'est un fait aujourd'hui constaté et parfaitement expliqué que l'Esprit, s'isolant d'un corps vivant, peut, à l'aide de son enveloppe fluidique périspritale, apparaître dans un autre endroit que celui où est le corps matériel ; mais, jusqu'à présent, la théorie, d'accord avec l'expérience, semble démontrer que cette séparation ne peut avoir lieu que pendant le sommeil, ou tout au moins pendant l'inactivité des sens corporels. Les faits suivants, s'ils sont exacts, prouveraient qu'elle peut se produire également à l'état de veille. Ils sont extraits de l'ouvrage allemand : *Les phénomènes mystiques de la vie humaine*, par MAXIMILIEN PERTY, professeur à l'université de Berne, publié en 1861. (Leipzig et Heidelberg.)

1. — « Un propriétaire campagnard fut vu par son cocher dans l'étable, les regards tournés vers les bestiaux au moment où il était à communier dans l'église. Il raconta cela plus tard à son pasteur qui lui demanda

à quoi il avait pensé au moment de la communion. — Mais, répondit-il, si je dois dire la vérité, je pensais à mes bestiaux. — Voilà votre apparition expliquée, répliqua l'ecclésiastique. »

Le prêtre était dans le vrai, car la pensée étant l'attribut essentiel de l'Esprit, celui-ci doit se trouver où se porte la pensée. La question est de savoir si, à l'état de veille, le dégagement du périsprit peut être assez grand pour produire une apparition, ce qui impliquerait une sorte de dédoublement de l'Esprit, dont une partie animerait le corps fluidique et l'autre le corps matériel. Ceci n'aurait rien d'impossible si l'on considère que lorsque la pensée se concentre sur un point éloigné, le corps n'agit plus que machinalement, par une sorte d'impulsion mécanique, ce qui arrive surtout aux personnes distraites ; il n'est animé que de la vie matérielle ; la vie spirituelle suit l'Esprit. Il est donc probable que l'homme en question avait éprouvé à ce moment une forte distraction, et que ses bestiaux le préoccupaient plus que sa communion.

Le fait suivant rentre dans cette catégorie, mais présente une particularité plus remarquable.

2. — « Le juge de canton, J... à Fr..., envoya un jour son commis à un village des environs. Après un certain laps de temps il le vit rentrer, prendre un livre dans l'armoire et le feuilleter. Il lui demanda brusquement pourquoi il n'était pas encore parti ; le commis disparaît à ces mots ; le livre tombe par terre, et le juge le pose ouvert sur une table comme il était tombé. Le soir, lorsque le commis fut de retour, le juge lui demanda s'il ne lui était rien arrivé en route, s'il n'était pas revenu dans la chambre où il se trouvait en ce

moment. — Non, répondit le commis ; j'ai fait la route avec un de mes amis ; en traversant la forêt nous avons eu une discussion à propos d'une plante que nous avions trouvée, et je disais que si j'étais à la maison, il me serait facile de montrer la page de *Linné* qui me donnerait raison. — C'était justement ce livre qui était resté ouvert à la page indiquée. »

Quelque extraordinaire que soit le fait, on ne saurait dire qu'il est matériellement impossible, car nous sommes loin de connaître encore tous les phénomènes de la vie spirituelle ; toutefois, il a besoin de confirmation. En pareil cas, il faudrait pouvoir constater d'une manière positive l'état du corps au moment de l'apparition. Jusqu'à preuve contraire, nous doutons que la chose soit possible lorsque le corps est dans une activité intelligente.

Les faits suivants sont plus extraordinaires encore, et nous avouons franchement qu'ils nous inspirent plus que des doutes. On comprend facilement que l'apparition de l'Esprit d'une personne vivante soit vue par une tierce personne, mais non qu'un individu puisse voir sa propre apparition, surtout dans les circonstances relatées ci-après.

3. — « Le secrétaire de gouvernement de Triptis, à Weimar, se rendant à la chancellerie pour y chercher un paquet d'actes dont il avait un grand besoin, s'y voit déjà assis sur sa chaise habituelle et ayant les actes devant lui. Il s'effraie, rentre chez lui, et envoie sa domestique avec l'ordre de prendre les actes qu'elle trouverait à sa place ordinaire. Celle-ci y va, et voit également son maître assis sur sa chaise. »

4. — « Becker, professeur de mathématiques à Rostok,

avait des amis chez lui à table. Une controverse théologique s'élève entre eux. Becker va à sa bibliothèque chercher un ouvrage qui devait décider la question, et s'y voit assis à sa place habituelle. En regardant par-dessus l'épaule de son autre soi-même il s'aperçoit que celui-ci lui montre le passage suivant dans la Bible ouverte : « Arrange ta maison, car tu dois mourir. » Il retourne vers ses amis qui s'efforcent en vain de lui démontrer la folie d'attacher la moindre importance à cette vision. — *Il mourut le lendemain.* »

5. — « Hoppack, auteur de l'ouvrage : *Matériaux pour l'étude de la psychologie*, dit que l'abbé Steinmetz, ayant du monde chez lui, dans sa chambre, se vit en même temps dans son jardin à son endroit favori. Se montrant d'abord lui-même du doigt, puis son semblable, il dit : — Voici Steinmetz le mortel, celui-là là-bas, est immortel. »

6. — « F..., de la ville de Z..., qui fut plus tard juge, se trouvant dans sa jeunesse à une campagne, fut prié par la jeune fille de la maison d'aller chercher un parasol qu'elle avait oublié dans sa chambre. Il s'y rendit et vit la demoiselle assise à sa table à ouvrage, mais plus pâle que quand il l'avait quittée ; elle regardait devant elle. F..., malgré sa peur, prit le parasol qui était à côté d'elle et le rapporta. En voyant ses traits bouleversés, elle lui dit : — Avouez que vous avez vu quelque chose, vous m'avez vue. Mais ne vous inquiétez pas, je ne suis pas près de mourir. Je suis double (en allemand *Doppelgaenger*, littéralement : quelqu'un qui marche double) ; j'étais en pensée auprès de mon ouvrage, et j'ai déjà souvent trouvé mon image à côté de moi. Nous ne nous faisons rien. »

7. — « Le comte D... et les sentinelles prétendirent voir une nuit l'impératrice Elisabeth de Russie, assise sur le trône, dans la salle du trône, en grand costume d'apparat, pendant qu'elle était couchée et endormie. La dame d'honneur de service, qui s'en était aussi convaincue, alla l'éveiller. L'impératrice se rendit aussi dans la salle du trône, et y vit son image. Elle ordonna à une sentinelle de faire feu ; l'image disparut alors. L'impératrice mourut trois mois après. »

8. — « Un étudiant, nommé Elger, devint très mélancolique après s'être vu souvent dans l'habit rouge qu'il portait ordinairement. Il ne voyait jamais sa figure, mais les contours d'une forme vaporeuse qui lui ressemblait, toujours dans le crépuscule ou au clair de la lune. Il voyait l'image à la place à laquelle il venait d'avoir longtemps étudié.

9. — « Une institutrice française, Émilie Sagée, perdit dix-neuf fois sa place, parce qu'elle paraissait partout *en double*. Les jeunes filles d'un pensionnat à Neuwelke, en Livonie, la voyaient quelquefois au salon ou au jardin, tandis qu'elle se trouvait en réalité ailleurs. D'autres fois, elles voyaient devant le tableau, pendant la leçon, deux demoiselles Sagée, l'une à côté de l'autre, exactement pareilles, faisant les mêmes mouvements, avec cette seule différence que la véritable Sagée seule tenait un morceau de craie à la main, avec lequel elle écrivait sur le tableau. »

L'ouvrage de M. Perty contient un grand nombre de faits de ce genre. Il est à remarquer que dans tous les exemples cités, le principe intelligent est également actif dans les deux individus, et même plus actif dans l'être matériel, ce qui devrait être le contraire. Mais ce qui nous semble une impossibilité radicale, c'est qu'il puisse exister un antagonisme, une divergence d'idées, de pensées et de sentiments.

Cette divergence est surtout manifeste dans le fait n° 4, où l'un avertit l'autre de sa mort, et dans celui du n° 7, où l'impératrice fait tirer sur l'autre elle-même.

En admettant la division du périsprit et une puissance fluidique suffisante pour maintenir au corps son activité normale ; en supposant aussi la division du principe intelligent, ou un rayonnement capable d'animer les deux êtres et de lui donner une sorte d'ubiquité, ce principe est un et doit être identique ; il ne saurait donc y avoir d'un côté une volonté qui n'existerait pas de l'autre, à moins d'admettre qu'il y ait des jumeaux d'Esprits, comme il y a des jumeaux de corps, c'est-à-dire que deux Esprits s'identifient pour s'incarner dans un même corps, ce qui n'est guère supposable.

Dans toutes ces histoires fantastiques, s'il y a quelque chose à prendre, il y a aussi beaucoup à laisser, et la part à faire de la légende. Le Spiritisme, bien loin de nous les faire accepter aveuglément, nous aide à faire la part du vrai et du faux, du possible et de l'impossible, à l'aide des lois qu'il nous révèle touchant la constitution et le rôle de l'élément spirituel. Ne nous hâtons pas cependant de rejeter *a priori* tout ce que nous ne comprenons pas, parce que nous sommes loin de connaître toutes ces lois, et que la nature ne nous a pas encore dit tous ses secrets. Le monde invisible est un champ d'observations encore nouveau dont il serait présomptueux de prétendre avoir sondé toutes les profondeurs, alors que de nouvelles merveilles se révèlent sans cesse à nos yeux. Toutefois, il est des faits dont la logique et les lois connues démontrent l'impossibilité matérielle. Tel est, par exemple, celui qui est rapporté dans la *Revue spirite* du mois de février 1859, page 41, sous le titre de : *Mon ami Hermann.* Il s'agissait d'un jeune Allemand du grand monde, doux, bienveillant, et du caractère le plus honorable, qui, tous les soirs, au coucher du soleil, tombait dans un état de mort apparente ; pendant ce temps, son esprit se réveillait aux Antipodes, en Australie, dans le corps d'un mauvais chenapan qui finissait par être pendu.

Le simple bon sens démontre qu'en supposant la possibilité de cette dualité corporelle, le même Esprit ne peut être alternativement, pendant le jour un honnête homme dans un corps, et la nuit un bandit dans un autre corps. Dire que le Spiritisme accrédite de pareilles histoires, c'est prouver qu'on ne le connaît pas, puisqu'il donne les moyens d'en prouver l'absurdité. Mais, en même temps qu'il démontre l'erreur d'une croyance, il prouve que souvent elle repose sur un principe vrai, dénaturé ou exagéré par la superstition ; c'est à dépouiller le fruit de l'écorce qu'il s'attache.

Que de contes ridicules n'a t-on pas faits sur la foudre avant de connaître la loi de l'électricité ! Il en est de même en ce qui concerne les rapports du monde invisible ; en faisant connaître la loi de ces rapports, le Spiritisme les réduit à la réalité ; mais cette réalité est encore trop pour ceux qui n'admettent ni âmes, ni monde invisible ; à leurs yeux, tout ce qui sort du monde visible et tangible est de la superstition ; voilà pourquoi ils dénigrent le Spiritisme.

Remarque. La question très intéressante des *hommes doubles* et celle des *agénères* qui s'y rattache étroitement, ont été jusqu'ici reléguées au second plan par la science spirite, faute de documents suffisants pour leur entière élucidation. Ces manifestations si bizarres qu'elles soient, si incroyables qu'elles paraissent au premier abord, sanctionnées par les récits des historiens les plus sérieux de l'antiquité et du moyen-âge, confirmées par des évènements récents, antérieurs à l'avènement du Spiritisme ou contemporains, ne peuvent donc aucunement être révoquées en doute. Le *Livre des Médiums*, à l'article intitulé : *Visites spirituelles entre personnes vivantes*, la *Revue spirite*, en de nombreux passages, en confirment l'existence de la manière la plus incontestable. D'un rapprochement et d'un examen approfondi de tous ces faits, résulterait peut-être une solution au moins partielle de la question et l'élimination de quelques-unes des difficultés dont elle semble entourée.

Nous serions obligés, à ceux de nos correspondants qui voudraient bien en faire l'objet d'une étude spéciale, soit personnellement, soit par l'intermédiaire des Esprits, de nous communiquer le résultat de leurs recherches, dans l'intérêt bien entendu de la diffusion de la vérité.

En parcourant rapidement les années antérieures de la *Revue*, et en rapprochant les faits signalés et les théories émises pour les expliquer, nous en sommes arrivés à conclure qu'il conviendrait peut-être de diviser les phénomènes en deux catégories bien distinctes, ce qui permettrait de leur appliquer des explications différentes et de démontrer que les impossibilités qui s'opposent à leur acceptation pure et simple sont plutôt apparentes que réelles. (Voir, à cet effet, les articles de la *Revue*

Spirite de janvier 1859, le *Follet de Bayonne*; février 1859, *les Agénères, Mon ami Hermann*; mai 1859, *le Lien entre l'Esprit et le corps*; novembre 1859, *l'âme errante*; janvier 1860, *l'Esprit d'un côté et le corps de l'autre*; mars 1860, *Étude sur l'Esprit des personnes vivantes*; *Le Docteur V... et Mlle S...*; avril 1860, *le Fabricant de Saint-Pétersbourg*; *Apparitions tangibles*; novembre 1860, *Histoire de Marie d'Agréda*; juillet 1861, *Une apparition providentielle*, etc., etc.)

La faculté d'expansion des fluides périspritaux est aujourd'hui surabondamment démontrée par les opérations chirurgicales les plus douloureuses, accomplies sur des malades endormis, soit par le chloroforme et l'éther, soit par le magnétisme animal. Il n'est pas rare, en effet, de voir ces derniers s'entretenant avec les assistants de choses agréables et gaies, ou se transportant au loin en Esprit, pendant que le corps se tord avec toutes les apparences d'horribles tortures; la machine humaine, immobilisée en tout ou en partie se déchire sous le scalpel brutal du chirurgien, les muscles s'agitent, les nerfs se crispent et transmettent la sensation à l'appareil *cérébro-spinal*; mais l'âme, qui dans l'état normal perçoit seule la douleur et la manifeste extérieurement, momentanément éloignée du corps soumis à l'impression, dominée par d'autres pensées, par d'autres actions, n'est que sourdement avertie de ce qui se passe dans son enveloppe mortelle et y demeure parfaitement insensible. Combien de fois n'a-t-on pas vu des soldats blessés grièvement, tout entiers à l'ardeur du combat, tout en perdant leur sang et leur force, lutter longtemps encore sans s'apercevoir de leurs blessures? Un homme, fortement préoccupé, reçoit un choc violent sans en rien ressentir, et ce n'est que lorsque cesse l'abstraction de son intelligence qu'il reconnaît avoir été heurté à la sensation douloureuse qu'il éprouve. A qui n'est-il pas arrivé, dans une puissante contention de l'Esprit, de traverser une foule tumultueuse et bruyante, sans rien voir et sans rien entendre, bien que, cependant, le nerf optique et l'appareil auditif eussent perçu les sensations et les eussent transmises fidèlement à l'âme ?

A n'en pas douter, par les exemples qui précèdent et par une multitude de faits qu'il serait trop long de rapporter ici, mais que chacun est à même de connaître et d'apprécier, le corps peut, d'une part, accomplir ses fonctions organiques, tandis que l'Esprit est entraîné au loin par des préoccupations d'un autre ordre, Le périsprit, indéfiniment expansible, conservant au corps l'élasticité et l'activité nécessaires à son existence, accompagne constamment l'Esprit pendant son voyage lointain dans le monde idéal.

Si nous nous souvenons, en outre, de sa propriété bien connue de condensation, qui lui permet de se rendre visible sous les apparences corporelles pour les médiums voyants, et plus rarement pour quiconque se trouve présent en l'endroit où s'est transporté l'Esprit, on ne pourra plus mettre en doute la possibilité des phénomènes d'ubiquité.

Il est donc démontré pour nous qu'une personne vivante peut apparaître simultanément en deux localités éloignées l'une de l'autre ; d'une part avec son corps réel, de l'autre avec son périsprit condensé momentanément sous les apparences de ses formes matérielles.

Néanmoins, d'accord en cela, comme toujours, avec Allan Kardec, nous ne pouvons admettre l'ubiquité que lorsque nous reconnaissons une similitude parfaite dans les agissements de l'être apparent. Tels sont, par exemple, les faits cités précédemment sous les n°* 1 et 2. Quant aux faits suivants, inexplicables pour nous, en leur appliquant la théorie de l'ubiquité, ils nous paraissent sinon indiscutables, tout au moins admissibles en les envisageant à un autre point de vue.

Aucun de nos lecteurs n'ignore la faculté que possèdent les esprits désincarnés d'apparaître, sous l'apparence matérielle, en certaines circonstances et plus particulièrement aux médiums dits voyants. Cependant, dans un certain nombre de cas, tels que dans les apparitions visibles et tangibles pour une foule ou pour un certain nombre de personnes, il est évident que la perception de l'apparition n'est pas due à la faculté médiumnique des assistants, mais à la réalité de l'apparence corporelle de l'Esprit, et dans cette circonstance comme dans les faits d'ubiquité, cette apparence corporelle est due à la condensation de l'appareil périsprital. Or, si le plus souvent les Esprits, dans le but de se faire reconnaitre, apparaissent tels qu'ils étaient de leur vivant, avec les vêtements qui leur étaient le plus habituels, il ne leur est pas impossible de se présenter, soit vêtus différemment, soit même sous des traits quelconques, tel, par exemple, *le Follet de Bayonne*, apparaissant tantôt sous sa forme personnelle, tantôt sous les traits de l'un de ses frères mort comme lui, tantôt sous les apparences de personnes vivantes et même présentes. L'Esprit avait soin de faire reconnaître son identité, malgré les formes variées sous lesquelles il se présentait; mais n'en eut-il rien fait, n'est-il pas évident que les témoins de la manifestation eussent été persuadés qu'ils assistaient à un phénomène d'ubiquité ?

Si, considérant comme un précédent ce fait, qui est loin d'être isolé, nous cherchons à expliquer de la même manière les faits n°ˢ 3, 4, 5, 6, 8, et 9, il nous sera peut-être possible d'en accepter la réalité, alors qu'en admettant l'ubiquité, l'incompatibilité des pensées, l'antagonisme des sentiments et l'activité de l'organisme des deux parts, ne nous permettent point de les regarder comme possibles.

Dans le fait n° 4, au lieu de supposer le professeur Becker en présence de son sosie, admettons qu'il ait eu affaire à un Esprit lui apparaissant sous sa propre forme, tout antagonisme disparaît et le phénomène rentre dans le domaine du possible. Il en est de même du fait n° 7. On ne comprend pas Elisabeth de Russie, faisant tirer sur sa propre image, mais on admet parfaitement qu'elle fasse tirer sur un Esprit ayant pris son apparence pour la mystifier. Certains Esprits prennent parfois un nom supposé, et se parent du style et des formes d'un autre pour obtenir la confiance des médiums et l'accès des groupes ; qu'y aurait-il d'impossible à ce qu'un Esprit orgueilleux se soit plu à prendre la forme de l'impératrice Elisabeth et à s'asseoir sur son trône pour donner une vaine satisfaction à ses rêves ambitieux ? et ainsi des autres faits.

Nous ne donnons cette explication que pour ce qu'elle vaut ; ce n'est à nos yeux qu'une supposition assez plausible et non la solution réelle des faits ; mais telle qu'elle est, elle nous a paru de nature à éclairer la question en appelant sur elle les lumières de la discussion et de la réfutation. C'est à ce titre que nous la soumettons à nos lecteurs. Puissent les réflexions qu'elle provoquera, les méditations auxquelles elle pourrait donner lieu, coopérer à l'éducation d'un problème que nous n'avons pu qu'effeurer, laissant à de plus dignes de dissiper l'obscurité dont il est encore entouré.

(*Note de la Rédaction.*)

CONTROVERSES
SUR L'IDÉE DE L'EXISTENCE D'ETRES INTERMÉDIAIRES ENTRE L'HOMME ET DIEU

N., 4 février 1867.

Cher Maître,

Il y a quelque temps que je n'ai donné signe de vie ; ayant été très occupé tout le temps de mon séjour à Lyon, je n'ai pu me rendre un compte aussi parfait que je l'aurais voulu de l'état actuel de la doctrine dans ce grand centre. Je n'ai assisté qu'à une seule réunion spirite ; cependant, j'ai pu constater que, dans ces milieux, la foi première est toujours ce qu'elle doit être dans les cœurs vraiment sincères.

Dans différents autres centres du Midi, j'ai entendu discuter cette opinion, émise par quelques magnétiseurs que bien des phénomènes, *dits spirites*, sont simplement des effets de somnambulisme et que le Spiritisme n'a fait que remplacer le magnétisme, ou plutôt s'est affublé de son nom. C'est, comme vous le voyez, une nouvelle attaque dirigée contre la médiumnité. Ainsi, selon ces personnes, tout ce qu'écrivent les médiums est le résultat des facultés de l'âme incarnée ; c'est elle qui, en se dégageant momentanément, peut lire dans la pensée des personnes présentes ; c'est elle qui voit à distance et prévoit les évènements ; c'est elle qui, par un fluide magnético-spirituel, agite, soulève, renverse les tables, perçoit les sons, etc., tout, en un mot, reposerait sur l'essence animique sans l'intervention d'êtres purement spirituels.

Ce n'est pas une nouveauté que je vous apprends, me direz-vous. J'ai, en effet, entendu moi-même, depuis quelques années, soutenir cette thèse par certains magnétiseurs ; mais aujourd'hui on cherche à implanter ces idées qui sont, selon moi, contraires à la vérité. C'est toujours un tort de tomber dans les extrêmes, et, il y a autant d'exagération à tout rapporter au somnambulisme, qu'il y en aurait de la part des spirites à nier les lois du magnétisme. On ne saurait ravir à la matière les lois magnétiques, de même qu'à l'Esprit les lois purement spirituelles.

Où s'arrête la puissance de l'âme sur les corps. Quelle est la part de cette force intelligente dans les phénomènes du magnétisme ? Quelle est celle de l'organisme ? Voilà des questions pleines d'intérêt, questions graves pour la philosophie comme pour la médecine.

En attendant la solution de ces problèmes, je vais vous citer quelques passages de Charpignon, ce docteur d'Orléans, qui est partisan de la transmission de la pensée. Vous verrez qu'il se reconnaît lui-même impuissant à démontrer, *dans la vision proprement dite*, que la cause vient de l'extension du *sympathique organique*, comme le prétendent plusieurs auteurs.

Il dit, page 289 :

« Académiciens, doublez les travaux de vos candi-
« dats ; moralistes, promulguez des lois pour la société,
« le monde, ce monde qui rit de tout, qui veut sa jouis-
« sance au mépris des lois de Dieu et des droits de
« l'homme, déjoue vos efforts, car il a à son service une
« puissance que vous ne soupçonnez pas, et que vous
« avez laissée grandir de telle sorte que vous n'êtes plus
« maîtres de l'arrêter. »

Page 323 :

« Nous comprenons bien jusqu'ici le mode de la trans-
« mission de la pensée, mais nous devenons impuissants
« pour comprendre par ces lois de sympathie harmonique,
« le système par lequel l'homme forme en lui-même
« telle ou telle pensée, telle ou telle image, et cette solli-
« citation d'objets extérieurs. Ceci sort des propriétés de
« l'organisme, et la psychologie trouvant dans cette fa-
« culté remémorative ou *créatrice*, suivant le désir de
« l'homme, quelque chose d'antagoniste avec les pro-
« priétés de l'organisme, la fait dépendre d'un être subs-
« tantiel différent de la matière. Nous commençons donc
« à trouver dans le phénomène de la pensée quelques
« lacunes entre la capacité des lois physiologiques de
« l'organisme et le résultat obtenu. Le rudiment du phé-
« nomène, si l'on peut s'expliquer ainsi, est bien physio-
« logique, mais son extension vraiment prodigieuse *ne*
« *l'est plus* ; et, il faut ici admettre que l'homme jouit
« d'une faculté qui n'appartient à aucun des deux élé-
« ments matériels dont, jusqu'à présent, nous l'avons
« vu composé. L'observateur de bonne foi reconnaîtra
« donc dès ici, *une tierce partie* qui entrera dans la
« composition de l'homme, partie qui commence à se

« révéler à lui, au point de vue de psychologie magné-
« tique, par des caractères nouveaux et qui se rapportent
« à ceux que les philosophes accordent à l'âme.

« Mais l'existence de l'âme se trouve plus fortement
« démontrée par l'étude de quelques autres facultés du
« somnambulisme magnétique. Ainsi la vision à distance,
« quand elle est complète et nettement dégagée de la
« transmission de pensée, ne saurait, à notre avis, s'ex-
« pliquer par l'extension du sympathique organique. »

Puis, page 330 :

« Nous avions, comme on le voit, de grands motifs
« pour avancer que l'*étude* des phénomènes magnétiques
« avait de grands rapports avec la philosophie et la
« psychologie. Nous signalons un *travail* à faire, et
« nous y convions les hommes spéciaux. »

Dans les pages suivantes, il est question des êtres immatériels et de leurs rapports possibles avec nos individus.

Page 349 : « Il est hors de doute pour nous, et préci-
« sément à cause des lois psychologiques que nous avons
« esquissées dans ce travail, que *l'âme humaine peut*
« *être éclairée* directement, soit par Dieu, *soit par une*
« *autre intelligence*. Nous croyons que cette commu-
« nication surnaturelle peut avoir lieu dans l'état nor-
« mal, comme dans l'état extatique, qu'il soit spontané
« ou artificiel. »

Page 351 : « Mais nous revenons à dire que la prévi-
« sion naturelle à l'homme est limitée et ne saurait être
« si précise, si constante et si largement exposée que les
« prévisions qui ont été faites par les prophètes sacrés
« ou par les hommes qui étaient inspirés par une intelli-
« gence supérieure à l'âme humaine. »

Page 391 : « La science et la croyance au monde sur-
« naturel sont deux termes antagonistes ; mais, hâtons-
« nous de le dire, c'est par suite des exagérations qui
« ont surgi des deux côtés. Il est possible, suivant nous,
« que la science et la loi fassent alliance, et alors l'esprit
« humain se trouvera au niveau de sa perfectibilité
« terrestre. »

Page 396 : « L'Ancien, comme le Nouveau Testament,
« ainsi que les annales de l'histoire de tous les peuples,
« sont remplis de faits qui ne peuvent s'expliquer autre-
« ment que par l'action *d'êtres supérieurs* à l'homme ;
« d'ailleurs, les études d'anthropologie, de métaphysique
« et d'ontologie, prouvent la réalité de l'existence *d'êtres*
« *immatériels* entre l'homme et *Dieu*, et la possibilité
« de leur influence sur l'espèce humaine. »

Voici maintenant l'opinion d'une des principales au-
torités en magnétisme, sur l'existence d'êtres en dehors
de l'humanité. Elle est extraite de la correspondance de
Deleuze avec le docteur Billot :

« Le seul phénomène qui semble établir la communi-
« cation avec les êtres immatériels, ce sont les appari-
« tions. Il y en a plusieurs exemples, et comme je suis
« convaincu de l'immortalité de l'âme, je ne vois pas de
« raisons pour nier la possibilité de l'apparition des
« personnes qui, ayant quitté cette vie, *s'occupent de*
« *ceux qu'elles ont chéris*, et viennent se présenter à
« eux pour leur donner des avis salutaires. »

Le docteur Ordinaire, de Mâcon, autre autorité en
cette matière, s'exprime ainsi :

« Le feu sacré, l'influence secrète (de Boileau), l'inspiration, ne proviennent donc pas de telle ou telle con-
texture, ainsi que le prétendent les phrénologues, mais

d'une âme poétique, *en rapport avec un Génie plus poétique encore.* Il en est de même pour la musique, pour la peinture, etc. Ces intelligences supérieures ne seraient-elles pas des âmes dégagées de la matière, et s'élevant graduellement à mesure qu'elles s'épurent, jusqu'à la grande, à l'universelle intelligence qui les embrasse toutes, jusqu'à Dieu? Nos âmes, *après diverses migrations* ne prendraient-elles pas rang parmi ces êtres immatériels?

« Concluons, dit le même auteur, de ce qui précède : que l'étude de l'âme est encore dans son enfance ; que puisque du polype à l'homme il existe une série d'intelligences, et que rien ne s'interrompt brusquement dans la nature, il doit rationnellement exister de l'homme à Dieu une autre série d'intelligences. L'homme est le chaînon qui unit les intelligences inférieures associées à la matière, aux intelligences supérieures immatérielles. De l'homme à Dieu, se trouve une série semblable à celle qui existe du polype à l'homme, c'est-à-dire, une série d'êtres éthérés plus ou moins parfaits, jouissant de spécialités diverses, ayant des emplois et des fonctions variés.

« Que ces intelligences supérieures se révèlent tangi-
« blement dans le somnambulisme artificiel ;

« Que ces intelligences ont avec nos âmes des rapports
« intimes ;

« Que c'est à ces intelligences que nous *devons nos*
« *remords* lorsque nous avons mal fait; notre sa-
« tisfaction, lorsque nous avons fait une bonne ac-
« tion ;

« Que c'est à ces intelligences que les hommes supé-
« rieurs doivent leurs bonnes inspirations ;

« Que c'est à ces intelligences que les extatiques
« doivent la faculté de prévoir l'avenir et d'annoncer
« des événements futurs ;

« Enfin que pour agir sur ces intelligences et les
« rendre propices, *la vertu et la prière* ont une action
« puissante. »

Remarque. L'opinion de tels hommes, et ce ne sont pas les seuls, a certainement une valeur que personne ne saurait contester ; mais ce ne serait toujours qu'une opinion plus ou moins rationnelle, si l'observation ne venait la confirmer. Le Spiritisme est tout entier dans les pensées que nous venons de citer ; seulement, il vient les compléter par des observations spéciales, les coordonner en leur donnant la sanction de l'expérience.

Ceux qui s'obstinent à nier l'existence du monde spirituel, et qui ne peuvent cependant nier les faits, s'évertuent à en chercher la clause exclusive dans le monde corporel ; mais une théorie, pour être vraie, doit rendre raison de tous les faits qui s'y rattachent ; un seul fait contradictoire la détruit, car il n'y a pas d'exceptions dans les lois de la nature. Cela est arrivé à la plupart de celles qui ont été imaginées dans le principe pour expliquer les phénomènes spirites ; presque toutes sont tombées une à une devant des faits qu'elles ne pouvaient embrasser. Après avoir épuisé, sans résultat, tous les systèmes, on est forcé d'en venir aux théories spirites, comme les plus concluantes, parce que, n'ayant point été formulées prématurément et sur des observations faites à la légère, elles embrassent toutes les variétés, toutes les nuances des phénomènes. Ce qui les a fait accepter si rapidement par le plus grand nombre, c'est que chacun y a trouvé la solution complète et satisfaisante de ce qu'il avait inutilement cherché ailleurs.

Cependant beaucoup les repoussent encore ; elles ont cela de commun avec toutes les grandes idées nouvelles qui viennent changer les habitudes et les croyances, et qui toutes ont trouvé longtemps des contradicteurs acharnés, même parmi les hommes les plus éclairés. Mais un jour vient où ce qui est vrai doit l'emporter sur ce qui est faux, et l'on s'étonne alors de l'opposition qu'on y a faite, tant la chose paraît naturelle. Ainsi en sera-t-il du Spiritisme ; et ce qui est à remarquer c'est que de toutes les grandes idées qui ont révolutionné le monde, aucune n'a conquis en si peu de temps un aussi grand nombre de partisans dans tous les pays et dans tous les rangs de la société. Voilà pourquoi les spirites, dont la foi n'est point aveugle, comme leurs adversaires le prétendent, mais fondée sur l'observation, ne s'inquiètent ni de leurs contradicteurs, ni de ceux qui ne partagent pas leurs idées ; ils se disent que la doctrine ressortant des lois mêmes de la nature, au lieu de s'appuyer sur une dérogation à ces lois, ne peut manquer de prévaloir lorsque ces lois nouvelles seront reconnues.

L'idée de l'existence d'êtres intermédiaires entre l'homme et Dieu, n'est pas nouvelle, comme chacun le sait ; mais on se figurait généralement que ces êtres formaient des créations à part ; les religions les ont désignées sous les noms d'anges et de démons ; les païens les appelaient des dieux. Le Spiritisme, venant prouver que ces êtres ne sont autres que les âmes des hommes, arrivées aux différents degrés de l'échelle spirituelle, ramène la création à l'unité grandiose qui est l'essence des lois divines. Au lieu d'une multitude de créations stationnaires qui accuseraient chez la Divinité le caprice ou la partialité, il n'y en a qu'une essentiellement progressive, sans privilège pour aucune créature, chaque individualité s'élevant de l'embryon à l'état de développement complet, comme le germe de la graine arrive à l'état d'arbre. Le Spiritisme nous montre donc l'unité, l'harmonie, la justice dans la création. Pour lui, les démons sont les âmes arriérées, encore entachées des vices de l'humanité ; les anges sont ces mêmes âmes épurées et dématérialisées ; et, entre ces deux points extrêmes, la multitude des âmes parvenues aux différents degrés de l'échelle progressive ; par là, il établit la solidarité entre le monde spirituel et le monde corporel.

Quant à la question proposée : Quelle est, dans les phénomènes spirites ou somnambuliques, la limite où s'arrête l'action propre de l'âme humaine, et où commence celle des Esprits ? nous dirons que cette limite n'existe pas, ou mieux qu'elle n'a rien d'absolu. Dès l'instant que ce ne sont point des espèces distinctes, que l'âme n'est qu'un esprit incarné, et l'Esprit une âme dégagée des liens terrestres, que c'est le même être dans des milieux différents, les facultés et les aptitudes doivent être les mêmes. Le somnambulisme est un état transitoire entre l'incarnation et la désincarnation, un dégagement partiel, un pied mis, par anticipation, dans le monde spirituel. L'âme incarnée, ou si l'on veut l'esprit propre du somnambule ou du médium, peut donc faire, à peu près, ce que fera l'âme désincarnée, et même davantage si elle est plus avancée, avec cette différence, toutefois, que par son dégagement complet, l'âme étant plus libre, a des perceptions spéciales inhérentes à son état.

La distinction entre ce qui, dans un effet, est le produit direct de l'âme du médium et ce qui provient d'une source étrangère est parfois très difficile à faire, parce que très souvent ces deux actions se confondent et se corroborent. C'est ainsi que dans les guérisons par imposition des mains, l'Esprit du médium peut agir seul ou avec l'assistance d'un autre Esprit ; que l'inspiration poétique ou artistique peut avoir une double origine. Mais de ce qu'une distinction est difficile, il ne s'ensuit pas qu'elle soit impossible. La dualité est souvent évidente, et, dans tous les cas, ressort presque toujours d'une observation attentive.

CAUSE ET NATURE

DE LA

CLAIRVOYANCE SOMNAMBULIQUE

Explication du phénomène de la lucidité.

Les perceptions qui ont lieu dans l'état somnambulique, étant d'une autre nature que celles de l'état de veille, ne peuvent être transmises par les mêmes organes. Il est constant que, dans ce cas, la vue ne s'effectue pas par les yeux qui sont d'ailleurs généralement clos, et que l'on peut même mettre à l'abri des rayons lumineux de manière à écarter tout soupçon. La vue à distance et à travers les corps opaques exclut, en outre, la possibilité de l'usage des organes ordinaires de la vision. Il faut donc, de toute nécessité, admettre dans l'état de somnambulisme, le développement d'un sens nouveau, siège de facultés et de perceptions nouvelles qui nous sont inconnues et dont nous ne pouvons nous rendre compte que par analogie et par raisonnement. A cela, on le conçoit, rien d'impossible ; mais quel est le siège de ce sens ? C'est ce qu'il n'est pas facile de déterminer avec exactitude. Les somnambules eux-mêmes ne donnent à cet égard aucune indication précise. Il en est qui, pour mieux voir appliquent les objets sur l'épigastre, d'autre sur le front, d'autre à l'occiput. Ce sens ne paraît donc pas circonscrit dans un endroit déterminé ; il est certain pourtant que sa plus grande activité réside dans les centres nerveux. Ce qui est positif, c'est que le somnambule voit. Par où et comment ? C'est ce qu'il ne peut définir lui-même.

Remarquons toutefois que, dans l'état somnambulique, les phénomènes de la vision et les sensations qui l'accompagnent sont essentiellement différents de ce qui a lieu dans l'état ordinaire ; aussi ne nous servirons-nous du mot *voir* que par comparaison, et faute d'un terme qui nous manque naturellement pour une chose inconnue. Un peuple d'aveugles de naissance n'aurait point de mot pour exprimer *la lumière*, et rapporterait les sensations qu'elle fait éprouver à quelqu'une de celles qu'il comprend parce qu'il y est soumis.

On cherchait à expliquer à un aveugle l'impression vive et éclatante de la lumière sur les yeux. *Je comprends*; dit-il, *c'est comme le son de la trompette.* Un autre, un peu plus prosaïque sans doute, à qui l'on voulait faire comprendre l'émission des rayons en faisceaux ou cônes lumineux, répondit ; *Ah ! oui, c'est comme un pain de sucre.* Nous sommes dans les mêmes conditions à l'égard de la lucidité somnambulique ; nous sommes de véritables aveugles, et, comme ces derniers pour la lumière, nous la comparons à ce qui, pour nous a le plus d'analogie avec notre faculté visuelle ; mais si nous voulons établir une analogie absolue entre ces deux facultés et juger l'une par l'autre, nous nous trompons nécessairement comme les deux aveugles que nous venons de citer. C'est là le tort de presque tous ceux qui cherchent soi-disant à se convaincre par l'expérience ; ils veulent soumettre la clairvoyance somnambulique aux mêmes épreuves que la vue ordinaire, sans songer qu'il n'y a de rapports entre elles que le nom que nous leur donnons et comme les résultats ne répondent pas toujours à leur attente, ils trouvent plus simple de nier.

Si nous procédons par analogie, nous dirons que le fluide magnétique, répandu dans toute la nature et dont les corps animés paraissent être les principaux foyers, est le véhicule de la clairvoyance somnambulique, comme le fluide lumineux est le véhicule des images perçues par notre faculté visuelle. Or, de même que le fluide lumineux rend transparents les corps qu'il traverse librement, le fluide magnétique pénétrant tout les corps sans exception, il n'y a point de corps opaques pour les somnambules. Telle est l'explication la plus simple et la plus matérielle de la lucidité, en parlant à notre point de vue. Nous la croyons juste, car le fluide magnétique joue incontestablement un rôle important dans ce phénomène ; mais elle ne saurait rendre compte de tous les faits. Il en est une autre qui les embrasse tous, mais pour laquelle quelques explications préliminaires sont indispensables.

Dans la vue à distance, le somnambule ne distingue pas un objet au loin comme nous pourrions le faire à travers une lorgnette. *Ce n'est point cet objet qui se rapproche de lui par une illusion d'optique,* C'EST LUI QUI SE RAPPROCHE DE L'OBJET. Il le voit précisément comme s'il était à côté de lui ; il se voit lui-même dans l'endroit qu'il observe ; en un mot, il s'y transporte. Son corps, dans ce moment, semble anéanti, sa parole est plus sourde, le son de sa voix a quelque chose d'étrange ; la vie animale paraît s'éteindre en lui ; la vie spirituelle est toute entière au lieu où sa pensée le transporte ; la matière seule reste à la même place. Il y a donc une portion de notre être qui se sépare de notre corps pour se ransporter instantanément à travers l'espace, conduite par la pensée et la volonté. Cette portion est évidemment immatérielle. autrement elle produirait quelques-uns des effets de la matière, c'est cette partie de nous-mêmes que nous appelons : *l'âme.*

Oui, c'est l'âme qui donne au somnambule les facultés merveilleuses dont il jouit ; l'âme qui, dans des circonstances données, se manifeste en s'isolant en partie et momentanément de son enveloppe corporelle. Pour quiconque à observé attentivement les phénomènes du omnambulisme dans toute leur pureté, l'existence de l'âme est un fait patent, et l'idée que tout finit en nous avec la vie animale est pour lui un non-sens démontré usqu'à l'évidence ; aussi peut-on dire avec quelque raison que le magnétisme et le matérialisme sont incompatibles ; s'il est quelques magnétiseurs qui paraissent s'écarter de cette règle et qui professent les doctrines matérialistes, c'est qu'ils n'ont fait sans doute qu'une étude très superficielle des phénomènes physiques du magnétisme et qu'ils nont pas cherché sérieusement la solution du problème de la vue à distance. Quoi qu'il en soit nous n'avons jamais vu un seul *somnambule* qui ne fût pénétré d'un profond sentiment religieux, *quelles que pussent être ses opinions à l'état de veille.*

Revenons à la théorie de la lucidité. L'âme étant le principe des facultés du somnambule, c'est en elle que réside nécessairement la clairvoyance, et non dans telle ou telle partie circonscrite de notre corps. C'est pourquoi le somnambule ne peut désigner l'organe de cette faculté comme il désignerait l'œil pour la vue extérieure : il voit par son être moral tout entier, c'est-à-dire par toute son âme, car la clairvoyance est un des attributs de toutes les parties de l'âme comme la lumière est un des attributs de toutes les parties du phosphore. Partout donc où l'âme peut pénétrer il y a clairvoyance ; de là la cause de la lucidité des somnambules à travers tous les corps, sous les enveloppes les plus épaisses et à toutes les distances.

Une objection se présente naturellement à ce système, et nous devons nous hâter d'y répondre. Si les facultés somnambuliques sont celles mêmes de l'âme dégagée de la matière, pourquoi ces facultés ne sont-elles pas constantes ? Pourquoi certains sujets sont-ils plus lucides que d'autres ? Pourquoi la lucidité est-elle variable chez le même sujet ? On conçoit l'imperfection physique d'un organe ; on ne conçoit pas celle de l'âme.

L'âme tient au corps par des liens mystérieux qu'il ne nous avait pas été donné de connaître avant que le Spiritisme ne nous eût démontré l'existence et le rôle du périsprit. Cette question ayant été traitée d'une manière spéciale dans la *Revue* et dans les ouvrages fondamentaux de la doctrine, nous ne nous y arrêterons pas davantage ici ; nous nous bornerons à dire que c'est par nos organes matériels que l'âme se manifeste à l'extérieur. Dans notre état normal, ces manifestations sont naturellement subordonnées à l'imperfection de l'instrument, de même que le meilleur ouvrier ne peut faire un ouvrage parfait avec de mauvais outils. Quelque admirable que soit donc la structure de notre corps, qu'elle qu'ait été la prévoyance de la nature à l'égard de notre organisme pour l'accomplissement des fonctions vitales, il y a loin de ces organes soumis à toutes les perturbations de la matière, à la subtilité de notre âme. Aussi longtemps donc que l'âme tient au corps, elle en subit les entraves et les vicissitudes.

Le fluide magnétique n'est point l'âme c'est un lien, un intermédiaire entre l'âme et le corps ; c'est par son plus ou moins d'action sur la matière qu'il rend l'âme plus ou moins libre ; de là, la diversité des facultés somnambuliques. Le somnambule, c'est l'homme qui n'est débarassé que d'une partie de ses vêtements, et dont les mouvements sont encore gênés par ceux qui lui restent.

L'âme n'aura sa plénitude et l'entière liberté de ses facultés que lorsqu'elle aura secoué les derniers langes terrestres, comme le papillon sorti de sa chrysalide. Si un magnétiseur était assez puissant pour donner à l'âme une liberté absolue, le lien terrestre serait rompu et la mort en serait la conséquence immédiate. Le somnambulisme nous fait donc mettre un pied dans la vie future; il écarte un coin du voile sous lequel se cachent les vérités que le Spiritisme nous fait entrevoir aujourd'hui ; mais nous ne la connaitrons dans son esssence que lorsque nous serons entièrement débarrassés du voile matériel qui l'obscurcit ici-bas.

LA SECONDE VUE

Connaissance de l'avenir. — Prévisions.

Si, dans l'état somnambulique, les manifestations de l'âme deviennent en quelque sorte ostensibles, il serait absurde de penser que dans l'état normal elle fût confinée dans son enveloppe d'une manière absolue, comme l'escargot renfermé dans sa coquille. Ce n'est point l'influence magnétique qui la développe ; cette influence ne fait que la rendre patente par l'action qu'elle exerce sur nos organes. Or, l'état somnambulique n'est pas toujours une condition indispensable pour cette manifestation ; les facultés que nous avons vues se produire dans cet état, se développent quelquefois spontanément dans l'état normal chez certains individus. Il en résulte pour eux la faculté de voir au-delà des limites de nos sens ; ils perçoivent les choses absentes partout où l'âme étend son action ; ils voient, si nous pouvons nous servir de cette expression, à travers la vue ordinaire, et les tableaux qu'ils décrivent, les faits qu'ils racontent, se présentent à eux comme par l'effet d'un mirage c'est le phénomène désigné sous le nom de *seconde vue*. Dans le somnambulisme, la clairvoyance est produite par la cause ; la différence est que, dans cet état, elle est isolée ; indépendante de la vue corporelle, tandis que chez ceux qui en sont doués à l'état de veille, elle lui est simultanée.

La seconde vue n'est presque jamais permanente ; en général, ce phénomène se produit spontanément, à certains moments donnés, sans être un effet de la volonté, et provoque une espèce de crise qui modifie quelquefois sensiblement l'état physique : l'œil a quelque chose de vague ; il semble regarder sans voir ; toute la physionomie reflète une sorte d'exaltation.

Il est remarquable que les personnes qui en jouissent ne s'en doutent pas ; cette faculté leur paraît naturelle comme celle de voir par les yeux ; c'est pour elles un attribut de leur être, et qui ne leur semble nullement faire exception. Ajoutez à cela que l'oubli suit très souvent cette lucidité passagère, dont le souvenir de plus en plus vague finit par disparaître comme celui d'un songe.

Il y a des degrés infinis dans la puissance de la seconde vue, depuis la sensation confuse jusqu'à la perception aussi claire et aussi nette que dans le somnambulisme. Il nous manque un terme pour désigner cet état spécial, et surtout les individus qui en sont susceptibles : on s'est servi du mot *voyant*, et quoiqu'il ne rende pas exactement la pensée, nous l'adopterons jusqu'à nouvel ordre, faute de mieux.

Si nous rapprochons maintenant les phénomènes de la clairvoyance somnambulique de la seconde vue, on comprend que le voyant puisse avoir la perception des choses absentes ; comme le somnambule, il voit à distance ; il suit le cours des événements, juge de leur tendance, et peut, dans quelques cas, en prévoir l'issue.

C'est ce don de la seconde vue, qui, à l'état rudimentaire, donne à certaines gens le tact, la perspicacité, une sorte de sûreté dans leurs actes, et que l'on peut appeler la justesse du coup d'œil moral. Plus développé, il éveille les pressentiments ; plus développé encore, il montre les événements accomplis ou sur le point de s'accomplir ; enfin, arrivé à son apogée, c'est l'extase éveillée.

Le phénomène de la seconde vue, comme nous l'avons dit, est presque toujours naturel et spontané ; mais il semble se produire plus fréquemment sous l'empire de certaines circonstances. Les temps de crise, de calamité, de grandes émotions, toutes les causes enfin qui surexcitent le moral, en provoquent le développement. Il semble que la Providence, en présence des dangers plus imminents, multiplie autour de nous la faculté de les prévenir.

Il y a eu des voyants dans tous les temps et chez toutes les nations ; il semble que certains peuples y soient plus naturellement prédisposés ; on dit qu'en Écosse, le don de seconde vue est très commun. Il se rencontre aussi fréquemment chez les gens de la campagne et les habitants des montagnes.

Les voyants ont été diversement envisagés selon les temps, les mœurs et le degré de civilisation. Aux yeux des gens sceptiques, ils passent pour des cerveaux dérangés, des hallucinés ; les sectes religieuses en ont fait des prophètes, des sibylles, des oracles ; dans les siècles de superstition et d'ignorance, c'étaient des sorciers que l'on brûlait. Pour l'homme sensé qui croit à la puissance infinie de la nature et à l'inépuisable bonté du Créateur, la double vue est une faculté inhérente à l'espèce humaine, par laquelle Dieu nous révèle l'existence de notre essence matérielle. Quel est celui qui ne reconnaîtrait pas un don de cette nature dans Jeanne d'Arc et dans une foule d'autres personnages que l'histoire qualifie d'inspirés ?

On a souvent parlé de tireuses de cartes qui disaient des choses surprenantes de vérité. Nous sommes loin de nous faire l'apologiste des diseurs de bonne aventure qui exploitent la crédulité des esprits faibles, et dont le langage ambigu se prête à toutes les combinaisons d'une imagination frappée ; mais il n'y a rien d'impossible à ce que certaines personnes faisant ce métier, aient le don de la seconde vue, même à leur insu ; dès lors les cartes ne sont entre leurs mains qu'un moyen, qu'un prétexte qu'une base de conversation ; elles parlent d'après ce qu'elle voient, et non d'après ce qu'indiquent les cartes qu'elles regardent à peine.

Il en est de même des autres moyens de divination, tels que les lignes de la main, le marc de café, les blancs d'œufs et autres symboles mystiques. Les signes de la main ont peut-être plus de valeur que tous les autres moyens, non point par eux-mêmes, mais parce que le soi-disant devin prenant et palpant la main du consultant, s'il est doué de la seconde vue, se trouve en rapport plus direct avec ce dernier, comme cela a lieu dans les consultations somnambuliques.

On peut placer les médiums voyants dans la catégorie des personnes jouissant de la double vue. Comme ces derniers, en effet, les médiums voyants croient voir par les yeux, mais en réalité c'est l'âme qui voit, et c'est la raison par laquelle ils voient tout aussi bien les yeux fermés que les yeux ouverts ; il s'ensuit nécessairement qu'un aveugle pourrait être médium voyant tout aussi bien que celui dont la vue est intacte. Une étude intéressante à faire serait de savoir si cette faculté est plus fréquente chez les aveugles. Nous serions porté à le croire, attendu qu'ainsi qu'on peut s'en convaincre par l'expérience, la privation de communiquer avec l'extérieur, par suite de l'absence de certains sens, donne en général plus de puissance à la faculté d'abstraction de l'âme, et par conséquent plus de développement au sens intime par lequel elle se met en rapport avec le monde spirituel.

Les médiums voyants peuvent donc être assimilés aux personnes qui jouissent de la vue spirituelle ; mais il serait peut-être trop absolu de considérer ces dernières comme médiums ; car la médiumnité consistant uniquement dans l'intervention des Esprits, ce qu'on fait soi-même ne peut être considéré comme un acte médiumnique. Celui qui possède la vue spirituelle voit par son propre Esprit et rien n'implique, dans l'essor de sa faculté, la nécessité du concours d'un Esprit étranger.

Ceci posé, examinons jusqu'à quel point la faculté de la double vue peut nous permettre de découvrir les choses cachées et de pénétrer dans l'avenir.

De tout temps les hommes ont voulu connaître l'avenir, et l'on ferait des volumes sur les moyens inventés par la superstition pour soulever le voile qui couvre notre destinée. En nous la cachant, la nature a été fort sage; chacun de nous a sa mission providentielle dans la grande ruche humaine, et concourt à l'œuvre commune dans sa sphère d'activité. Si nous savions d'avance la fin de chaque chose, nul doute que l'harmonie générale n'en souffrît. Un avenir heureux, assuré, ôterait à l'homme toute activité, puisqu'il n'aurait besoin d'aucun effort pour arriver au but qu'il se propose : son bien-être ; toutes les forces physiques et morales seraient paralysées, et la marche progressive de l'humanité serait arrêtée. La certitude du malheur aurait les mêmes conséquences par l'effet du découragement ; chacun renoncerait à lutter contre l'arrêt définitif du destin. La connaisance absolue de l'avenir serait donc un présent funeste qui nous conduirait au dogme de la fatalité, le plus dangereux de tous, le plus antipathique au développement des idées. C'est l'incertitude du moment de notre fin ici-bas qui nous fait travailler jusqu'au dernier battement de notre cœur. Le voyageur entraîné par un véhicule, s'abandonne au mouvement qui doit le mener au but, sans songer à le faire dévier, parce qu'il sait son impuisssance; tel serait l'homme qui connaîtrait sa destinée irrévocable. Si les voyants pouvaient enfreindre cette loi de la Providence, ils seraient les égaux de la divinité; aussi, telle n'est point leur mission.

Dans le phénomène de la double vue, l'âme étant en partie dégagée de l'enveloppe matérielle qui borne nos facultés, il n'y a plus pour elle ni durée, ni distances ; embrassant le temps et l'espace, tout se confond dans le présent. Libre de ses entraves, elle juge les effets et les causes mieux que nous ne pouvons le faire : elle voit les conséquences des choses présentes et peut nous les faire pressentir; c'est dans ce sens qu'on doit entendre le don de prescience attribué aux voyants. Leurs prévisions ne sont que le résultat d'une conscience plus nette de ce qui existe, et non une prédiction de choses fortuites sans lien avec le présent ; c'est une déduction logique du connu pour arriver à l'inconnu, qui dépend très souvent de notre manière de faire. Lorsqu'un danger nous menace, si nous sommes avertis, nous sommes à même de faire ce qu'il faut pour l'éviter ; libre à nous de le faire ou de ne pas le faire.

En pareil cas, le voyant se trouve en présence du danger qui nous est caché ; il le signale, indique le moyen de le détourner, sinon l'évènement suit son cours.

Supposons une voiture engagée sur une route aboutissant à un gouffre que le conducteur ne peut apercevoir ; il est bien évident que si rien ne vient la faire dévier, elle ira s'y précipiter ; supposons, en outre, un homme placé de manière à dominer la route à vol d'oiseau ; que cet homme voyant la perte inévitable du voyageur, puisse l'avertir de se détourner à temps, le danger sera conjuré. De sa position, dominant l'espace, il voit ce que le voyageur, dont la vue est circonscrite par les accidents de terrain, ne peut distinguer ; il peut voir si une cause fortuite va mettre obstacle à sa chute ; il connaît donc d'avance l'issue de l'évènement et peut la prédire.

Que ce même homme placé sur une montagne aperçoive au loin, sur la route, une troupe ennemie se dirigeant vers un village qu'elle veut mettre en feu ; il lui sera facile, en supputant l'espace et la vitesse, de prévoir le moment de l'arrivée de la troupe. Si, descendant au village, il dit simplement : *A telle heure le village sera incendié*, l'événement venant à s'accomplir, il passera, aux yeux de la multitude ignorante pour un devin, un sorcier, tandis qu'il a tout simplement vu ce que les autres ne pouvaient voir, et en a déduit les conséquences.

Or le voyant, comme cet homme, embrasse et suit le cours des événements; il n'en prévoit pas l'issue par le don de la divination; il la voit! il peut donc vous dire si vous êtes dans le bon chemin, vous indiquer le meilleur, et vous annoncer ce que vous trouverez au bout de la route ; c'est pour vous le fil d'Ariane qui vous montre la sortie du labyrinthe.

Il y a loin de là, comme on le voit, à la prédiction proprement dite, telle que nous l'entendons dans l'acception vulgaire du mot. Rien n'est ôté au libre-arbitre de l'homme qui reste toujours maître d'agir ou de ne pas agir, qui accomplit ou laisse accomplir les événements par sa volonté ou par son inertie; on lui indique le moyen d'arriver au but, c'est à lui d'en faire usage. Le suppposer soumis à une fatalité inexorable pour les moindres événements de la vie, c'est le déshériter de son plus bel attribut : l'intelligence; c'est l'assimiler à la brute. Le voyant n'est donc point un devin ; c'est un être qui perçoit ce que nous ne voyons pas ; c'est pour nous le chien de l'aveugle. Rien donc ici ne contredit les vues de la Providence sur le secret de notre destinée ; c'est elle-même qui nous donne un guide.

Tel est le point de vue sous lequel doit être envisagée la connaissance de l'avenir chez les personnes douées de la double vue. Si cet avenir était fortuit, s'il dépendait de ce qu'on appelle le hasard, s'il ne se liait en rien aux circonstances présentes, nulle clairvoyance ne pourrait le pénétrer, et toute prévision, dans ce cas, ne saurait offrir aucune certitude. Le voyant, et nous entendons par là le véritable voyant, le voyant sérieux, et non le charlatan qui le simule, le véritable voyant, disons-nous, ne dit point ce que le vulgaire appelle la bonne aventure ; il prévoit l'issue du présent, rien de plus, et c'est déjà beaucoup.

Que d'erreurs, que de fausses démarches, que de tentatives inutiles n'éviterions-nous pas, si nous avions toujours un guide sûr pour nous éclairer ; que d'hommes sont déplacés dans le monde pour n'avoir pas été lancés sur la route que la nature avait tracée à leurs facultés !

Combien échouent pour avoir suivi les conseils d'une obstination irréfléchie ! Une personne eût pu leur dire : « N'entreprenez pas telle chose, parce que vos facultés intellectuelles sont insuffisantes, parce qu'elle ne convient ni à votre caractère, ni à votre constitution physique, ou bien encore parce que vous ne serez pas secondé selon la nécessité ; ou bien encore parce que vous vous abusez sur la portée de cette chose, parce que vous rencontrerez telle entrave que vous ne prévoyez pas. Dans d'autres circonstances, elle eût dit : « Vous réussirez dans telle chose, si vous vous y prenez de telle ou telle manière ; si vous évitez telle démarche qui peut vous compromettre. » Sondant les dispositions et les caractères elle eût dit ; « Méfiez-vous de tel piège qu'on veut vous tendre ; » puis, elle eût ajouté : « Vous voilà prévenu, mon rôle est fini ; je vous montre le danger ; si vous succombez, n'accusez ni le sort, ni la fatalité, ni la Providence, mais vous seul. Que peut le médecin, quand le malade ne tient nul compte de ses avis ? »

INTRODUCTION A L'ÉTUDE
de la
PHOTOGRAPHIE et de la TÉLÉGRAPHIE
de la PENSÉE.

L'action physiologique d'individu à individu, avec ou sans contact, est un fait incontestable. Cette action ne peut évidemment s'exercer que par un agent intermédiaire dont notre corps est le réservoir, nos yeux et nos doigts les principaux organes d'émission et de direction. Cet agent invisible est nécessairement un fluide. Quelle est sa nature, son essence? Quelles sont ses propriétés intimes? Est-ce un fluide spécial, ou bien une modification de l'électricité ou de tout autre fluide connu? Est-ce ce que l'on désignait naguère sous le nom de fluide nerveux? N'est-ce pas plutôt ce que nous désignons aujourd'hui sous le nom de fluide cosmique lorsqu'il est répandu dans l'atmosphère, et de fluide périsprital lorsqu'il est individualisé?

Cette question, du reste, est secondaire.

Le fluide périsprital est impondérable, comme la lumière, l'électricité et le calorique. Il est invisible pour nous dans l'état normal, et ne se révèle que par ses effets;

mais il devient visible dans l'état de somnambulisme lucide, et même dans l'état de veille pour les personnes douées de la double vue. A l'état d'émission, il se présente sous forme de faisceaux lumineux, assez semblables à la lumière électrique diffusée dans le vide; c'est à cela, du reste, que se borne son analogie avec ce dernier fluide, car il ne produit, ostensiblement du moins, aucun des phénomènes physiques que nous connaissons. Dans l'état ordinaire, il reflète des teintes diverses selon les individus d'où il émane; tantôt d'un rouge faible, tantôt bleuâtre ou grisâtre, comme une brume légère; le plus généralement, il répand sur les corps environnants, une nuance jaunâtre plus ou moins prononcée.

Les rapports des somnambules et des voyants sont identiques sur cette question; nous aurons d'ailleurs occasion d'y revenir en parlant des qualités imprimées au fluide par le mobile qui les met en mouvement et par l'avancement de l'individu qui les émet.

Aucun corps ne lui fait obstacle; il les pénètre et les traverse tous; jusqu'à présent on n'en connaît aucun qui soit capable de l'isoler. La volonté seule peut en étendre ou en restreindre l'action; la volonté en effet, en est le principe le plus puissant; par la volonté, on en dirige les effluves à travers l'espace, on l'accumule à son gré sur un point donné, on en sature certains objets, ou bien on le retire des endroits où il surabonde. Disons en passant que c'est sur ce principe qu'est fondée la puissance magnétique. Il paraît enfin être le véhicule de la vue psychique, comme le fluide lumineux est le véhicule de la vue ordinaire.

Le fluide cosmique, bien qu'émanant d'une source

universelle, s'individualise pour ainsi dire dans chaque être, et acquiert des propriétés caractéristiques qui permettent de le distinguer entre tous. La mort même n'efface pas ces caractères d'individualisation qui persistent de longues années après la cessation de la vie, ainsi que nous avons pu nous en convaincre. Chacun de nous a donc son fluide propre qui l'environne et le suit dans tous ses mouvements comme l'atmosphère suit chaque planète. L'étendue du rayonnement de ces atmosphères individuelles est très variable ; dans un état de repos absolu de l'esprit, ce rayonnement peut être circonscrit dans une limite de quelques pas ; mais sous l'empire de la volonté, il peut atteindre à des distances infinies ; la volonté semble dilater le fluide comme la chaleur dilate les gaz. Les différentes atmosphères particulières se rencontrent, se croisent, se mêlent sans jamais se confondre, absolument comme les ondes sonores qui restent distinctes malgré la multitude des sons qui ébranlent l'air simultanément. On peut donc dire que chaque individu est le centre d'une onde fluidique dont l'étendue est en raison de la force et de la volonté, comme chaque point vibrant est le centre d'une onde sonore dont l'étendue est en raison de la force de vibration ; la volonté est la cause propulsive du fluide, comme le choc est la cause vibrante de l'air et propulsive des ondes sonores.

Des qualités particulières de chaque fluide résulte entre eux une sorte d'harmonie ou de désaccord, une tendance à s'unir ou à s'éviter, une attraction ou une répulsion, en un mot les sympathies ou les antipathies que l'on éprouve souvent sans causes déterminantes connues. Est-on dans la sphère d'activité d'un individu, sa présence nous est quelquefois révélée par l'impression agréable ou désagréable que nous ressentons de son fluide ! Sommes-nous au milieu de personnes dont nous ne partageons pas les sentiments, dont les fluides ne s'harmonisent pas avec le nôtre, une réaction pénible nous oppresse, et nous nous y trouvons comme une note dissonante dans un concert ! Plusieurs individus sont-ils, au contraire, réunis dans une communauté de vues et d'intentions, les sentiments de chacun s'exaltent en proportion même de la masse des puissances régissantes. Qui ne connaît la force d'entraînement qui domine les agglomérations où il y a homogénéité de pensées et de volontés ? On ne saurait se figurer à combien d'influences nous sommes ainsi soumis à notre insu.

Ces influences occultes ne peuvent-elles pas être la cause provocante de certaines pensées ; de ces pensées qui nous sont communes au même instant avec certaines personnes ; de ces vagues pressentiments qui nous font dire : Il y a quelque chose dans l'air qui présage tel ou tel événement ? Enfin, certaines sensations indéfinissables de bien-être ou de malaise moral, de joie ou de tristesse, ne seraient-elles point l'effet de la réaction du milieu fluidique dans lequel nous sommes, des effluves sympathiques ou antipathiques que nous recevons et qui nous enveloppent comme les émanations d'un corps odorant ? Nous ne saurions nous prononcer affirmativement sur ses questions d'une manière absolue, mais on conviendra tout au moins que la théorie du fluide cosmique, individualisé dans chaque être sous le nom de fluide périsprital, ouvre un champ tout nouveau à la solution d'une foule de problèmes jusqu'alors inexpliqués.

Chacun, dans son mouvement de translation, emporte donc avec soi son atmosphère fluidique, comme l'escargot emporte sa coquille ; mais ce fluide laisse des traces de son passage ; il laisse comme un sillage lumineux inaccessible à nos sens, à l'état de veille, mais qui sert aux somnambules, aux voyants et aux Esprits désincarnés, pour reconstruire les faits accomplis et analyser le mobile qui les a fait exécuter.

Toute action physique ou morale, patente ou occulte, d'un être sur lui-même ou sur un autre, suppose d'un côté une puissance agissante, de l'autre une sensibilité passive. En toutes choses, deux forces égales se neutralisent, et la faiblesse cède à la force. Or les hommes n'étant pas tous doués de la même énergie fluidique, autrement dit, le fluide périsprital n'ayant pas chez tous la même puissance active, ceci nous explique pourquoi, chez quelques-uns, cette puissance est presque irrésistible, tandis qu'elle est nulle chez d'autres ; pourquoi certaines personnes sont très accessibles à son action, tandis que d'autres y sont réfractaires.

Cette supériorité et cette infériorité relatives dépendent évidemment de l'organisation ; mais on serait dans l'erreur si l'on croyait qu'elles sont en raison de la force ou de la faiblesse physique. L'expérience prouve que les hommes les plus robustes subissent quelquefois les influences fluidiques plus aisément que d'autres d'une constitution beaucoup plus délicate, tandis que l'on trouve souvent chez ces derniers une puissance que leur frêle apparence n'aurait pu faire soupçonner. Cette diversité dans le mode d'action peut s'expliquer de plusieurs manières.

La puissance fluidique appliquée à l'action réciproque

des hommes les uns sur les autres, c'est-à-dire au magnétisme, peut dépendre : 1° de la somme de fluide que chacun possède ; 2° de la nature intrinsèque du fluide de chacun, abstraction faite de la quantité ; 3° du degré d'énergie de la force impulsive, peut-être même de ces trois causes réunies. Dans la première hypothèse, celui qui a le plus de fluide en donnerait à celui qui en a le moins, plus qu'il n'en recevrait ; il y aurait, dans ce cas, analogie parfaite avec l'échange de calorique que font entre eux deux corps qui se mettent en équilibre de température. Quelle que soit la cause de cette différence, nous pouvons nous rendre compte de l'effet qu'elle produit, en supposant trois personnes dont nous représenterons la puissance par trois nombres 10, 5 et 1. Le 10 agira sur 5 et sur 1, mais plus énergiquement sur 1 que sur 5 ; 5 agira sur 1, mais sera impuissant sur 10 ; enfin 1 n'agira ni sur l'un ni sur l'autre. Telle serait la raison pour laquelle certains sujets sont sensibles à l'action de tel magnétiseur et insensibles à l'action de tel autre.

On peut encore, jusqu'à un certain point, expliquer ce phénomène en se reportant aux considérations précédentes. Nous avons dit, en effet, que les fluides individuels sont sympathiques ou antipathiques les uns par rapport aux autres. Or, ne pourrait-il se faire que l'action réciproque de deux individus fût en raison de la sympathie des fluides, c'est-à-dire de leur tendance à se confondre par une sorte d'harmonie, comme les ondes sonores produites par les corps vibrants ? Il est indubitable que cette harmonie ou sympathie des fluides est une condition, sinon absolument indispensable au moins très prépondérante, et que, lorsqu'il y a désaccord ou sympathie, l'action ne peut être que faible ou même nulle. Ce système nous explique bien les conditions préalables de l'action ; mais il ne nous dit pas de quel côté est la puissance, et tout en l'admettant, nous sommes forcés de recourir à notre première supposition.

Du reste, que le phénomène ait lieu par l'une ou par l'autre de ces causes, cela ne tire aucune conséquence ; le fait existe, c'est l'essentiel : ceux de la lumière s'expliquent également par la théorie de l'émission et par celle des ondulations ; ceux de l'électricité par les fluides positif et négatif, vitré et résineux.

Dans une prochaine étude, nous appuyant sur les considérations qui précèdent, nous chercherons à établir ce que nous entendons par la Photographie et la Télégraphie de la pensée.

Photographie et Télégraphie de la Pensée.

La photographie et la télégraphie de la pensée sont des questions jusqu'ici à peine effleurées. Comme toutes celles qui n'ont pas trait aux lois qui, par essence, doivent être universellement répandues, elles ont été reléguées au second plan, bien que leur importance soit capitale et que les éléments d'étude qu'elles renferment soient appelés à éclairer bien des problèmes demeurés jusqu'ici sans solution.

Lorsqu'un artiste de talent exécute un tableau, l'œuvre magistrale à laquelle il consacre tout le génie qu'il s'est acquis progressivement, il en établit d'abord les grandes masses de manière à ce que l'on comprenne, dès l'esquisse, tout le parti qu'il espère en tirer ; ce n'est qu'après avoir minutieusement élaboré son plan général, qu'il procède à l'exécution des détails ; et, bien que ce dernier travail doive être traité avec plus de soins peut-être que l'ébauche, il serait cependant impossible si cette dernière ne l'avait précédé. Il en est de même en Spiritisme. Les lois fondamentales, les principes généraux dont les racines existent dans l'esprit de tout être créé, ont dû être élaborés dès l'origine. Toutes les autres questions quelles qu'elles soient, dépendent des premières ; c'est la raison qui en fait pendant un certain temps, négliger l'étude directe.

On ne peut en effet logiquement parler de photographie et de télégraphie de la pensée avant d'avoir démontré l'existence de l'âme qui manœuvre les éléments fluidiques, et celle des fluides qui permettent d'établir des rapports entre deux âmes distinctes. Aujourd'hui encore, c'est à peine peut-être si nous sommes suffisamment éclairés pour l'élaboration définitive de ces immenses problèmes ! Néanmoins, quelques considérations de nature à préparer une étude plus complète ne seront certainement pas déplacées ici.

L'homme étant limité dans ses pensées et dans ses aspirations, ses horizons étant bornés, il lui faut nécessairement concréter et étiqueter toutes choses pour en garder un souvenir appréciable, et baser sur les données acquises, ses études futures. Les premières notions de la connaissance lui sont venues par le sens de la vue ; c'est l'image d'un objet qui lui a appris que l'objet existait. Connaissant plusieurs objets, tirant des déductions des impressions différentes qu'ils produisaient sur son être intime, il en a fixé la quintessence dans son intelligence par le phénomène de la mémoire. Or qu'est-ce que la mémoire, sinon une sorte d'album plus ou moins volumineux, que l'on feuillette pour retrouver les idées effacées et retracer les événements disparus ! Cet album a des signets aux endroits remarquables ; on se souvient immédiatement de certains faits ; il faut feuilleter longtemps pour certains autres.

La mémoire est comme un livre ! Celui dont on lit certains passages présente facilement ces passages aux yeux ; les feuillets vierges ou rarement parcourus, doivent être tournés un à un, pour retracer un fait auquel on s'est peu arrêté.

Lorsque l'Esprit incarné se rappelle, sa mémoire lui présente en quelque sorte la photographie du fait qu'il recherche. En général, les incarnés qui l'entourent ne voient rien ; l'album est dans un lieu inaccessible à leur vue ; mais les Esprits voient et feuillettent avec nous ; en certaines circonstances il peuvent même à dessein aider à notre recherche ou la troubler.

Ce qui se produit d'incarné à l'Esprit a également lieu d'Esprit à voyant ; lorsqu'on évoque le souvenir de certains faits dans l'existence d'un Esprit, la photographie de ces faits se présente à lui, et le voyant, dont la situation spirituelle est analogue à celle de l'Esprit libre, voit comme lui, et voit même en certaines circonstances ce que l'Esprit ne voit pas par lui-même ; de même qu'un désincarné peut feuilleter dans la mémoire d'un incarné sans que celui-ci en ait conscience, et lui rappeler des faits oubliés depuis longtemps. Quant aux pensées abstraites, par cela même qu'elles existent, elles prennent un corps pour impressionner le cerveau ; elles doivent agir naturellement sur lui, s'y buriner en quelque sorte ; dans ce cas encore comme dans le premier, la similitude entre les faits qui existent sur terre et dans l'espace, paraît parfaite.

Le phénomène de la photographie de la pensée, ayant déjà été l'objet de quelques reflexions dans la *Revue*, pour plus de clarté, nous reproduisons quelques passages de l'article où ce sujet est traité, et que nous complétons par de nouvelles remarques.

Les fluides étant le véhicule de la pensée, celle-ci agit sur les fluides comme le son agit sur l'air ; ils apportent la pensée comme l'air nous apporte le son. On peut donc dire en toute vérité, qu'il y a dans les fluides des ondes et des rayons de pensée qui se croisent sans se confondre, comme il y a dans l'air des ondes et des rayons sonores.

Il y a plus : la pensée créant des *images fluidiques*, elle se reflète dans l'enveloppe périspritale comme dans une glace, ou encore comme ces images d'objets terrestres qui se réfléchissent dans les vapeurs de l'air ; elle y prend un corps et s'y *photographie* en quelque sorte. Qu'un homme, par exemple, ait l'idée d'en tuer un autre, quelque impassible que soit son corps matériel, son corps fluidique est mis en action par la pensée dont il reproduit toutes les nuances ; il exécute fluidiquement le geste, l'acte qu'il a le dessein d'accomplir ; sa pensée crée l'image de la victime, et la scène entière se peint, comme dans un tableau, telle qu'elle est dans son esprit.

C'est ainsi que les mouvements les plus secrets de l'âme se répercutent dans l'enveloppe fluidique ; qu'une âme peut lire dans une autre âme comme dans un livre et voir ce qui n'est pas perceptible par les yeux du corps. Les yeux du corps voient les impressions intérieures qui se reflètent sur les traits de la figure : la colère, la joie, la tristesse ; mais l'âme voit sur les traits de l'âme les pensées qui ne se traduisent pas au dehors.

Toutefois si, en voyant l'intention, l'âme peut pressentir l'accomplissement de l'acte qui en sera la suite, elle ne peut cependant déterminer le moment où il s'accomplira, ni en préciser les détails, ni même affirmer qu'il aura lieu, parce que des circonstances ultérieures peuvent modifier les plans arrêtés et changer les dispositions. Elle ne peut voir ce qui n'est pas encore dans la pensée ; ce qu'elle voit, c'est la préoccupation du moment ou habituelle de l'individu, ses désirs, ses projets, ses intentions bonnes ou mauvaises ; de là les erreurs dans les prévisions de certains voyants. Lorsqu'un événement est subordonné au libre arbitre d'un homme, ils ne peuvent qu'en pressentir la probabilité d'après la pensée qu'ils voient, mais non affirmer qu'il aura lieu de telle manière et à tel moment. Le plus ou moins d'exactitude dans les prévisions dépend en outre de l'étendue et de la clarté de la vue psychique ; chez certains individus, Esprits ou incarnés, elle est limitée à un point ou diffuse ; tandis que chez d'autres elle est nette et embrasse l'ensemble des pensées et des volontés devant concourir à la réalisation d'un fait. Mais, pardessus tout, il y a toujours la volonté supérieure qui peut, dans sa sagesse, permettre une révélation ou l'empêcher ; dans ce dernier cas, un voile impénétrable est jeté sur la vue psychique la plus perspicace. (Voyez, dans la Genèse, le chapitre de la *Prescience*).

La théorie des créations fluidiques, et, par suite, de la photographie de la pensée, est une conquête du Spiritisme moderne, et peut être désormais considérée comme acquise en principe, sauf les applications de détails qui seront le résultat de l'observation. Ce phénomène est incontestablement la source des visions fantastiques et doit jouer un grand rôle dans certains rêves.

Quel est celui sur la terre qui sait de quelle manière se sont produits les premiers moyens de communication de la pensée? Comment ils ont été inventés ou plutôt trouvés? Car on n'invente rien, tout existe à l'état latent ; c'est aux hommes de chercher les moyens de mettre en œuvre les forces que leur offre la nature. Qui sait le temps qu'il a fallu pour se servir de la parole d'une façon complètement intelligible ?

Le premier qui poussa un cri inarticulé avait bien une certaine conscience de ce qu'il voulait exprimer, mais ceux auxquels il s'adressait n'y comprirent rien tout d'abord ; ce n'est que par une longue suite de temps qu'il a existé des mots convenus, puis des phrases écourtées, puis enfin des discours entiers. Combien de milliers d'années n'a-t-il pas fallu pour arriver au point où l'humanité se trouve aujourd'hui! Chaque progrès dans le mode de communication, de relation entre les hommes, a été constamment marqué par une amélioration dans l'état social des êtres. A mesure que les rapports d'individu à individu deviennent plus étroits, plus réguliers, on sent le besoin d'un nouveau mode de langage plus rapide, plus capable de mettre les hommes en rapport instantanément et universellement les uns avec les autres. Pourquoi ce qui a lieu dans le monde physique par la télégraphie électrique, n'aurait-il pas lieu dans le monde moral d'incarné à incarné par la télégraphie humaine ? pourquoi les rapports occultes qui unissent plus ou moins consciemment les pensées des hommes et des Esprits, par la télégraphie spirituelle, ne se généraliseraient-ils pas entre les hommes d'une manière consciente ?

La télégraphie humaine ! Voilà certes de quoi provoquer le sourire de ceux qui se refusent à admettre tout ce qui ne tombe pas sous les sens matériels. Mais qu'importent les railleries des présomptueux ? toutes leurs dénégations n'empêcheront pas les lois naturelles de suivre leurs cours et de trouver de nouvelles applications à mesure que l'intelligence humaine sera en mesure d'en ressentir les effets.

L'homme a une action directe sur les choses comme sur les personnes qui l'entourent. Souvent une personne dont on fait peu de cas exerce une influence décisive sur d'autres qui ont une réputation bien supérieure. Cela tient à ce que, sur la terre, on voit beaucoup plus de masques que de visages et que les yeux y sont obscurcis par la vanité, l'intérêt personnel et toutes les mauvaises passions. L'expérience démontre qu'on peut agir sur l'esprit des hommes à leur insu. Une pensée supérieure, *fortement pensée*, pour me servir de cette expression, peut donc, selon sa force et son élévation, frapper plus près ou plus loin des hommes qui n'ont aucune conscience de la manière dont elle leur arrive ; de même que souvent celui qui l'émet n'a pas conscience de l'effet produit par cette émission. C'est là un jeu constant des intelligences humaines et de leur action réciproque les unes sur les autres. Joignez à cela l'action de celles qui sont désincarnées et calculez si vous le pouvez, la puissance incalculable de cette force composée de tant de forces réunies.

Si l'on pouvait se douter du mécanisme immense que la pensée met en jeu, et des effets qu'elle produit d'un individu à un autre, d'un groupe d'êtres à un autre groupe, et enfin de l'action universelle des pensées des hommes les unes sur les autres, l'homme serait ébloui ! il se sentirait anéanti devant cette infinité de détails, devant ces réseaux innombrables reliés entre eux par une puissante volonté et agissant harmoniquement pour atteindre un but unique : le progrès universel.

Par la télégraphie de la pensée, il appréciera dans toute sa valeur la loi de la solidarité, en réfléchissant qu'il n'est pas une pensée soit criminelle, soit vertueuse ou tout autre, qui n'ait une action réelle sur l'ensemble des pensées humaines et sur chacune d'entre elles ; et si l'égoïsme lui faisait méconnaître les conséquences pour autrui d'une pensée perverse qui lui fut personnelle, il sera porté par ce même égoïsme, à bien penser, pour augmenter le niveau moral général, en songeant aux conséquences sur lui-même d'une mauvaise pensée chez autrui.

Est-ce autre chose qu'une conséquence de la télégraphie de la pensée, que ces chocs mystérieux qui nous préviennent de la joie ou de la souffrance, chez un être cher éloigné de nous ? N'est-ce pas à un phénomène de même genre que nous devons les sentiments de sympathie ou de répulsion qui nous entraînent vers certains esprits et nous éloignent d'autres ?

Il y a certainement là un champ immense pour

l'étude et l'observation, mais dont nous ne pouvons apercevoir encore que les masses; l'étude des détails sera la conséquence d'une connaissance plus complète des lois qui régissent l'action des fluides les uns sur les autres.

ÉTUDE SUR LA NATURE DU CHRIST

I. Source des preuves de la nature du Christ.

La question de la nature du Christ a été débattue dès les premiers siècles du christianisme, et l'on peut dire qu'elle n'est pas encore résolue, puisqu'elle est encore discutée de nos jours. C'est la divergence d'opinion sur ce point qui a donné naissance à la plupart des sectes qui ont divisé l'Église depuis dix-huit siècles, et il est remarquable que tous les chefs de ces sectes ont été des évêques ou des membres du clergé à divers titres. C'étaient par conséquent des hommes éclairés, la plupart écrivains de talent, nourris dans la science théologique, qui ne trouvaient pas concluantes les raisons invoquées en faveur du dogme de la divinité du Christ; cependant, alors comme aujourd'hui, les opinions se sont formées sur des abstractions plus que sur des faits on a surtout cherché ce que le dogme pouvait avoir de plausible ou d'irrationnel, et l'on a généralement négligé, de part et d'autre, de faire ressortir les faits qui pouvaient jeter sur la question une lumière décisive.

Mais où trouver ces faits si ce n'est dans les actes et les paroles de Jésus ?

Jésus n'ayant rien écrit, ses seuls historiens sont les apôtres qui, eux non plus, n'ont rien écrit de son vivant ; aucun historien profane contemporain n'ayant parlé de lui, il n'existe sur sa vie et sa doctrine aucun document autre que les Évangiles ; c'est donc là seulement qu'il faut chercher la clef du problème. Tous les écrits postérieurs, sans en excepter ceux de saint Paul, ne sont, et ne peuvent être que des commentaires ou des appréciations, reflets d'opinions personnelles. souvent contradictoires, qui ne sauraient, dans aucun cas, avoir l'autorité du récit de ceux qui avaient reçu les instructions directes du Maître.

Sur cette question comme sur celle de tous les dogmes en général, l'accord des Pères de l'Église et autres écrivains sacrés ne saurait être invoqué comme argument prépondérant, ni comme une preuve irrécusable en faveur de leur opinion, attendu qu'aucun d'eux n'a pu citer un seul fait en dehors de l'Évangile concernant Jésus, aucun d'eux n'a découvert des documents nouveaux inconnus de ses prédécesseurs.

Les auteurs sacrés n'ont pu que tourner dans le même cercle, donner leur appréciation personnelle, tirer des conséquences à leur point de vue, commenter sous de nouvelles formes, et avec plus ou moins de développement, les opinions contradictoires. Tous ceux du même parti ont dû écrire dans le même sens, sinon dans les mêmes termes, sous peine d'être déclarés hérétiques, comme le furent Origène et tant d'autres. Naturellement l'Église n'a mis au nombre de ses Pères que les écrivains orthodoxes à son point de vue ; elle n'a exalté, sanctifié et collectionné que ceux qui ont pris sa défense, tandis qu'elle a rejeté les autres et anéanti leurs écrits autant que possible. L'accord des pères de l'Église n'a donc rien de concluant, puisque c'est une unanimité de choix, formée par l'élimination des éléments contraires. Si l'on mettait en regard tout ce qui a été écrit pour et contre, on ne sait trop de quel côté pencherait la balance.

Ceci n'ôte rien au mérite personnel des soutiens de l'orthodoxie, ni à leur valeur comme écrivains et hommes consciencieux ; ce sont les avocats d'une même cause qui l'ont défendue avec un incontestable talent, et devaient forcément prendre les mêmes conclusions. Loin de vouloir les dénigrer en quoi que ce soit, nous avons simplement voulu réfuter la valeur des conséquences qu'on prétend tirer de leur accord.

Dans l'examen que nous allons faire de la question de la divinité du Christ, mettant de côté les subtilités de la scolastique qui n'ont servi qu'à l'embrouiller au lieu de l'élucider, nous nous appuierons exclusivement sur les faits qui ressortent du texte de l'Évangile, et qui, examinés froidement, consciencieusement et sans parti pris, fournissent surabondamment tous les moyens de conviction que l'on peut désirer. Or, parmi ces faits, il n'en est pas de plus prépondérants ni de plus concluants que les paroles mêmes du Christ, paroles que nul ne saurait récuser sans infirmer la véracité des apôtres. On peut interpréter de différentes manières, une parabole, une allégorie ; mais des affirmations précises, sans ambiguïté, cent fois répétées, ne sauraient avoir un double sens. Nul autre que Jésus ne peut prétendre savoir mieux que lui ce qu'il a voulu dire, comme nul ne peut prétendre être mieux renseigné que lui sur sa propre nature : quand il commente ses paroles et les explique pour éviter toute méprise, on doit s'en rapporter à lui, à moins de lui dénier la supériorité qu'on lui attribue, et de se substituer à sa propre intelligence. S'il a été obscur sur certains points, quand il s'est servi du langage figuré, sur ce qui touche à sa personne il n'y a pas d'équivoque possible. Avant l'examen des paroles, voyons les actes.

II. — La divinité du Christ est-elle prouvée par les miracles ?

Selon l'Église, la divinité du Christ est principalement établie par les miracles, comme témoignant d'un pouvoir surnaturel. Cette considération a pu être d'un certain poids à une époque où le merveilleux était accepté sans examen ; mais aujourd'hui que la science a porté ses investigations dans les lois de la nature, les miracles rencontrent plus d'incrédules que de croyants ; et ce qui n'a pas peu contribué à leur discrédit, c'est l'abus des imitations frauduleuses et l'exploitation qu'on en a faite. La foi aux miracles s'est détruite par l'usage même qu'on en a fait ; il en est résulté que ceux de l'Évangile sont maintenant considérés par beaucoup de personnes comme purement légendaires.

L'Église, d'ailleurs, enlève elle-même aux miracles toute leur portée comme preuve de la divinité du Christ, en déclarant que le démon peut en faire d'aussi prodigieux que lui : car si le démon a un tel pouvoir, il demeure évident que les faits de ce genre n'ont point un caractère exclusivement divin ; s'il peut faire des choses étonnantes à séduire même les élus, comment de simples mortels pourront-ils distinguer les bons miracles des mauvais, et n'est-il pas à craindre qu'en voyant des faits similaires, ils ne confondent Dieu et Satan ?

Donner à Jésus un tel rival en habileté, était une grande maladresse ; mais, en fait de contradictions et d'inconséquences, on n'y regardait pas de si près à une époque où les fidèles se seraient fait un cas de conscience de penser par eux-mêmes et de discuter le moindre article imposé à leur croyance ; alors on ne comptait pas avec le progrès et l'on ne songeait pas que le règne de la foi aveugle et naïve, règne commode comme celui du bon plaisir, pût avoir un terme. Le rôle si prépondérant que l'Eglise s'est obstinée à donner au démon a eu des conséquences désastreuses pour la foi, à mesure que les hommes se sont sentis capables de voir par leurs propres yeux. Le démon que l'on a exploité avec succès pendant un temps, est devenu la cognée mise au vieil édifice des croyances, et l'une des principales causes de l'incrédulité ; on peut dire que l'Église, s'en faisant un auxiliaire indispensable, a nourri dans son sein celui qui devait se tourner contre elle et la miner dans ses fondements.

Une autre considération non moins grave, c'est que les faits miraculeux ne sont pas le privilège exclusif de la religion chrétienne : il n'est pas, en effet, une religion idolâtre ou païenne, qui n'ait eu ses miracles, tout aussi merveilleux et tout aussi authentiques pour les adeptes, que ceux du christianisme. L'Église s'est ôté le droit de les contester en attribuant aux puissances infernales le pouvoir d'en produire.

Le caractère essentiel du miracle dans le sens théologique, c'est d'être une exception dans les lois de la nature, et, par conséquent, inexplicable par ces mêmes lois. Dès l'instant qu'un fait peut s'expliquer et qu'il se rattache à une cause connue, il cesse d'être miracle. C'est ainsi que les découvertes de la science ont fait entrer dans le domaine du naturel certains effets qualifiés de prodiges tant que la cause est restée ignorée. Plus tard, la connaissance du principe spirituel, de l'action des fluides sur l'économie, du monde invisible au milieu duquel nous vivons, des facultés de l'âme, de l'existence et des propriétés du *périsprit*, a donné la clef des phénomènes de l'ordre psychique, et prouvé qu'ils ne sont, pas plus que les autres, des dérogations aux lois de la nature, mais qu'ils en sont au contraire des applications fréquentes. Tous les effets de magnétisme, de somnambulisme, d'extase, de double vue, d'hypnotisme, de catalepsie, d'anesthésie, de transmission de pensée, de prescience, de guérisons instantanées, de possessions, d'obsessions, d'apparitions et transfigurations, etc., qui constituent la presque totalité des miracles de l'Évangile, appartiennent à cette catégorie de phénomènes.

On sait maintenant que ces effets sont le résultat d'aptitudes et de dispositions physiologiques spéciales : qu'ils se sont produits dans tous les temps, chez tous les peuples, et ont pu être considérés comme surnaturels au même titre que tous ceux dont la cause était incomprise. Ceci explique pourquoi toutes les religions ont eu leurs miracles, qui ne sont autres que des faits naturels mais presque toujours amplifiés jusqu'à l'absurde par la crédulité, l'ignorance et la superstition, et que les connaissances actuelles réduisent à leur juste valeur en permettant de faire la part de la légende.

La possibilité de la plupart des faits que l'Évangile cite comme ayant été accomplis par Jésus, est aujourd'hui complètement démontrée par le Magnétisme et le Spiritisme, en tant que phénomènes naturels. Puisqu'ils se produisent sous nos yeux, soit spontanément soit par provocations, il n'y a rien d'anormal a ce que Jésus possédât des facultés identiques à celles de nos magnétiseurs, guérisseurs, somnambules, voyants, médiums, etc. Dès l'instant que ces mêmes facultés se rencontrent, à différents degrés, chez une foule d'individus qui n'ont rien de divin, qu'on les trouve même chez les hérétiques et les idolâtres, elles n'impliquent en rien une nature surhumaine.

Si Jésus qualifiait lui-même ses actes de *miracles*, c'est qu'en cela comme en beaucoup d'autres choses, il devait approprier son langage aux connaissances de ses contemporains ; comment ceux-ci auraient-ils pu saisir une nuance de mot qui n'est pas encore comprise aujourd'hui par tout le monde ? Pour le vulgaire, les choses extraordinaires qu'il faisait, et qui paraissaient surnaturelles en ce temps-là et même beaucoup plus tard, étaient des miracles ; il ne pouvait y donner un autre nom. Un fait digne de remarque, c'est qu'il s'en est servi pour affirmer la mission qu'il tenait de Dieu, selon ses propres expressions, mais ne s'en est jamais prévalu pour s'attribuer le pouvoir divin (1).

---

(1) Pour le développement complet de la question des mira-

Il faut donc rayer les miracles des preuves sur lesquelles on prétend fonder la divinité de la personne du Christ; voyons maintenant si nous les trouverons dans ses paroles.

III. — La divinité de Jésus est-elle prouvée par ses paroles ?

S'adressant à ses disciples qui étaient entrés en dispute, pour savoir lequel d'entre eux était le plus grand; il leur dit en prenant un petit enfant et le mettant près de lui :

« Quiconque me reçoit, reçoit *celui qui m'a envoyé*;
« car celui qui est le plus petit parmi vous tous, est le
« plus grand. » (Saint Luc, chap. IX, v. 48.)

« Quiconque reçoit en mon nom un petit enfant
« comme celui-ci, me reçoit, et quiconque me reçoit, ne
« me reçoit pas seulement, mais il reçoit *celui qui m'a*
« *envoyé.* » (St Marc, chap. IX, v. 36.)

« Jésus leur dit donc : « Si Dieu était votre Père,
« vous m'aimeriez, parce que c'est de Dieu que je suis
« sorti, et que *c'est de sa part que je suis venu; car je*
« *ne suis pas venu de moi-même*, mais c'est lui qui m'a
« envoyé. » (Saint Jean, chap. VIII, v. 42.)

« Jésus leur dit donc : « Je suis encore avec vous pour

---

cles, voir la *Genèse selon le Spiritisme*, chapitres XIII et suivants, où sont expliqués, par les lois naturelles, tous les miracles de l'Évangile.

« un peu de temps, et je vais ensuite *vers celui qui m'a*
« *envoyé.* » Saint Jean, chap. VII, v. 33.)

« Celui qui vous écoute m'écoute; celui qui vous mé-
« prise me méprise, et *celui qui me méprise, méprise*
« *celui qui m'a envoyé.* » (Saint Luc, chap. X, v. 16.)

Le dogme de la divinité de Jésus est fondé sur l'égalité absolue entre sa personne et Dieu, puisqu'il est Dieu lui-même : c'est un article de foi; or, ces paroles si souvent répétées par Jésus : *Celui qui m'a envoyé,* témoignent non-seulement de la dualité des personnes, mais encore, comme nous l'avons dit, excluent l'égalité absolue entre elles ; car celui qui est envoyé est nécessairement *subordonné* à celui qui envoie ; en obéissant il fait acte de *soumission.* Un ambassadeur parlant à son souverain, dira : *Mon maître, celui qui m'envoie*; mais, si c'est le souverain en personne qui vient, il parlera en son propre nom et ne dira pas : *Celui qui m'a envoyé,* car on ne peut s'envoyer soi-même. Jésus le dit en termes catégoriques par ces mots : *je ne suis pas venu de moi-même mais c'est lui qui m'a envoyé.*

Ces paroles : *Celui qui me méprise méprise celui qui m'a envoyé,* n'impliquent point l'égalité et encore moins l'identité ; de tout temps l'insulte faite à un ambassadeur a été considérée comme faite au souverain lui-même. Les apôtres avaient la parole de Jésus, comme Jésus avait celle de Dieu ; quand il leur dit : *Celui qui vous écoute m'écoute,* il n'entendait pas dire que ses apôtres et lui ne faisaient qu'une seule et même personne égale en toutes choses.

La dualité des personnes, ainsi que l'état secondaire et subordonné de Jésus par rapport à Dieu, ressortent en outre sans équivoque des passages suivants :

« C'est vous qui êtes toujours demeurés fermes avec
« moi dans mes tentations. — C'est pourquoi je vous
« prépare le Royaume, *comme mon père me l'a pré-*
« *paré*, — afin que vous mangiez et buviez à ma table
« dans mon royaume, et que vous soyez assis sur des
« trônes pour juger les douze tribus d'Israël. » (Saint
Luc, chap. XXII. v. 28, 29, 30.)

« Pour moi je dis que *j'ai vu chez mon Père*, et
« vous, vous faites ce que vous avez vu chez votre
« père. » (Saint Jean, chap. VIII, v. 38)

« En même temps il parut une nuée qui les couvrit,
« et il sortit de cette nuée une voix qui fit entendre ces
mots : *Celui-ci est mon fils bien-aimé*; écoutez-le. »
(Transfigur., St Marc; ch, IX, v. 6.)

« Or, quand le fils de l'homme viendra dans sa ma-
« jesté, accompagné de tous les anges, il s'assoiera sur
« le trône de sa gloire ; — et toutes les nations étant
« assemblées, il séparera les unes d'avec les autres,
« comme le berger sépare les brebis d'avec les boucs,
« — et il placera les brebis à sa droite et les boucs à sa
« gauche. — Alors le Roi dira à ceux qui seront à sa
« droite : Venez, *vous qui avez été bénis par mon Père*,
« posséder le royaume qui vous a été préparé dès le
« commencement du monde. » (Saint Matthieu,
chap. XXV, v. 31 à 34.)

« Quiconque me confessera et me reconnaîtra devant
« les hommes, je le reconnaîtrai et le confesserai aussi
« devant mon père qui est dans les cieux ; — et qui-
« conque me renoncera devant les hommes, je le renon-
« cerai aussi *moi-même devant mon père qui est dans
« les cieux*. » (Saint Matthieu, chap. X, v. 32, 33.)

« Or, je vous déclare que quiconque me confessera et

« me reconnaîtra devant les hommes, *le fils de l'homme*
« *le reconnaîtra aussi devant les anges de Dieu*;
« — mais si quelqu'un me renonce devant les hommes,
« *je le renoncerai aussi devant les anges de Dieu* »
(Saint Luc, chap. XII, v. 8, 9.)

« Car si quelqu'un rougit de moi et de mes paroles,
« le fils de l'homme rougira aussi de lui, lorsqu'il vien-
« dra dans sa gloire et *dans celle de son père et des
saints anges.* » (St Luc, c, IX, v. 26.)

Dans ces deux derniers passages, Jésus sembierait même mettre au-dessus de lui les saints anges composant le tribunal céleste, devant lequel il serait le défenseur des bons et l'accusateur des mauvais.

« Mais pour ce qui est d'être assis à ma droite ou à
« ma gauche, *ce n'est point à moi à vous le donner*,
« mais ce sera pour ceux *à qui mon Père l'a préparé.* »
(Saint Matthieu, chap. XX, v. 23.)

« Or les Pharisiens étant assemblés, Jésus leur fit
« cette demande, — et il leur dit : « Que vous semble
« du Christ? De qui est-il fils? Ils lui répondirent : De
« David. — Et comment donc, leur dit-il, David
« l'appelle-t-il en esprit son Seigneur, par ces paroles :
« — Le Seigneur a dit à mon Seigneur: Asseyez-vous à
« ma droite jusqu'à ce que je réduise vos ennemis à vous
« servir de marchepied? — *Si donc David l'appelle son
« Seigneur comment est-il son fils?* » Saint Matthieu,
chap. XXII, v. de 41 à 45)

« Mais Jésus enseignant dans le temple, leur dit :
« Comment les scribes disent-ils que le Christ est le fils
« de David, — puisque David lui-même a dit à mon Sei-
« gneur : Asseyez-vous à ma droite, jusqu'à ce que j'aie
« réduit vos ennemis à vous servir de marchepied? —

« *Puis donc que David l'appelle lui-même son sei-
« gneur, comment est-il sont fils ?* » **Saint Marc,**
ch. XII v. 35, 36, 37. — Saint Luc, chap. XX, v. 41
à 44.)

Jésus consacre, par ces paroles, le principe de la différence hiérarchique qui existe entre le Père et le Fils. Jésus pouvait être le fils de David par filiation corporelle, et comme descendant de sa race, c'est pourquoi il a soin d'ajouter : « Comment l'appelle-t-il *en esprit* son Seigneur ? « S'il y a une différence hiérarchique entre le père et le fils ; Jésus, comme fils de Dieu, ne peut être l'égal de Dieu.

Jésus confirme cette interprétation et reconnaît son infériorité par rapport à Dieu, en termes qui ne laissent pas d'équivoque possible :

« Vous avez entendu ce que je vous ai dit : « Je m'en
« vais, et je reviens à vous. Si vous m'aimiez, vous vous
« réjouiriez de ce que je m'en vais à mon Père, *parce*
« *que mon Père* EST PLUS GRAND QUE MOI. » (Saint Jean,
« ch. XIV, v. 28).

« Alors un jeune homme s'approche, et lui dit : Bon
« maître, quel bien faut-il que je fasse pour acquérir
« la vie éternelle ? » — Jésus lui répondit : « Pourquoi
« m'appelez-vous bon ? *Il n'y a que Dieu seul qui soit*
« *bon*. Si vous voulez rentrer dans la vie, gardez les
« commandements. » Saint Matthieu, ch. XIX, v. 16,
17. — Saint Marc, ch. X, v. 17, 18, — Saint Luc,
ch. XVIII, v. 18, 19.)

Non-seulement Jésus ne s'est donné, en aucune circonstance, pour l'égal de Dieu, mais ici il affirme positivement le contraire, il se regarde comme inférieur en bonté ; or, déclarer que Dieu est au-dessus de lui par la puissance et ses qualités morales, c'est dire que lui-même n'est pas Dieu. Les passages suivants viennent à l'appui de ceux-ci, et sont aussi explicites.

« *Je n'ai point parlé de moi-même ; mais mon Père,* « *qui m'a envoyé, est celui qui m'a prescrit par son* « *commandement ce que je dois dire, et comment je* « *dois parler ;* — et je sais que son commandement est « la vie éternelle ; ce que je dis donc, je le dis selon que « mon Père *me l'a ordonné.* » (Saint Jean, ch. XII, v. 49, 50.)

« Jésus leur répondit : « *Ma doctrine n'est pas ma* « *doctrine mais la doctrine de celui qui m'a envoyé.* — « Si quelqu'un veut faire la volonté de Dieu, il recon- « naîtra si ma doctrine est de lui, ou si je parle de moi- « même. — Celui qui parle de son propre mouvement, « cherche sa propre gloire, mais celui qui cherche la « gloire de celui qui l'a envoyé est véridique, et il n'y a « point en lui d'injustice. » (Saint Jean, ch. VII, v. 16, 17, 18.)

« Celui qui ne m'aime point, ne garde point ma pa- « role ; *et la parole que vous avez entendue n'est point* « *ma parole, mais celle de mon père qui m'a envoyé.* » (Saint Jean, ch, XIV, v. 24).

« Ne croyez-vous pas que je suis dans mon Père et « que mon Père est en moi ? Ce que je vous dis, je ne « vous le dis pas de moi-même ; mais mon Père qui « demeure en moi, fait lui-même les œuvres que je fais. » (Saint Jean, ch. XIV, v. 10.)

« Le ciel et la terre passeront, mais mes paroles ne « passeront point. — Pour ce qui est du jour et de « l'heure, personne ne le sait, non, pas même les anges « qui sont dans le ciel, *ni même le Fils,* mais seulement *le Père.* » (Marc. ch. XIII, v. 32. — Matthieu, ch. XXIV. v. 35, 36).

« Jésus leur dit donc : « Quand vous aurez élevé en
« haut le fils de l'homme, alors vous connaîtrez ce que
« je suis, car *je ne fais rien de moi-même mais je ne dis*
« *que ce que mon Père m'a enseigné*; et celui qui m'a
« envoyé est avec moi, et ne m'a point laissé seul, parce
« que *je fais toujours ce qui lui est agréable.* » Saint
Jean, ch. VIII, v. 28, 29.)

« Je suis descendu du ciel non pour faire ma volonté,
« mais pour faire *la volonté de celui qui m'a envoyé.* »
(Saint Jean, chap. VI v. 38.)

« *Je ne puis rien faire de moi-même*. Je juge selon
« ce que j'entends, et mon jugement est juste parce
« *que je ne cherche pas ma volonté, mais la volonté*
« *de celui qui m'a envoyé.* » (Saint Jean, chap. V,
v. 30.)

« Mais pour moi j'ai un témoignage plus grand que
« celui de Jean, car les œuvres que *mon Père m'a*
« *donné le pouvoir de faire*, les œuvres, dis-je, que je
« fais, rendent témoignage de moi, que c'est mon Père
« qui m'a envoyé. » (Saint Jean, chap. V, v. 36).

« Mais maintenant vous cherchez à me faire mourir
« moi qui vous ai dit la vérité que *j'ai apprise de Dieu*
« c'est ce qu'Abraham n'a point fait. » (Saint Jean,
chap. VIII, v. 40.)

Dès lors qu'il ne dit *rien de lui-même*; que la doctrine qu'il enseigne *n'est pas la sienne*, mais qu'il la tient de Dieu qui lui a *ordonné* de venir la faire connaître; qu'il ne fait que ce que Dieu lui a donné *le pouvoir de faire*; que la vérité qu'il enseigne, *il l'a apprise de Dieu*, à la volonté duquel il est soumis; c'est qu'il n'est pas Dieu lui-même, mais son envoyé, son messie et son subordonné.

Il est impossible de récuser d'une manière plus positive toute assimilation à la personne de Dieu, et de déterminer son principal rôle en termes plus précis. Ce ne sont pas là des pensées cachées sous le voile de l'allégorie, et qu'on ne découvre qu'à force d'interprétations : c'est le sens propre exprimé sans ambiguïté.

Si l'on objectait que Dieu, ne voulant pas se faire connaître en la personne de Jésus, a donné le change sur son individualité, on pourrait demander sur quoi est fondée cette opinion, et qui a autorité pour sonder le fond de sa pensée, et donner à ses paroles un sens contraire à celui qu'elles expriment ? Puisque du vivant de Jésus, personne ne le considérait comme Dieu, mais qu'on le regardait au contraire comme un messie, s'il ne voulait pas être connu pour ce qu'il était, il lui suffisait de ne rien dire ; de son affirmation spontanée, il faut conclure qu'il n'était pas Dieu, ou que s'il l'était, il a volontairement et sans utilité, dit une chose fausse.

Il est remarquable que saint Jean, celui des Évangélistes sur l'autorité duquel on s'est le plus appuyé pour établir le dogme de la divinité du Christ, est précisément celui qui renferme les arguments contraires les plus nombreux et les plus positifs ; on peut s'en convaincre par la lecture des passages suivants, qui n'ajoutent rien, il est vrai, aux preuves déjà citées, mais viennent à leur appui, parce qu'il en ressort évidemment *la dualité* et *l'inégalité des personnes* :

« A cause de cela, les Juifs poursuivaient Jésus et
« cherchaient à le faire mourir, parce qu'il avait fait

« ces choses le jour du Sabbat. — Mais Jésus leur dit :
« *Mon père agit jusqu'à présent, et j'agis aussi*. (Jean
« ch. V, v. 16, 17).

« Car le Père ne juge personne ; mais *il a donné tout
« pouvoir* de juger au Fils, — afin que tous honorent
« le Fils comme ils honorent le Père. Celui qui
« n'honore point le Fils, n'honore point le Père, *qui
« l'a envoyé*. »

« En vérité, en vérité, je vous le dis, celui qui en-
« tend ma parole et qui croit à celui qui *m'a envoyé*, a
« la vie éternelle et il ne tombe point dans la condam-
« nation ; mais il a déjà passé de la mort à la vie. »

« En vérité, en vérité, je vous le dis, l'heure vient, et
« elle est déjà venue, où les morts entendront la voix du
« Fils de Dieu, et ceux qui l'entendront, vivront ; car
« comme le Père a la vie en lui-même, il a aussi donné
« au Fils d'avoir la vie en lui-même, — et lui a *donné
« le pouvoir de juger*, parce qu'il est le *Fils de
« l'homme*. » (Jean. ch. V, v, 22 à 27).

« Et le Père qui m'a envoyé a, lui-même, rendu témoi-
« gnage de moi. *Vous n'avez jamais entendu sa voix,
« ni vu sa face*. — Et sa parole ne demeurera pas en
« vous, parce que vous ne croyez pas à *celui qu'il a
« envoyé* » (Jean, ch. V, v. 37, 38).

« Et quand je jugerais, mon jugement serait digne de
« de foi, car *je ne suis pas seul* ; mais mon Père qui
« m'a envoyé est avec moi. » (Jean, ch, VIII, v. 16).

« Jésus ayant dit ces choses, leva les yeux au ciel et
« dit : « Mon Père, l'heure est venue ; glorifiez votre
« Fils, afin que votre Fils vous glorifie. — « *Comme
« vous lui avez donné puissance* sur tous les hommes,
« afin qu'il donne la vie éternelle à tous ceux que vous

« lui avez donnés. — Or, la vie éternelle consiste à
« vous connaître, *vous qui êtes* LE SEUL DIEU *véritable, et*
« *Jésus-Christ que vous avez envoyé.*

« Je vous ai glorifié sur la terre ; j'ai achevé *l'ou-*
« *vrage dont vous m'aviez chargé*, — Et vous, mon
« Père, glorifiez-moi donc aussi maintenant en vous-
« même, de cette gloire que j'ai eue en vous avant que
« le monde fût.

« Je ne serai bientôt plus dans le monde ; mais pour
« eux, ils sont encore dans le monde, et moi *je m'en*
« *retourne à vous*. Père saint, conservez en votre nom
« ceux que vous m'avez donnés, afin qu'ils soient un
« comme nous. »

« Je leur ai donné *votre parole*, et le monde les a
« haïs, parce qu'ils ne sont point du monde, comme je
« ne suis point moi-même du monde. »

« Sanctifiez-les dans la vérité. Votre parole est la
« vérité même. — Comme vous *m'avez envoyé* dans le
« monde, je les ai aussi envoyés dans le monde, — et
« je me sanctifie moi-même pour eux, afin qu'ils soient
« aussi sanctifiés dans la vérité. »

« Je ne prie pas pour eux seulement, mais encore
« pour ceux qui doivent croire en moi par leur parole ;
« — afin qu'ils soient tous ensemble, comme vous, mon
« Père, êtes en moi et moi en vous ; qu'ils soient de
« même un en nous, *afin que le monde croie que vous*
« *m'avez envoyé.* »

« Mon père, je désire que là où je suis, ceux que vous
« m'avez donnés y soient aussi avec moi ; afin qu'ils
« contemplent ma gloire que *vous m'avez donnée*,
« parce que vous *m'avez aimé avant la création du*
« *monde.* »

« Père juste, le monde ne vous a point connu ; mais
« moi, je vous ai connu : et ceux-ci ont connu que vous
« *m'avez envoyé*. — Je leur ai fait connaître votre nom
« et le leur ferai connaître encore, afin que *l'amour*
« *dont vous m'avez aimé* soit en eux, et que je sois moi
« même en eux. » (Jean, ch. XVII, v. de 1 à 5, 11 à 14,
« de 17 à 26, *Prière de Jésus*).

« C'est pour cela que mon Père m'aime, parce que je
« quitte ma vie pour la reprendre. — Personne ne me
« la ravit, mais c'est moi qui la quitte de moi-même ;
« j'ai le pouvoir de la quitter et j'ai le pouvoir de la re-
« prendre. *C'est le commandement que j'ai reçu de*
« *mon Père.* » (Jean, ch. X, v. 17, 18).

« Ils ôtèrent la pierre, et Jésus, levant les yeux en
« haut, dit ces paroles : *Mon Père, je vous rends grâce*
« *de ce que vous m'avez exaucé*. — Pour moi je savais
« que vous m'exauciez toujours : mais je dis ceci pour ce
« peuple qui m'environne, afin qu'il croie que *c'est vous*
« *qui m'avez envoyé*. » (Mort de Lazare, SAINT JEAN, ch.
« XI, v. 41, 42).

« Je ne vous parlerai plus guère, car le prince de ce
« monde va venir, quoiqu'il *n'ait rien en moi qui lui*
« *appartienne* : mais afin que le monde connaisse que
« j'aime mon Père, et que *je fais ce que mon Père m'a*
« *ordonné.* » (Jean, ch. XIV, v. 30, 31).

« Si vous gardez mes commandements, vous demeu-
« rerez dans mon amour, comme j'ai moi-même *gardé*
« *les commandements de mon Père*, et que je demeure
« dans son amour. » (Jean, ch. XV, v. 10).

« Alors Jésus jetant un grand cri, dit : Mon Père, *je*
« *remets mon âme entre vos mains*. Et en prononçant
« ces mots, il expira. » (Saint Luc, ch. XXIII, v. 46).

Puisque Jésus en mourant remet son âme entre les mains de Dieu, il avait donc une âme distincte de Dieu, soumise à Dieu, *donc il n'était pas Dieu lui-même.*

Les paroles suivantes témoignent d'une certaine faiblesse humaine, d'une appréhension de la mort et des souffrances que Jésus va endurer, et qui contraste avec la nature essentiellement divine qu'on lui attribue ; mais elles témoignent en même temps d'une soumission qui est celle d'inférieur à supérieur.

« Alors Jésus arriva dans un lieu appelé Gethsémani ;
« et il dit à ses disciples : Asseyez-vous ici pendant que
« je m'en vais là pour prier. — Et ayant pris avec lui
« Pierre et les deux fils de Zébédée, *il commença à s'at-*
« *trister et à être dans une grande affliction.* — Alors
« il leur dit : *Mon âme est triste jusqu'à la mort* ; de-
« meurez ici et veillez avec moi. — Et s'en allant un
« peu plus loin, il se prosterna le visage contre terre,
« priant et disant : *Mon Père, s'il est possible, faites*
« *que ce calice s'éloigne de moi* ; néanmoins, qu'il en
« soit, non *comme je le veux,* mais *comme vous le*
« *voulez.* — Il vint ensuite vers ses disciples, et les
« ayant trouvés endormis, il dit à Pierre : Quoi ! vous
« n'avez pu veiller une heure avec moi ? — Veillez et
« priez afin que vous ne tombiez point dans la tenta-
« tion. L'esprit est prompt, mais la chair est faible. —
« Il s'en alla encore prier une seconde fois, en disant :
« *Mon Père, si ce calice ne peut passer sans que je le*
« *boive, que votre volonté soit faite.* » (Jésus au jardin
« des Oliviers. (Saint Matt.. ch. XXVI, v. de 36 à
« 42).

« Alors il leur dit : Mon âme est triste jusqu'à la
« mort ; demeurez ici et veillez. — Et étant allé un peu

« plus loin, il se prosterna contre terre, priant que, s'il
« était possible, *cette heure s'éloignât de lui.* — Et il
« disait : Abba, mon Père, *tout vous est possible, trans-
« portez ce calice loin de moi*; mais néanmoins que
« votre volonté soit faite et non la mienne. » (Saint
« Marc, ch XIV, v. 34, 35, 36).

« Lorsqu'il fut arrivé en ce lieu-là, il leur dit : Priez
« afin que vous ne succombiez point à la tentation. —
« Et s'étant éloigné d'eux d'environ un jet de pierre, il
« se mit à genoux en disant : Mon Père, si vous voulez,
« *éloignez ce calice de moi*; néanmoins que ce ne soit
« pas *ma volonté qui se fasse,* mais la *vôtre*. — Alors il
« lui apparut un ange du ciel qui vint le fortifier. — Et
« étant tombé en agonie, il redoublait ses prières. — Et
« il lui vint une sueur de gouttes de sang qui coulait
« jusqu'à terre. » (Saint Luc, ch. XXII, v. de 40
« à 44).

« Et sur la neuvième heure, Jésus jeta un grand cri,
« en disant : Eli ! Eli ! Lamma Sabachthani ? c'est-à-
« dire : *mon Dieu ! mon Dieu ! pourquoi m'avez-vous
« abandonné ?* (Matt., ch. XXVII, v, 46).

« Et à la neuvième heure, Jésus jeta un grand cri en
« disant : *Mon Dieu ! mon Dieu ! pourquoi m'avez-vous
abandonné ?* » (Marc. ch. XX, v. 34).

Les passages suivants pourraient laisser quelque incertitude et donner lieu de croire à une identification
de Dieu avec la personne de Jésus; mais outre qu'ils ne
sauraient prévaloir sur les termes précis de ceux qui
précèdent, ils portent encore en eux-mêmes leur propre
rectification.

« Ils lui dirent : Qui êtes-vous donc ? Jésus leur répondit : *je suis le principe de toutes choses,* moi-même

« qui vous parle — J'ai beaucoup de choses à dire de
« vous ; *mais celui qui m'a envoyé* est véritable, et je ne
« dis que ce que j'ai appris de lui. » (Saint Jean,
ch. VII, v. 25, 26).

« Ce que mon Père m'a donné est plus grand que
« toutes choses ; et personne ne peut le ravir de la main
« de mon Père. *Mon père et moi nous sommes une même
chose.* »

C'est-à-dire, que son père et lui ne sont *qu'un par la
pensée*, puisqu'il exprime *la pensée* de Dieu ; qu'il a *la
parole* de Dieu,

« Alors les Juifs prirent des pierres pour le lapider. —
« Et Jésus leur dit : J'ai fait devant vous plusieurs
« bonnes œuvres *par la puissance de mon père* : pour
« laquelle est-ce que vous me lapidez ? — Les Juifs lui
« répondirent : Ce n'est pas pour aucune bonne œuvre
« que nous vous lapidons, mais à cause de votre blas-
« phème et parce qu'étant homme vous vous faites
« Dieu. — Jésus leur repartit : N'est-il pas écrit dans
« votre loi : *J'ai dit que vous êtes des dieux ?* — Si
« donc on appelle dieux ceux à qui la parole de Dieu
« était adressée et que l'Ecriture ne puisse être dé-
« truite, — pourquoi dites-vous que je blasphème, moi
« que mon Père a sanctifié et envoyé dans le monde,
« parce que j'ai dit que je suis fils de Dieu ? — Si je ne
« fais pas les œuvres de mon Père, ne me croyez pas ;
« — mais si je les fais, quand vous ne voudriez pas me
« croire, croyez à mes œuvres, afin que vous connais-
« siez et que vous croyiez que mon Père est en moi, et
« moi dans mon Père. » (Jean, ch. X, v. 29 à 38.)

Dans un autre chapitre, s'adressant à ses disciples, il
leur dit :

« En ce jour-là vous connaîtrez que *je suis en mon
« Père et vous en moi, et moi en vous.* » (Jean, ch. XIV,
v. 20.)

De ces paroles il ne faut pas conclure que Dieu et Jésus ne font *qu'un*, autrement il faudrait conclure aussi des mêmes paroles, que les apôtres ne font également *qu'un* avec Dieu.

IV. Paroles de Jésus après sa mort.

« Jésus lui répondit ; Ne me touchez pas, car je ne « suis pas encore monté vers mon Père ; mais allez trou- « ver mes frères et leur dites de ma part: *Je monte « vers mon Père et votre Père, vers* MON DIEU *et votre « Dieu.* » (Apparition à Marie-Madeleine. Saint Jean, ch. XX, v. 17.)

« Mais Jésus s'approchant, leur parla ainsi : Toute « puissance *m'a été donnée* dans le ciel et sur la « terre. » (Apparition aux Apôtres. Saint Matth., ch. XXVIII, v. 18.)

« Or, vous êtes témoins de ces choses ; — Et je vais vous envoyer *le don de mon Père* qui vous a été promis. » (Apparition aux Apôtres. Saint Luc, ch. XXIV, v. 48, 49.)

Tout accuse donc dans les paroles de Jésus, soit de son vivant, soit après sa mort, une dualité de personnes parfaitement distinctes, ainsi que le profond sentiment de son infériorité et de sa subordination par rapport à l'Etre suprême. Par son insistance à l'affirmer spontanément, sans y être contraint ni provoqué par qui que ce soit, il semble vouloir protester d'avance contre le rôle qu'il prévoit qu'on lui attribuera un jour. S'il eût gardé le silence sur le caractère de sa personnalité, le champ fut resté ouvert à toutes les suppositions comme à tous les systèmes ; mais la précision de son langage lève toute incertitude.

Quelle autorité plus grande peut-on trouver que les propres paroles de Jésus ? Lorsqu'il dit catégoriquement : je suis ou je ne suis pas telle chose, qui oserait s'arroger le droit de lui donner un démenti, fût-ce pour le placer plus haut qu'il ne se place lui-même ? Qui est-ce qui peut raisonnablement prétendre être plus éclairé que lui sur sa propre nature ? Quelles interprétations peuvent prévaloir contre des affirmations aussi formelles et aussi multipliées que celles-ci :

« Je ne suis pas venu de moi-même, mais celui qui
« m'a envoyé est le seul Dieu véritable. — C'est de sa
« part que je suis venu. — Je dis ce que j'ai vu chez
« mon Père. — Ce n'est point à moi à vous le donner,
« mais ce sera pour ceux à qui mon Père l'a préparé
« — Je m'en vais à mon Père, parce que mon Père est
« plus grand que moi. — Pourquoi m'appelez-vous
« bon ? Il n'y a que Dieu seul qui soit bon. — Je n'ai
« point parlé de moi-même, mais mon Père, qui m'a
« envoyé, est celui qui m'a prescrit par son commande-
« ment, ce que je dois dire. — Ma doctrine n'est pas ma
« doctrine, mais la doctrine de celui qui m'a envoyé. —
« La parole que vous avez entendue n'est point ma pa-
« role, mais celle de mon Père qui m'a envoyé. — Je
« ne fais rien de moi-même, mais je ne dis que ce que
« mon Père m'a enseigné. — Je ne puis rien faire de

« moi-même. — Je ne cherche pas ma volonté, mais la
« volonté de celui qui m'a envoyé. — Je vous ai dit la
« vérité que j'ai apprise de Dieu. — Ma nourriture est
« de faire la volonté de celui qui m'a envoyé. — Vous
« qui êtes le seul Dieu véritable, et Jésus-Christ que
« vous avez envoyé. — Mon Père, je remets mon âme
« entre vos mains. — Mon Père, s'il est possible, faites
« que ce calice s'éloigne de moi. — Mon Dieu, mon Dieu,
« pourquoi m'avez-vous abandonné ? — Je monte vers
« mon Père et votre Père, vers mon Dieu et votre
« Dieu.

Quand on lit de telles paroles, on se demande comment il a seulement pu venir à la pensée de leur donner un sens diamétralement opposé à celui qu'elles expriment si clairement, de concevoir une identification complète de *nature* et de *puissance* entre le maître et celui qui se dit son serviteur. Dans ce grand procès qui dure depuis quinze siècles, quelles sont les pièces de conviction ? Les Évangiles, — il n'y en a pas d'autres, — qui, sur le point en litige, ne donnent lieu à aucune équivoque. A des documents authentiques, que l'on ne peut contester sans s'inscrire en faux contre la véracité des évangélistes et de Jésus lui-même, documents établis par des témoins oculaires, qu'oppose-t-on ? Une doctrine théorique purement spéculative, née trois siècles plus tard d'une polémique engagée sur la nature abstraite du Verbe, vigoureusement combattue pendant plusieurs siècles, et qui n'a prévalu que par la pression d'un pouvoir civil absolu.

V. Double nature de Jésus.

On pourrait objecter qu'en raison de la double nature de Jésus, ses paroles étaient l'expression de son sentiment comme homme et non comme Dieu. Sans examiner en ce moment par quel enchaînement de circonstances on a été conduit, bien plus tard, à l'hypothèse de cette double nature, admettons-la pour un instant, et voyons si au lieu d'élucider la question elle ne la complique pas au point de la rendre insoluble.

Ce qui devait être humain en Jésus, c'était le corps, la partie matérielle ; à ce point de vue on comprend qu'il ait pu et même dû souffrir comme homme. Ce qui devait être divin en lui, c'était l'âme, l'Esprit, la pensée, en un mot la partie spirituelle de l'Être. S'il sentait et souffrait comme homme, il devait penser et parler comme Dieu. Parlait-il comme homme ou comme Dieu ? C'est là une question importante pour l'autorité exceptionnelle de ses enseignements. S'il parlait comme homme, ses paroles sont controversables ; s'il parlait comme Dieu, elles sont indiscutables ; il faut les accepter et s'y conformer sous peine de désertion et d'hérésie ; le plus orthodoxe sera celui qui s'en rapprochera le plus.

Dira-t-on que, sous son enveloppe corporelle, Jésus n'avait pas conscience de sa nature divine ? Mais s'il en était ainsi, il n'aurait pas même *pensé comme Dieu*, sa nature divine aurait été à l'état latent ; la nature humaine seule aurait présidé à sa mission, à ses actes moraux comme à ses actes matériels. Il est donc impossible de faire abstraction de sa nature divine pendant sa vie, sans affaiblir son autorité.

Mais s'il a *parlé comme Dieu*, pourquoi cette incessante protestation contre sa nature divine, que dans ce cas, il ne pouvait ignorer ? Il se serait donc trompé, ce qui serait peu divin, ou il aurait sciemment trompé le monde, ce qui le serait encore moins. Il nous paraît difficile de sortir de ce dilemme.

Si l'on admet qu'il a parlé tantôt comme homme, tantôt comme Dieu, la question se complique, par l'impossibilité de distinguer ce qui venait de l'homme de ce qui venait de Dieu.

Dans le cas où il aurait eu des motifs pour dissimuler sa véritable nature pendant sa mission, le moyen le plus simple était de n'en pas parler, ou de s'exprimer comme il l'a fait en d'autres circonstances, d'une manière vague et parabolique, sur les points dont la connaissance était réservée à l'avenir ; or, tel n'est pas ici le cas, puisque ces paroles n'ont aucune ambiguïté.

Enfin, si malgré toutes ces considérations, on pouvait encore supposer que, de son vivant, il eût ignoré sa véritable nature, cette opinion n'est plus admissible après sa résurrection ; car, lorsqu'il apparaît à ses disciples, ce n'est plus l'homme qui parle, c'est l'Esprit dégagé de la matière, qui doit avoir recouvré la plénitude de ses facultés spirituelles et la conscience de son état normal, de son identification avec la divinité ; et cependant c'est alors qu'il dit : *Je monte vers mon Père et votre Père, vers mon Dieu et votre Dieu !*

La subordination de Jésus est encore indiquée par sa

qualité même de médiateur qui implique l'existence d'une personne distincte ; c'est lui qui intercède auprès de son Père ; qui s'offre en sacrifice pour racheter les pécheurs ; or, s'il est Dieu lui même, ou s'il lui est *égal en toutes choses*, il n'a pas besoin d'intercéder, car on n'intercède pas auprès de soi-même.

VI. Opinion des Apôtres.

Jusqu'à présent nous nous sommes exclusivement appuyé sur les paroles mêmes du Christ, comme le seul élément péremptoire de convictions, parce qu'en dehors de cela, il ne peut y avoir que des opinions personnelles.

De toutes ces opinions, celles qui ont le plus de valeur sont incontestablement celles des apôtres, attendu qu'ils l'ont assisté dans sa mission, et que, s'il leur a donné des instructions secrètes touchant sa nature, on en trouverait des traces dans leurs écrits. Ayant vécu dans son intimité, mieux que qui que ce soit, ils devaient le connaître. Voyons donc de quelle manière ils l'ont considéré.

« O Israélites, écoutez les paroles que je vais vous
« dire : Vous savez que *Jésus de Nazareth a été un*
« *homme que Dieu a rendu célèbre parmi vous* par les
« merveilles, les prodiges et les miracles qu'il a faits
« par lui au milieu de vous. — Cependant vous l'avez
« crucifié, et vous l'avez fait mourir par les mains des
« méchants, vous ayant été livré *par un ordre exprès*

« *de la volonté de Dieu* et par un décret de sa pres-
« cience. — *Mais Dieu l'a ressuscité*, en arrêtant les
« douleurs de l'enfer, étant impossible qu'il y fût retenu.
« — Car David a dit en son nom : J'avais toujours le
« Seigneur présent devant moi, parce qu'il est à ma
« droite, afin que je ne sois pas ébranlé. — C'est pour
« cela que mon cœur s'est réjoui, que ma langue a
« chanté des cantiques de joie, et que ma chair même
« reposera en espérance ; — parce que vous ne laisserez
« point mon âme dans l'enfer, et que vous ne permettrez
« point que votre Saint éprouve la corruption. — Vous
« m'avez fait connaître le chemin de la vie, et vous me
« remplirez de la joie que donne la vue de votre visage. »
(*Actes des Ap.*, ch. II, *v.* 22 à 28. Prédication de saint
Pierre.)

« Après donc qu'il a été élevé par la puissance de
« Dieu, et qu'il a reçu l'accomplissement de la promesse
« que le *Père lui avait faite d'envoyer le Saint-Esprit*,
« il a répandu cet Esprit Saint que vous voyez et en-
« tendez maintenant ; — car David n'est point monté
« dans le ciel ; — or, il dit lui-même : *Le Seigneur*
« *a dit à mon Seigneur* : Asseyez-vous à ma droite,
« — jusqu'à ce que j'aie réduit vos ennemis à vous
« servir de marchepied. — Que toute la maison d'Israël
« sache donc très certainement que *Dieu a fait Seigneur*
« *et Christ ce Jésus que vous avez crucifié.* » (*Actes
des Ap.* ch, II, *v.* de 33 à 36. Prédication de saint Pierre.)

« Moïse a dit à nos pères : le Seigneur votre Dieu
« *vous suscitera d'entre vos frères un prophète comme*
« *moi* ; écoutez-le en tout ce qu'il vous dira. — Qui-
« conque n'écoutera pas ce prophète sera exterminé du
« milieu du peuple.

« C'est pour vous premièrement que *Dieu a suscité
« son Fils,* il vous l'a envoyé pour vous bénir, afin que
« chacun se convertisse de sa mauvaise vie. » (*Actes des
Ap.*, Ch. III, v. 22, 23, 26. Prédication de saint Pierre.)

« Nous vous déclarons à vous tous et à tout le peuple
« d'Israël, que c'est par le nom de Notre-Seigneur
« *Jésus-Christ de Nazareth,* lequel vous avez crucifié,
« et que *Dieu a ressuscité* d'entre les morts ; c'est par
« lui que cet homme est maintenant guéri comme vous
« le voyez devant vous. » (*Actes des Ap.*, ch. IV, v. 10.
Prédication de saint Pierre.)

« Les rois de la terre se sont élevés, et les princes se
« sont unis ensemble contre le *Seigneur* et contre *son
« Christ.* — Car Hérode et Ponce-Pilate avec les Gentils,
« et le peuple d'Israël se sont vraiment mis ensemble
« dans cette ville contre votre saint *Fils Jésus,* que vous
« avez consacré par votre onction, pour faire tout ce que
« votre puissance et votre conseil avaient ordonné devoir
« être fait. » (*Actes des Ap.*, ch. IV, v. 26, 27, 28,
« Prière des Apôtres.)

« Pierre et les autres apôtres répondirent : il faut
« plutôt obéir à Dieu qu'aux hommes. — Le Dieu de
« nos Pères *a ressuscité Jésus que vous avez fait mourir
« en le pendant sur le bois.* — C'est lui que Dieu a
« *élevé par sa droite* comme étant le prince et le
« sauveur, pour donner à Israël la grâce de la péni-
« tence et la rémission des péchés. » (V. *Actes des Ap.*,
ch. V, v. 29, 30, 31. Réponse des Apôtres au grand
prêtre.)

« C'est ce Moïse qui a dit aux enfants d'Israël : Dieu
« vous suscitera d'entre vos frères *un prophète comme
« moi,* écoutez-le.

« Mais le Très-Haut n'habite point dans des temples
« faits par la main des hommes, selon cette parole du
« prophète : — Le ciel est mon trône, et la terre est
« mon marchepied. Quelle maison me bâtirez-vous,
« dit le Seigneur ? et quel pourrait être le lieu de mon
« repos ? » (*Actes des Ap.*, ch. VII. v. 37, 48, 49. Discours d'Étienne.)

« Mais Étienne étant rempli du Saint-Esprit, et levant
« les yeux au ciel, vit la gloire de Dieu, *et Jésus qui
« était debout à la droite de Dieu*, et il dit : Je vois les
« cieux ouverts, *et le Fils de l'homme*, qui est debout
« *à la droite de Dieu*.

« Alors jetant de grands cris, et se bouchant les oreilles,
« ils se jetèrent sur lui tous ensemble ; — et l'ayant
« entraîné hors des murs de la ville, ils le lapidèrent ;
« et les témoins mirent leurs vêtements au pied d'un
« jeune homme nommé Saül (plus tard saint Paul). —
« Ainsi ils lapidaient Étienne, et il invoquait Jésus, et
« disait : Seigneur Jésus, *recevez mon Esprit.* » (*Actes
des Ap.*, ch VII, v. de 55 à 58. Martyre d'Étienne.)

Ces citations témoignent clairement du caractère que
les apôtres attribuaient à Jésus. L'idée exclusive qui en
ressort est celle de sa subordination à Dieu, de la constante suprématie de Dieu, sans que rien n'y révèle *une
pensée d'assimilation quelconque de nature et de puissance*. Pour eux Jésus était un *homme prophète*, choisi
et béni par Dieu. Ce n'est donc pas parmi les apôtres
que la croyance à la divinité de Jésus a pris naissance.
Saint Paul, qui n'avait pas connu Jésus, mais qui, d'ardent persécuteur devint le plus zélé et le plus éloquent
disciple de la foi nouvelle, et dont les écrits ont préparé
les premiers formulaires de la religion chrétienne, n'est

pas moins explicite à cet égard. C'est le même sentiment de deux êtres distincts, et de la suprématie du Père sur le fils.

« Paul, serviteur de Jésus-Christ, apôtre de la voca-
« tion divine, choisi et destiné pour annoncer l'évangile
« de Dieu, — qu'il avait promis auparavant par ses pro-
« phètes dans les écritures saintes, — *touchant son fils,*
« *qui lui est né, selon la chair, du sang et de la race*
« *de David*; — qui a été prédestiné pour être fils de
« Dieu dans une souveraine puissance, selon l'Esprit de
« sainteté, par la résurrection d'entre les morts; tou-
« chant, dis-je, Jésus-Christ notre Seigneur; — par
« qui nous avons reçu la grâce de l'apostolat, pour faire
« obéir à la foi toutes les nations par la vertu de son
« nom; — au rang desquelles vous êtes aussi, comme
« ayant été appelés par Jésus-Christ; — à vous qui êtes
« à Rome, qui êtes chéris de Dieu, et appelés pour être
« saints; *que Dieu notre Père, et Jésus-Christ notre*
« *Seigneur* vous donnent la grâce et la paix. » (*Romains*,
ch. I, *v.* de 1 à 7.)

« Ainsi étant justifiés par la foi, ayons la paix *avec*
« *Dieu par Jésus-Christ* notre Seigneur.
» Car pourquoi, lorsque nous étions encore dans les
« langueurs du péché, Jésus-Christ est-il mort pour
« des impies comme nous dans le temps *destiné de*
« *Dieu* ?
« Jésus-Christ n'a pas laissé de mourir pour nous dans
« le temps *destiné de Dieu*. Ainsi étant maintenant jus-
« tifiés par son sang, nous serons à plus forte raison
« délivrés *par lui de la colère de Dieu*.
« Et non-seulement nous avons été réconciliés, mais
« nous nous glorifions même *en Dieu par Jésus-Christ*,

« notre Seigneur, par qui nous avons obtenu cette ré-
« conciliation.

« Si par le péché d'un seul plusieurs sont morts, la
« miséricorde et le don de Dieu se sont répandus à plus
« forte raison abondamment sur plusieurs par la grâce
« *d'un seul homme, qui est Jésus-Christ.* (*Romains.*
« ch. V, *v.* 1, 6, 9, 11, 15, 17.)

« Si nous sommes enfants, nous sommes aussi héri-
« tiers ; HÉRITIERS *de Dieu* et CO-HÉRITIERS *de Jésus-Christ,*
« pourvu toutefois que nous souffrions avec lui. *Romains,*
« ch. VIII, *v.* 17.)

« Si vous confessez de bouche que Jésus-Christ est le
« Seigneur et si vous croyez de cœur que *Dieu l'a res-*
« *suscité* d'entre les morts, vous serez sauvés. » (*Ro-*
« *mains,* ch. X, *v.* 9.)

« Ensuite viendra la consommation de toutes choses,
« *lorsqu'il aura remis son royaume à Dieu, son Père,*
« et qu'il aura détruit tout empire, toute domination,
« toute puissance, — car Jésus-Christ doit régner jus-
« qu'à ce que son Père ait mis tous ses ennemis sous les
« pieds. — Or, la mort sera le dernier ennemi qui sera
« détruit ; car l'Écriture dit que Dieu lui a mis tout sous
« les pieds et lui a tout assujetti ; il est indubitable qu'il
« faut en excepter *celui qui a assujetti toutes choses.* —
« Lors donc que toutes choses auront été assujetties au
« Fils, *alors le Fils sera lui-même assujetti à celui*
« *qui lui aura assujetti toutes choses,* afin que Dieu
« soit tout en tous (1ʳᵉ *Corinthiens,* ch. XV, *v* de 24
« à 28.)

« Mais nous voyons que Jésus qui avait été rendu,
« pour un peu de temps, inférieur aux anges, a été
« couronné de gloire et d'honneur à cause de la mort

« qu'il a soufferte ; Dieu, par sa bonté, ayant voulu qu'il
« mourût pour tous, — car il était bien digne de Dieu,
« pour qui et par qui sont toutes choses, que, voulant
« conduire à la gloire plusieurs enfants, il consommât
« et *perfectionnât par la souffrance*, celui qui devait
« être le chef et l'auteur de leur salut.

« Aussi celui qui sanctifie et ceux qui sont sanctifiés,
« *viennent tous d'un même principe* ; c'est pourquoi il
« ne rougit point de les appeler *ses frères*, — en disant :
« J'annoncerai votre nom à mes frères ; je chanterai vos
« louanges au milieu de *l'assemblée de votre peuple.*
« Et ailleurs, je mettrai ma confiance en lui. Et en un
« autre lieu : me voici avec *les enfants que Dieu m'a*
« *donnés.*

« C'est pourquoi il a fallu qu'il fût en tout semblable
« à ses frères, pour être *envers Dieu* un pontife compa-
« tissant et fidèle en son ministre, afin d'expier les pé-
« chés du peuple. — Car c'est des peines et des souf-
« frances mêmes, par lesquelles il a été tenté et éprouvé,
« qu'il tire la vertu et la force de secourir ceux qui sont
« aussi tentés. (*Hébr*. chap. II, v. de 9 à 13, 17, 18.)

« Vous donc, mes saints frères, qui avez part à la vo-
« cation céleste, considérez Jésus, qui est *l'apôtre et le*
« *pontife* de la religion que nous professons ; — qui est
« fidèle à *celui qui l'a établi dans cette charge*, comme
« Moïse lui a été fidèle en toute sa maison ; — car *il a*
« *été jugé digne* d'une gloire d'autant plus grande que
« celle de Moïse, que celui qui a bâti la maison, est plus
« estimable que la maison même ; car il n'y a point de
« maison qui n'ait été bâtie par quelqu'un. Or, celui qui
« est l'architecte et *le créateur de toutes choses est*
« *Dieu.* » (*Hébr.*, III, v. de 1 à 4.)

VII. Prédictions des prophètes concernant Jésus.

Outre les affirmations de Jésus et l'opinion des apôtres, il est un témoignage dont les plus orthodoxes des croyants ne sauraient contester la valeur, puisqu'ils en excipent constamment comme d'un article de foi ; c'est celui de Dieu lui-même ; c'est-à-dire celui des prophètes, parlant sous l'inspiration et annonçant la venue du Messie. Or, voici les passages de la Bible considérés comme la prédiction de ce grand événement.

« Je le vois, mais non pas maintenant ; je le regarde
« mais non pas de près : une étoile est procédée de Ja-
« cob, et un sceptre s'est élevé d'Israël, et il transpercera
« les chefs de Moab, et il détruira tous les enfants de
« Seth. » (Nombres, XXIV, v. 17.).

« Je leur susciterai un prophète, comme toi, d'*entre*
« *leurs frères*, et je mettrai mes paroles en sa bouche
« et il leur dira *ce que je lui aurai commandé*. Et il
« arrivera que quiconque n'écoutera pas les paroles *qu'il*
« *aura dites en mon nom*, je lui en demanderai
« compte. » Deutéronome, XVIII, v. 18, 19.)

« Il arrivera donc, quand les jours seront accomplis
« pour t'en aller avec tes pères que je ferai lever ta pos-
« térité après toi, *un de tes fils*, et j'établirai son règne.
« Il me bâtira une maison, et j'affirmerai son trône à ja-
« mais. *Je lui serai père et il me sera fils* ; et je ne re-
« tirerai pas ma miséricorde de lui, comme je l'ai retirée
« d'avec celui qui a été avant toi, *et je l'établirai* dans
« ma maison et dans mon royaume à jamais, et son

« trône sera affermi à jamais. » (I, Paralipomènes, XVII, *v.* de 11 à 14.)

« C'est pourquoi le Seigneur lui-même vous donnera
« un signe. Voici : une vierge sera enceinte, et elle en-
« fantera un fils, et on appellera son nom Emmanuel. »
(Isaïe. VII, *v.* 14)

« Car l'enfant nous est né, le Fils nous a été donné,
« et l'empire a été posé sur son épaule et on appellera
« son nom, l'Admirable, le Conseiller, le Dieu fort, le
« Puissant, le Père de l'éternité, le Prince de la paix. »
(Isaïe, IX, *v.* 5)

« Voici *mon serviteur*, je le soutiendrai ; *c'est mon élu,*
« *mon âme y a mis son affection* ; *j'ai mis mon Esprit*
« *sur lui* ; il exercera la justice parmi les nations.

« Il ne se retirera point, ni ne se précipitera point,
« jusqu'à ce qu'il ait établi la justice sur la terre, et les
« êtres s'arrêteront à sa loi. » (Isaïe, XLII, v. 1 et 4.)

« Il jouira du travail de son âme, et il en sera ras-
« sasié ; et *mon serviteur* juste en justifiera plusieurs,
« par la connaissance qu'ils auront de lui et lui-même,
« portera leurs iniquités. » Isaïe, LIII, v. 11).

« Réjouis-toi extrêmement fille de Sion ; jette des cris
« de réjouissance, fille de Jérusalem ! Voici : ton roi
« viendra à toi, juste et sauveur humble, et monté sur
« un âne, et sur le poulain d'une ânesse. Et je retran-
« cherai les chariots de guerre d'Éphraïm, et les chevaux
« de Jérusalem, et l'arc du combat sera aussi retranché
« et le roi parlera de paix aux nations ; et sa domina-
« tion s'étendra depuis une mer jusqu'à l'autre mer, et
« depuis le fleuve jusqu'aux bouts de la terre. » (Za-
« charie, IX, v 9. 10)

« Et il (le Christ) se maintiendra, et il gouvernera

« par la force de l'Éternel, et avec la magnificence du
« nom de l'*Éternel son Dieu*. Et ils reviendront, et
« maintenant il sera glorifié jusqu'aux bouts de la terre,
« et c'est lui qui fera la paix ». (Michée, V, v. 4)

La distinction entre Dieu et son envoyé futur est caractérisée de la manière la plus formelle ; Dieu le désigne *son serviteur*, par conséquent son subordonné ; rien, dans ses paroles, qui implique l'idée d'égalité de puissance ni de consubstantialité entre les deux personnes. Dieu se serait-il donc trompé, et les hommes venus *trois siècles* après Jésus-Christ auraient-ils vu plus juste que lui ? Telle paraît être leur prétention.

VIII. Le Verbe s'est fait chair.

« Au commencement était le Verbe, et le Verbe était
« avec Dieu, et le Verbe était Dieu. — Il était au com-
« mencement avec Dieu. — Toutes choses ont été faites
« par lui; et rien de ce qui a été fait n'a été fait sans lui.
« — En lui était la vie, et la vie était la lumière des
« hommes; — Et la lumière a lui dans les ténèbres, et
« les ténèbres ne l'ont point comprise.

« Il y eut un homme envoyé de Dieu, qui s'appelait
« Jean. — Il vint pour servir de témoin, pour rendre té-
« moignage à la lumière, afin que tous crussent par lui.
« — Il n'était pas la lumière, mais il vint pour rendre
« témoignage à celui qui était la lumière.

« Celui-là était la vraie lumière qui éclaire tout
« homme venant en ce monde. — Il était dans le monde,

« et le monde a été fait par lui, et le monde ne l'a point
« connu. — Il est venu chez soi, et les siens ne l'ont
« point reçu. — Mais il a donné à tous ceux qui l'ont
« reçu, le pouvoir d'être faits enfants de Dieu, à ceux
« qui croient à son nom, qui ne sont point nés du sang,
« ni de la volonté de la chair, ni de la volonté de
« l'homme, mais de Dieu même.

« Et le Verbe a été fait chair, et il a habité parmi
« nous ; et nous avons vu sa gloire, sa gloire telle que
« le Fils unique devait la recevoir du Père ; il a, dis-je,
« habité parmi nous, plein de grâce et de vérité. » (Jean,
ch. 1er, v. de 1 à 14.)

Ce passage des Évangiles est le seul qui, au premier abord, paraît renfermer implicitement une idée d'identification entre Dieu et la personne de Jésus; c'est aussi celui sur lequel s'est établie plus tard la controverse à ce sujet. Cette question de la Divinité de Jésus n'est arrivée que graduellement ; elle est née des discussions soulevées à propos des interprétations données par quelques uns aux mots *Verbe* et *Fils*. Ce n'est qu'au quatrième siècle qu'elle a été adoptée en principe par une partie de l'Eglise. Ce dogme est donc le résultat de la décision des hommes et non d'une révélation divine.

Il est d'abord à remarquer que les paroles que nous citons plus haut, sont de Jean, et non de Jésus, et qu'en admettant qu'elles n'aient pas été altérées, elles n'expriment en réalité qu'une opinion personnelle, une induction où l'on retrouve le mysticisme habituel de son langage ; elles ne sauraient donc prévaloir contre les affirmations réitérées de Jésus lui-même.

Mais, tout en les acceptant telles qu'elles sont, elles

ne tranchent nullement la question dans le sens de la divinité, car elles s'appliqueraient également à Jésus. créature de Dieu.

En effet, le *Verbe* est Dieu, parce que c'est la parole de Dieu. Jésus ayant reçu cette parole directement de Dieu, avec mission de la révéler aux hommes, se l'est assimilée; la parole divine dont il était pénétré, s'est incarnée en lui; il l'a apportée en naissant, et c'est avec raison que Jésus a pu dire : *Le Verbe a été fait chair, et il a habité parmi nous*, Jésus peut donc être chargé de transmettre la parole de Dieu, sans être Dieu lui-même, comme un ambassadeur transmet les paroles de son souverain, sans être le souverain. Selon le dogme de la divinité, c'est Dieu qui parle; dans l'autre hypothèse, il parle par la bouche de son envoyé, ce qui n'ôte rien à l'autorité de ses paroles.

Mais, qui autorise cette supposition plutôt que l'autre ? La seule autorité compétente pour trancher la question, ce sont les propres paroles de Jésus, quand il dit : « *Je n'ai point parlé de moi-même, mais celui qui m'a « envoyé m'a prescrit, par son commandement ce que « je dois dire ; — ma doctrine n'est pas ma doctrine, « mais la doctrine de celui qui m'a envoyé, la parole « que vous avez entendue n'est point ma parole, mais « celle de mon Père qui m'a envoyé.* » Il est impossible de s'exprimer avec plus de clarté et de précision.

La qualité de *Messie* ou *envoyé* qui lui est donnée dans tout le cours des Évangiles, implique une position subordonnée par rapport à celui qui ordonne ; celui qui obéit ne peut être à l'égal de celui qui commande. Jean caractérise cette position secondaire, et, par conséquent, établit la dualité des personnes quand il dit : *Et nous avons vu sa gloire, telle que* « *le Fils unique devait la recevoir du Père* » ; car celui qui reçoit ne peut être égal à celui qui donne, et celui qui donne la gloire ne peut être égal à celui qui la reçoit. Si Jésus est Dieu, il possède la gloire par lui-même et ne l'attend de personne ; si Dieu et Jésus sont un seul être sous deux noms différents il ne saurait exister entre eux ni suprématie, ni subordination ; dès lors qu'il n'y a pas parité absolue de position, c'est que ce sont deux êtres distincts.

La qualification du *Messie divin* n'implique pas plus l'égalité entre le mandataire et le mandant, que celle d'*envoyé royal* entre un roi et son représentant.

Jésus était un messie divin par le double motif qu'il tenait sa mission de Dieu, et que ses perfections le mettaient en rapport direct avec Dieu.

IX. Fils de Dieu et Fils de l'homme

Le titre de *Fils de Dieu*, loin d'impliquer l'égalité, est bien plutôt l'indice d'une soumission ; or on est soumis à quelqu'un et non à soi-même.

Pour que Jésus fut l'égal absolu de Dieu, il faudrait qu'il fut comme lui, de toute éternité, c'est-à-dire qu'il fut *incréé* ; or, le dogme dit que Dieu l'a *engendré* de toute éternité ; mais qui dit *engendré* dit *créé* ; que ce soit ou non de toute éternité, ce n'en est pas moins une créature, et, comme telle, subordonnée à son Créateur ; c'est l'idée implicitement renfermée dans le mot *Fils*.

Jésus est-il né dans le temps ? Autrement dit : fut-il un temps, dans l'éternité passsée, où il n'existait pas ? ou bien est-il co-éternel avec le Père ? Telles sont les subtilités sur lesquelles on a discuté pendant des siècles. Sur quelle autorité s'appuie la doctrine de la co-éternité passée à l'état de dogme ? Sur l'opinion des hommes qui l'ont établie. Mais ces hommes, sur quelle autorité ont-ils fondé leur opinion ? Ce n'est pas sur celle de Jésus, puisqu'il se déclare subordonné ; ce n'est pas sur celle des prophètes qui l'annoncent comme l'envoyé et le serviteur de Dieu. Dans quels documents inconnus plus authentiques que les Evangiles ont-ils trouvé cette doctrine ? Apparemment dans la conscience et la supériorité de leurs propres lumières.

Laissons donc ces vaines discussions qui ne sauraient aboutir et dont la solution même, si elle était possible, ne rendrait pas les hommes meilleurs. Disons que Jésus est *Fils de Dieu* comme toutes les créatures ; il l'appelle son Père comme il nous a appris à appeler *notre Père*. Il est le *Fils bien-aimé de Dieu*, parce qu'étant arrivé à la perfection qui rapproche de Dieu, il possède toute sa confiance et toute son affection ; il se dit lui-même *Fils unique* non qu'il soit le seul être arrivé à ce degré, mais parce que seul il était prédestiné à remplir cette mission sur la terre.

Si la qualification de *Fils de Dieu* semblait appuyer la doctrine de la divinité, il n'en était pas de même de celle de *Fils de l'homme* que Jésus s'est donnée dans sa mission, et qui a fait le sujet de bien des commentaires.

Pour en comprendre le véritable sens il faut remonter à la Bible où elle est donnée par lui-même au prophète Ézéchiel.

« Telle fut cette image de la gloire du Seigneur qui
« me fut présentée. Ayant donc vu ces choses, je tombai
« le visage en terre : et j'entendis une voix qui me parla,
« et me dit : *Fils de l'homme,* tenez-vous sur vos pieds,
« et je parlerai avec vous. — Et l'Esprit m'ayant parlé
« de la sorte entra dans moi, et m'affermit sur mes
« pieds et je l'entendis qui me parlait et me disait : *Fils*
« *de l'homme,* je vous envoie aux enfants d'Israël, vers
« un peuple apostat qui s'est retiré de moi. Ils ont violé
« jusqu'à ce jour, eux et leurs pères l'alliance que j'avais
« faite avec eux » (Ezéchiel, ch. II, v, 1, 2, 3.)

« Fils de l'homme, voilà qu'ils vous ont préparé des
« chaînes ; ils vous en lieront et vous n'en sortirez
« point. » (Ch. III, v, 25.)

« Le seigneur m'adressa encore sa parole, et me dit :
« — Et vous, Fils de l'homme, voici ce que dit le Sei-
« gneur Dieu à la terre d'Israël : la fin vient ; elle vient
« cette fin sur les quatres coins de cette terre »
(Ch. VII, v. 1, 2.)

« Le dixième jour du dixième mois de la neuvième
« année, le seigneur m'adressa la parole et me dit : —
« Fils de l'homme, marquez bien ce jour que le roi de
« Babylone a rassemblé ses troupes devant Jérusalem. »
(Ch. XXIV, v 1, 2.)

« Le seigneur me dit encore ces paroles : — Fils de
« l'homme, je vais vous frapper d'une plaie et vous ra-
« vir ce qui est le plus agréable à vos yeux ; mais vous
« ne ferez point de plaintes funèbres ; vous ne pleurerez
« point, et des larmes ne couleront point de votre vi-
« sage. — Vous soupirerez en secret, et vous ne ferez
« point le deuil comme on le fait pour les morts ; votre
« couronne demeurera liée sur votre tête, et vous aurez

« vos souliers à vos pieds : vous ne vous couvrirez
« point le visage, et vous ne mangerez point les viandes
« qu'on donne à ceux qui sont dans le deuil. — Je
« parlai donc le matin au peuple, et le soir ma femme
« mourut. Le lendemain matin je fis ce que Dieu
« m'avait ordonné. » (Ch. XXIV. v. de 15 à 18).

« Le seigneur me parla encore et me dit : Fils de
« l'homme, prophétisez touchant les pasteurs d'Israël ;
« prophétisez, et dites aux pasteurs : Voici ce que dit le
« Seigneur Dieu : Malheur aux pasteurs d'Israël qui se
« paissent eux-mêmes : les pasteurs ne paissent-ils pas
« leurs troupeaux ? » (Ch. XXXIV. v. 1, 2.)

« Alors je l'entendis qui me parlait, au dedans de la
« maison ; et l'homme qui était proche de moi me dit :
« — Fils de l'homme, c'est ici le lieu de mon trône : le
« lieu où je poserai mes pieds, et où je demeurerai pour
« jamais au milieu des enfants d'Israël, et la maison
« d'Israël ne profanera plus mon saint nom à l'avenir,
« ni eux, ni leurs rois, par leurs idolâtries, par les sé-
« pulcres de leurs rois, ni par les hauts-lieux. » (Ch.
« XLIII, v. 6, 7.)

« Car Dieu ne menace point comme l'homme, et n'entre
« point en fureur comme le *Fils de l'homme.* » (Judith.
ch. VIII, v. 15.)

Il est évident que la qualification de *Fils de l'homme*
veut dire ceci : *qui est né de l'homme*, par opposition
à ce qui est en dehors de l'humanité. La dernière citation
tirée du livre de Judith, ne laisse pas de doute sur la
signification de ce mot, employé dans un sens très lit-
téral. Dieu ne désigne Ézéchiel que sous ce nom, sans
doute pour lui rappeler que, malgré le don de prophétie qui lui est accordé, il n'en appartient pas moins

à l'humanité, et afin qu'il ne se croie pas d'une nature exceptionnelle.

Jésus se donne en lui-même cette qualification avec une persistance remarquable, car ce n'est qu'en de très rares circonstances qu'il s'est dit *Fils de Dieu*. Dans sa bouche elle ne peut avoir d'autre signification que de rappeler que, lui aussi, appartient à l'humanité ; par là il s'assimile aux prophètes qui l'on précédé et auxquels il s'est comparé en faisant allusion à sa mort, quand il dit : JÉRUSALEM QUI TUE LES PROPHÈTES ? L'insistance qu'il met à se désigner comme fils de l'homme, semble une protestation anticipée contre la qualité qu'il prévoit qu'on lui donnera plus tard, afin qu'il soit bien constaté qu'elle n'est pas sorti de sa bouche.

Il est à remarquer que, durant cette interminable polémique qui a passionné les hommes pendant une longue suite de siècles, et dure encore, qui a allumé les bûchers et fait verser des flots de sang, on a disputé sur une abstraction, la nature de Jésus, dont on a fait la pierre angulaire de l'édifice, quoiqu'il n'en ait point parlé ; et que l'on ait oublié une chose, celle que le Christ a dit être *toute la loi et les prophètes* : l'amour de Dieu et du prochain, et la charité dont il a fait la condition expresse du salut. On s'est appesanti sur la question d'affinité de Jésus avec Dieu, et l'on a complètement passé sous silence les vertus qu'il a recommandées et dont il a donné l'exemple.

Dieu lui même est effacé devant l'exaltation de la personnalité du Christ. Dans le symbole de Nicée, il est dit simplement : Nous croyons en un seul Dieu, etc. ; mais comment est-il, ce Dieu ? il n'est nullement fait mention de ses attributs essentiels ; la souveraine bonté et la souveraine justice. Ces paroles eussent été la condamnation des dogmes qui consacrent sa partialité envers certaines créatures, son inexorabilité, sa jalousie sa colère, son esprit vindicatif, dont on s'autorise pour justifier les cruautés commises en son nom.

Si le symbole de Nicée, qui est devenu le fondement de la foi catholique, était selon l'esprit du Christ, pourquoi l'anathème qui le termine ? N'est-ce pas la preuve qu'il est l'œuvre de la passion des hommes ? A quoi, d'ailleurs, a tenu son adoption ? A la pression de l'empereur Constantin qui en avait fait une question plus politique que religieuse. Sans son ordre, le concile de Nicée n'avait pas lieu ; sans l'intimidation qu'il a exercée, il est plus que probable que l'Arianisme l'emportait. Il a donc dépendu de l'autorité souveraine d'un homme qui n'appartenait pas à l'Église, qui a reconnu plus tard la faute qu'il avait faite politiquement, et qui a inutilement cherché à revenir sur ses pas en conciliant les partis, que nous ne soyons ariens au lieu d'être catholiques, et que l'Arianisme ne fut aujourd'hui l'orthodoxie, et le catholicisme l'hérésie.

Après dix-huit siècles de luttes et de dispute vaines pendant lesquels on a complètement mis de côté la partie la plus essentielle de l'enseignement du Christ, la seule qui pouvait assurer la paix de l'humanité, on est las de ces discussions stériles qui n'ont amené que des troubles, engendré l'incrédulité, et dont l'objet ne satisfait plus la raison.

Il y a, aujourd'hui, une tendance manifeste de l'opinion générale à revenir aux idées fondamentales de la primitive Église, et à la partie morale de l'enseignement du Christ, parce que c'est la seule qui puisse rendre les hommes meilleurs. Celle-là est claire, positive, et ne peut donner lieu à aucune controverse. Si l'Église eût suivit cette voie dès le principe, elle serait aujourd'hui toute-puissante au lieu d'être sur son déclin ; elle aurait rallié l'immense majorité des hommes au lieu d'avoir été déchirée par les factions.

Quand les hommes marcheront sous ce drapeau, ils se tendront une main fraternelle, au lieu de se jeter l'anathème et la malédiction, pour des questions que la plupart du temps il ne comprennent pas.

Cette tendance de l'opinion est le signe que le moment est venu de porter la question sur son véritable terrain.

INFLUENCE PERNICIEUSE
DES IDÉES MATÉRIALISTES

Sur les arts en général ; leur régénération par le spiritisme.

On lit dans le *Courrier de Paris* du *Monde Illustré* du 19 décembre 1868 :

« Carmouche avait écrit plus de deux cents comédies et vaudevilles, et c'est tout juste si notre temps sait son nom. C'est qu'elle est terriblement fugace cette gloire dramatique qui excite tant de convoitises. A moins d'avoir signé des chefs-d'œuvre hors ligne, on est condamné à voir tomber son nom dans l'oubli, aussitôt qu'on cesse de combattre sur la brèche. Pendant la lutte même, on est ignoré du plus grand nombre. Le public, en effet, ne se soucie quand il regarde l'affiche, que du titre de la pièce ; le nom de celui qui l'a écrite lui importe peu. Essayez de vous rappeler qui a signé telle ou telle œuvre charmante, dont vous avez gardé le souvenir ; presque toujours vous serez dans l'impossibilité de vous répondre. Et plus nous avancerons, plus il en sera ainsi : *les préoccupations matérielles se substituant de plus en plus aux soucis artistiques.*

« Carmouche, précisément, contait à ce sujet une anecdocte typique. Mon bouquiniste, disait-il, avec qui je causais de mon petit commerce, s'exprimait ainsi : « Ça ne va pas mal, monsieur ; mais ça se modifie ; ce « ne sont plus les mêmes articles qui se débitent. Autre-« fois, quand je voyais venir à moi un jeune homme de « dix-huit ans, neuf fois sur dix c'était pour me deman-« der un dictionnaire des rimes : aujourd'hui c'est « pour me demander un manuel des opérations de « bourse. »

Si les préoccupations matérielles se substituent aux soucis artistiques, en peut-il être autrement quand on s'efforce de concentrer toutes les pensées de l'homme sur la vie charnelle et de détruire en lui toute espérance toute aspiration au delà de cette existence ? Cette conséquence est logique, inévitable, pour celui qui ne voit rien hors du petit cercle éphémère de la vie présente. Quant on ne voit rien derrière soi, rien devant soi, rien au-dessus de soi, sur quoi peut se concentrer la pensée si ce n'est sur le point où l'on se trouve ? Le sublime de l'art est la poésie de l'idéal qui nous transporte hors de la sphère étroite de notre activité ; mais l'idéal est précisément dans cette région extra-matérielle où l'on ne pénètre que par la pensée, que l'imagination conçoit si les yeux du corps ne la perçoivent pas ; or, quelle inspiration l'esprit peut-il puiser dans l'esprit du néant ?

Le peintre qui n'aurait vu que le ciel brumeux, les steppes arides et monotones de la Sibérie, et qui croirait que là est tout l'univers, pourrait-il concevoir et décrire l'éclat et la richesse de ton de la nature tropicale ? Comment voulez-vous que vos artistes et vos poètes vous transportent dans des régions qu'ils ne voient pas par les yeux de l'âme, qu'ils ne comprennent pas et auxquelles même ils ne croient pas ?

L'esprit ne peut s'identifier qu'avec ce qu'il sait ou ce qu'il croit être une vérité, et cette vérité, même morale, devient pour lui une réalité qu'il exprime d'autant mieux qu'il la sent mieux ; et alors, si à l'intelligence de la chose il joint la flexibilité du talent, il fait passer ses propres impressions dans l'âme des autres ; mais quelles impressions peut provoquer celui qui n'en a pas ?

La réalité, pour le matérialiste, c'est la terre : son corps est tout, puisqu'en dehors il n'y a rien, puisque sa pensée même s'éteint avec la désorganisation de la matière, comme le feu avec le combustible. Il ne peut traduire par le langage de l'art que ce qu'il voit et ce qu'il sent ; or, s'il ne voit et ne sent que la matière tangible, il ne peut transmettre autre chose. Où il ne voit que le vide, il ne peut rien puiser. S'il s'aventure dans ce monde inconnu pour lui, il y entre comme un aveugle, et malgré ses efforts pour s'élever au diapason de de l'idéalité, il reste sur le terre-à-terre comme un oiseau sans ailes.

La décadence des arts, en ce siècle, est le résultat inévitable de la concentration des idées sur les choses matérielles, et cette concentration, à son tour, est le résultat de l'absence de toute croyance en la spiritualité de l'être. Le siècle ne récolte que ce qu'il a semé. *Qui sème des pierres ne peut récolter des fruits.* Les arts ne sortiront de leur torpeur que par une réaction vers les idées spiritualistes.

Et comment le peintre, le poète, le littérateur, le musicien pourraient-ils attacher leur nom à des œuvres durables, lorsque, pour la plupart, ils ne croient pas eux-mêmes à l'avenir de leurs travaux; lorsqu'ils ne s'aperçoivent point que la loi du progrès, cette puissance invincible qui entraîne à sa suite les univers sur la route de l'infini, leur demande davantage que de pâles copies des créations magistrales des artistes du temps passé. On se souvient des Phidias, des Apelle, des Raphaël, des Michel-Ange, phares lumineux qui se détachent dans l'obscurité des siècles écoulés, comme de brillantes étoiles au milieu de profondes ténèbres; mais qui songera à remarquer la lueur d'une lampe luttant contre l'éclatant soleil d'un beau jour d'été ?

Le monde a marché à pas de géant depuis les temps historiques; les philosophies des peuples primitifs se sont graduellement transformées. Les arts qui s'appuient sur les philosophies, qui en sont la consécration idéalisée, ont dû eux aussi se modifier et se transformer. Il est mathématiquement exact de dire que sans croyance, les arts n'ont point de vitalité possible, et que toute transformation philosophique entraîne nécessairement une transformation artistique parallèle.

A toutes les époques de transformation les arts périclitent, parce que la croyance sur laquelle ils s'appuient n'est plus suffisante pour les aspirations agrandies de l'humanité, et que les principes nouveaux n'étant pas encore adoptés d'une manière définitive par la grande majorité des hommes, les artistes n'osent exploiter qu'en hésitant la mine inconnue qui s'ouvre sur leurs pas.

Pendant les époques primitives où les hommes ne connaissaient que la vie matérielle, où la philosophie divinisait la nature, l'art a recherché, avant tout, la perfection de la forme. La beauté corporelle était alors la première des qualités ; l'art s'est attaché à la reproduire, à l'idéaliser. Plus tard, la philosophie entra dans une voie nouvelle ; les hommes, en progressant, reconnurent au-dessus de la matière une puissance créatrice et organisatrice, récompensant les bons, punissant les méchants, faisant une loi de la charité ; un monde nouveau, le monde moral, s'édifia sur les ruines de l'ancien monde. De cette transformation naquit un art nouveau qui fit palpiter l'âme sous la forme et ajouta à la perfection plastique l'expression de sentiments inconnus des anciens.

La pensée vécut sous la matière ; mais elle revêtit les formes sévères de la philosophie dont l'art s'inspirait. Aux tragédies d'*Eschyle*, aux marbres de *Milo*, succédèrent les descriptions et les peintures des tortures physiques et morales des damnés. L'art s'est élevé ; il a revêtu un caractère grandiose et sublime, mais sombre encore. Il est en effet tout entier dans la peinture de l'enfer et du ciel du moyen âge, de souffrances éternelles, ou d'une béatitude si loin de nous, si haut placée, qu'elle nous semble presque inaccessible ; c'est peut-être pourquoi cette dernière nous touche si peu lorsque nous la voyons reproduite sur la toile ou sur le marbre.

Aujourd'hui encore personne ne saurait le contester, le monde est dans une période de transition, tiraillé entre les habitudes surannées, les croyances insuffisantes du passé, et les vérités nouvelles qui lui sont progressivement dévoilées.

Comme l'art chrétien a succédé à l'art païen en le transformant, l'art spirite sera le complétement et la transformation de l'art chrétien. Le Spiritisme nous montre en effet l'avenir sous un jour nouveau et plus à notre portée ; par lui, le bonheur est plus près de nous, il est à nos côtés, dans les Esprits qui nous entourent et qui n'ont jamais cessé d'être en relations avec nous ; Le séjour des élus, celui des damnés, ne sont plus isolés ; il y a solidarité incessante entre le ciel et la terre, entre tous les mondes de tous les univers ; le bonheur consiste dans l'amour mutuel de toutes les créatures arrivées à la perfection, et dans une constante activité ayant pour but d'instruire et de conduire vers cette même perfection ceux qui se sont attardés. L'enfer est dans le cœur même du coupable qui trouve le châtiment dans ses remords, mais il n'est pas éternel, et le méchant en rentrant dans la voie du repentir, retrouve l'espérance, cette sublime consolation des malheureux.

Quelles sources inépuisables d'inspirations pour l'art ! Que de chefs-d'œuvre en tous genres les idées nouvelles ne pourront-elles pas enfanter, par la reproduction des scènes si multiples et si variées de la vie spirite ! Au lieu de représenter des dépouilles froides et inanimées, on verra la mère ayant à ses côtés sa fille chérie dans sa forme radieuse et éthéréenne : la victime pardonne à son bourreau ; le criminel fuyant en vain le spectacle sans cesse renaissant de ses actions coupables ! l'isolement de l'égoïste et de l'orgueilleux, au milieu de la foule ; le trouble de l'Esprit naissant à la vie spirituelle, etc., etc.; et si l'artiste veut s'élever au-dessus de la sphère terrestre, dans les mondes supérieurs, véritables Édens où les Esprits avancés jouissent de la félicité acquise, ou reproduire quelques scènes des mondes inférieurs, véritables enfers où les passions règnent en souveraines, quelles scènes émouvantes, quels tableaux palpitants d'intérêt n'aura-t-il pas à reproduire !

Oui, certes, le Spiritisme ouvre à l'art un champ nouveau, immense et encore inexploré ; et quand l'artiste reproduira le monde spirite avec conviction, il puisera à cette source les plus sublimes inspirations, et son nom vivra dans les siècles futurs, parce qu'*aux préoccupations matérielles et éphémères de la vie présente, il substituera l'étude de la vie future et éternelle de l'âme.*

THÉORIE DE LA BEAUTÉ

La beauté est-elle une chose de convention, et relative à chaque type? Ce qui constitue la beauté chez certains peuples n'est-il pas, pour d'autres, une affreuse laideur? Les nègres se trouvent plus beaux que les blancs, et *vice versa*. Dans ce conflit des goûts, y a-t-il une beauté absolue, et en quoi consiste-t-elle? Sommes-nous réellement plus beaux que les Hottentots et les Cafres, et pourquoi?

Cette question qui, au premier abord, semble étrangère à l'objet de nos études, s'y rattache pourtant d'une manière directe, et touche à l'avenir même de l'humanité. Elle nous a été suggérée, ainsi que sa solution, par le passage suivant d'un livre très intéressant et très instructif, intitulé : *Les Révolutions inévitables dans le globe et dans l'humanité*, par Charles Richard.

L'auteur s'attache à combattre l'opinion de la dégénérescence physique de l'homme depuis les temps primitifs, il réfute victorieusement la croyance à l'existence d'une race primitive de géants, et s'attache à prouver qu'au point de vue de la force physique et de la taille, les hommes d'aujourd'hui valent les anciens, si même ils ne les surpassent pas.

Passant à la beauté des formes, il s'exprime ainsi, page 41 et suivantes :

« En ce qui touche à la beauté du visage, à la grâce de la physionomie, à cet ensemble qui constitue l'esthétique du corps, l'amélioration est encore plus facilement constatée.

« Il suffit, pour cela, de jeter un regard sur les types que les médailles et les statues antiques nous ont transmis intacts à travers les siècles.

« L'iconographie de Visconti et le musée du comte de Clarol sont, entre plusieurs autres, deux sources où il est facile de puiser les éléments variés de cette étude intéressante.

« Ce qui frappe tout d'abord dans cet ensemble de figures, c'est la rudesse des traits, *l'animalité de l'expression, la cruauté du regard*. On sent avec un frisson involontaire qu'on a affaire là à des gens qui vous couperaient sans pitié en morceaux, pour vous donner à manger à leurs murènes, ainsi que le faisait Pollion, riche gourmet de Rome et familier d'Auguste.

« Le premier Brutus (Lucius-Junius), celui qui fit trancher la tête à ses deux fils et assista de sang-froid à leur supplice, ressemble à une bête de proie. Son profil sinistre emprunte à l'aigle et au hibou ce que ces deux carnassiers de l'air ont de plus farouche. On ne peut douter, en le voyant, qu'il n'ait mérité le honteux honneur que l'histoire lui confère ; s'il a tué ses deux fils, il eût certainement égorgé sa mère pour le même motif.

« Le second Brutus (Marius), qui poignarda César, son père adoptif, précisément à l'heure où celui-ci comptait le plus sur sa reconnaissance et son amour, rappelle dans ses traits un niais fanatique ; il n'a pas même cette beauté sinistre que l'artiste découvre souvent dans cette énergie outrée qui pousse au crime.

« Cicéron, le brillant orateur, l'écrivain spirituel et profond, qui a laissé un si grand souvenir de son passage dans ce monde, a une figure écrasée et commune qui devait le rendre beaucoup moins agréable à voir qu'à écouter.

« Jules César, le grand, l'incomparable vainqueur, le héros des massacres, qui a fait son entrée dans le royaume des ombres avec un cortège de de . millions d'âmes qu'il y avait expédiées de son vivant, est tout aussi laid que son prédécesseur, mais dans un autre genre... Sa figure maigre et osseuse, montée sur un long cou orné mal à propos d'une pommette saillante, le fait plutôt ressembler à un grand Gilles forain qu'à un grand guerrier.

« Galba, Vespasien, Nerva, Caracalla, Alexandre Sévère, Balbin, ne sont pas seulement laids, mais hideux. C'est à peine si dans ce musée des anciens types de notre espèce, l'œil peut rencontrer çà et là quelques figures à saluer d'un regard sympathique. Celle de Scipion l'Africain, de Pompée, de Commode, d'Héliogabale, d'Antinoüs le mignon d'Adrien sont de ce petit nombre. Sans être belles, dans le sens moderne du mot, ces figures sont néanmoins régulières d'un aspect agréable.

« Les femmes ne sont guère mieux traitées que les hommes, et donnent lieu aux mêmes remarques. Livie, fille d'Auguste, a le profil pointu d'une fouine ; Agrippine fait peur à voir, et Messaline, comme pour dérouter Cabanis et Lavater, ressemble à une grosse servante, plus amoureuse de bonne soupe que d'autre chose.

« Les Grecs, il faut le dire, sont généralement moins mal que les Romains. Les figures de Thémistocle et de Miltiade, entre autres, peuvent être comparées aux plus beaux types modernes. Mais Alcibiade, cet aïeul si lointain de nos Richelieu et de nos Lauzun, dont les exploits galants remplissent à eux seuls la chronique d'Athènes, a, comme Messaline, fort peu le physique de son emploi. A voir ses traits solennels et sont front réféchi, on le prendrait plutôt pour un jurisconsulte accroché à un texte de loi, que pour cet audacieux plaisant, qui se faisait exiler à Sparte, uniquement, pour *coiffer* ce pauvre roi Agis, et se vanter après d'avoir été l'amant d'une reine.

« Quoi qu'il en soit du petit avantage qui peut être accordé, sur ce point, aux Grecs sur les Romains, quiconque se donne la peine de comparer ces vieux types avec ceux de notre temps, reconnaîtra sans peine que le progrès s'est fait dans cette voie comme dans toutes les autres. Seulement, il sera bon de ne pas oublier, dans cette comparaison, qu'il s'agit ici de classes privilégiées, toujours plus belles que les autres, et que, par suite, les types modernes à opposer aux anciens devront être choisis dans les salons, et non dans les bouges. Car la pauvreté, hélas! dans tous les temps et sous tous les aspects, n'est jamais belle, et elle est précisément ainsi pour nous faire honte et nous forcer à nous en affranchir un jour.

« Je ne veux donc pas dire, tant s'en faut, que la laideur est entièrement disparue de nos fronts, et que l'empreinte divine se retrouve enfin sous tous les masques qui voilent une âme ; loin de moi une affirmation qui pourrait si facilement être contestée par tout le monde. Ma prétention se borne seulement à constater que dans une période de deux mille ans, *si peu de chose pour une humanité qui a tant à vivre*, la physionomie de l'espèce s'est améliorée d'une manière déjà sensible.

« Je crois, en outre, que les plus belles figures antiques sont inférieures à celles que nous pouvons journellement admirer dans nos réunions publiques, dans nos fêtes et jusque dans le courant des rues. Si je ne craignais de blesser certaines modesties, et aussi d'exciter certaines jalousies, cent exemples connus de tous, dans le monde contemporain, confirmeraient l'évidence du fait.

« Les adorateurs du passé ont constamment la bouche pleine de leur fameuse Vénus de Médicis, qui leur paraît l'idéal de la beauté féminine, et ils ne prennent pas garde que cette même Vénus se promène tous les dimanches sur les boulevards d'Arles, tirée à plus de cinquante exemplaires, et qu'il est peu de nos villes, parculièrement parmi celles du Midi, qui n'en possèdent quelques-unes...

« ... Dans tout ce que nous venons de dire, nous n'avons comparé notre type actuel qu'à celui des peuples qui nous ont précédés de quelques milliers d'années seulement. Mais si, remontant plus loin dans les âges, nous perçons les couches terrestres où dorment les débris des premières races qui ont habité notre globe, l'avantage en notre faveur deviendra à ce point sensible, que toute dénégation à ce sujet s'évanouira d'elle-même.

« Sous cette influence théologique qui avait arrêté Copernic, Tycho-Brahé qui persécuta Galilée, et qui dans ces derniers temps obscurcit un instant le génie de Cuvier lui-même, la science hésitait à sonder les mystères des époques antédiluviennes. Le récit biblique, admis au pied de la lettre dans son sens le plus étroit, paraissait avoir dit le dernier mot de notre origine et des siècles qui nous en séparent. Mais la vérité, impitoyable dans ses accroissements, a fini par rompre la casaque de fer dans laquelle on voulait l'emprisonner pour toujours, et par montrer a nu des formes jusques alors cachées.

« L'homme qui vivait avant le déluge, en compagnie des mastodontes, de l'ours des cavernes et autres grands mammifères aujourd'hui disparus, l'homme fossile en un mot, si longtemps nié, est enfin retrouvé et son existence mise hors de doute. Les travaux récents des géologues, particulièrement ceux de Boucher de Perthes (1), de Filippi et de Lyell, nous permettent maintenant d'apprécier les caractères physiques de ce vénérable aïeul du genre humain. Or, malgré les contes imaginés par les poëtes sur sa beauté originelle, malgré le respect qui lui est dû comme à l'antique chef de notre race, la science est obligée de constater qu'il était d'une laideur prodigieuse.

« Son angle facial ne dépassait guère 70°; ses mâchoires, d'un volume considérable, étaient armées de dents longues et saillantes; le front était fuyant, les

---

(1) Voir les deux savants ouvrages de M. Boucher de Perthes : *De l'Homme antédiluvien et de ses œuvres*, broch. in-4, et *Des Outils de pierre*, broch. in-8.

temporaux aplatis, le nez écrasé, les narines larges ; en un mot, ce père vénérable devait ressembler beaucoup mieux à un orang-outang qu'à ses fils lointains d'aujourd'hui. C'est au point que si l'on n'avait trouvé près de lui les haches de silex qu'il avait fabriquées, et, dans quelques cas, les animaux qui portaient encore les traces des blessures produites par ces armes informes, on aurait pu douter du rôle important qu'il jouait dans notre filiation terrestre. Non-seulement il savait fabriquer des haches en silex, mais encore des massues et des pointes de javelots de même matière. La galanterie antédiluvienne allait même jusqu'à confectionner des bracelets et des colliers avec de petites pierres arrondies qui ornaient, dans ces temps reculés, le bras et le cou du sexe enchanteur, devenu beaucoup plus exigeant depuis, ainsi que chacun peut s'en convaincre.

« Je ne sais ce qu'en penseront les élégantes de nos jours, dont les épaules étincellent de diamants ; quant à moi, je l'avoue, je ne puis me défendre d'une émotion profonde, en songeant à ce premier effort tenté par l'homme, *à peine dégagé de la brute*, pour plaire à sa compagne, pauvre et nue comme lui, au sein d'une nature inhospitalière, sur laquelle sa race doit régner un jour. O nos lointains aïeux ! si vous aimiez déjà, sous vos faces rudimentaires, comment pourrions-nous douter de votre paternité à ce signe divin de notre espèce ?

« Il est donc manifeste que ces informes humains sont nos pères, puisqu'ils nous ont laissé des traces de leur intelligence et de leur amour, attributs essentiels qui nous séparent de la bête. Nous pouvons donc, en les examinant attentivement débarrassés des diluvions qui les couvrent, mesurer comme avec un compas le progrès physique accompli par notre espèce depuis son apparition sur la terre. Or, ce progrès qui tout à l'heure pouvait être contesté par l'esprit de système et les préjugés d'éducation, acquiert ici une telle évidence qu'il n'y a plus qu'à le reconnaître et à le proclamer.

« Quelques milliers d'années pouvaient laisser des doutes, quelques centaines de siècles les dissipent irrévocablement...

« ... Combien nous sommes jeunes et récents en toutes choses ? Nous ignorons encore notre place et notre voie dans l'immensité de l'univers, et nous osons nier des progrès qui, faute de temps, n'ont pu encore être suffisamment constatés. Enfants que nous sommes, ayons donc un peu de patience, et les siècles, en nous approchant du but, nous révèleront des splendeurs qui échappent dans l'éloignement, à nos yeux à peine entr'ouverts.

« Mais, dès aujourd'hui, proclamons hautement, puisque la science nous le permet déjà, le fait capital et consolateur du progrès, lent mais sûr, de notre type physique vers cet idéal entrevu par les grands artistes, à travers les inspirations que le ciel leur envoie pour nous révéler ses secrets. L'idéal n'est pas un produit trompeur de l'imagination, un songe fugitif destiné à donner de temps à autre le change à nos misères, c'est un but assigné par Dieu à nos perfectionnements, but infini, parce que l'infini seul, dans tous les cas, peut satisfaire notre esprit et lui offrir une carrière digne de lui. »

De ces observations judicieuses, il résulte que la forme des corps s'est modifiée *dans un sens déterminé*, et suivant une loi, à mesure que l'être moral s'est développé ; que la forme extérieure est en rapport constant avec l'instinct et les appétits de l'être moral ; que plus ses instincts se rapprochent de l'animalité, plus la forme s'en rapproche également ; enfin, qu'à mesure que les instincts matériels s'épurent et font place aux sentiments moraux, l'enveloppe extérieure, qui n'est plus destinée à la satisfaction de besoins grossiers, revêt des formes de moins en moins lourdes, plus délicates, en harmonie avec l'élévation et la délicatesse des pensées. La perfection de la forme est ainsi la conséquence de la perfection de l'esprit : d'où l'on peut conclure que l'idéal de la forme doit être celle que revêtent les Esprits à l'état de pureté, celle que rêvent les poètes et les véritables artistes, parce qu'ils pénètrent, par la pensée, dans les mondes supérieurs.

On a dit depuis longtemps que la figure est le miroir de l'âme. Cette vérité, devenue axiomatique, explique ce fait vulgaire, que certaines laideurs disparaissent sous le reflet des qualités morales de l'Esprit, et que bien souvent on préfère une personne laide, douée d'éminentes qualités, à celle qui n'a que la beauté plastique. C'est que cette laideur ne consiste que dans des irrégularités de forme, mais n'exclut pas la finesse des traits nécessaire à l'expression des sentiments délicats.

De ce qui précède, on peut conclure que la beauté réelle consiste dans la forme qui s'éloigne le plus de l'animalité, et réfléchit le mieux la supériorité intellectuelle et morale de l'Esprit, qui est l'être principal. Le moral influant sur le physique, qu'il approprie à ses besoins physiques et moraux, il s'ensuit : 1° que le type de la beauté consiste dans la forme la plus propre à l'expression des plus hautes qualités morales et intellectuelles ; 2° qu'à mesure que l'homme s'élèvera moralement, son enveloppe se rapprochera de l'idéal de la beauté, qui est la beauté angélique.

Le nègre peut être beau pour le nègre, comme un chat est beau pour un chat ; mais il n'est pas beau dans le sens absolu, parce que ses traits gros, ses lèvres épaisses accusent la matérialité des instincts ; ils peuvent bien exprimer les passions violentes, mais ne sauraient se prêter aux nuances délicates du sentiment et aux modulations d'un esprit délié.

Voilà pourquoi nous pouvons, sans fatuité, je crois, nous dire plus beaux que les nègres et les Hottentots ; mais peut-être bien aussi serons-nous pour les générations futures améliorées, ce que les Hottentots sont par rapport à nous; et qui sait si, lorsqu'elles retrouveront nos fossiles, elles ne les prendront pas pour ceux de quelque variété d'animaux.

Cet article, ayant été lu à la Société de Paris, fut l'objet d'un assez grand nombre de communications présentant toutes les mêmes conclusions. Nous ne rapportons que les deux suivantes, comme étant les plus développées :

Paris, 4 février 1889. — (Méd , madame Malet) :

Vous l'avez bien pensé, la source première de toute bonté et de toute intelligence est aussi la source de toute beauté. L'amour engendre la perfection de toute chose, et il est lui-même la perfection. — L'esprit est appelé à acquérir cette perfection, cette essence est sa destinée. Il doit par son travail s'approcher de cette intelligence souveraine et de cette bonté infinie ; il doit donc aussi revêtir de plus en plus la forme parfaite qui caractérise les êtres parfaits.

Si, dans vos sociétés malheureuses, sur vos globes encore mal équilibrés, l'espèce humaine est si loin de cette beauté physique, cela vient de ce que la beauté morale est à peine développée encore. La connexité entre ces deux beautés est un fait certain, logique, et dont l'âme a, dès ici-bas, l'intuition. En effet, vous savez tous combien est pénible l'aspect d'une charmante physionomie démentie par le caractère. Si vous entendez parler d'une personne de mérite avéré, vous la revêtez de suite des traits les plus sympathiques, et vous êtes douloureusement impressionnés à la vue d'une figure qui contredit vos prévisions.

Que conclure de là ? sinon que comme toute chose que l'avenir tient en réserve, l'âme a la prescience de la beauté à mesure que l'humanité progresse et s'approche de son type divin. Ne tirez point d'arguments contraires à cette affirmation de la décadence apparente où se trouve la race la plus avancée de ce globe. Oui, il est vrai, l'espèce semble dégénérer, s'abâtardir ; les infirmités s'abattent sur vous avant la vieillesse ; l'enfance même souffre de maladies qui n'appartiennent d'habitude qu'à un autre âge de la vie ; mais c'est une transition. Votre époque est mauvaise ; elle finit et elle enfante ; elle finit une période douloureuse et enfante une époque de régénération physique, d'avancement moral, de progrès intellectuel. La race nouvelle, dont j'ai parlé déjà, aura plus de facultés, plus de cordes aux services de l'esprit ; elle sera plus grande, plus forte, plus belle. Dès le commencement, elle se mettra en harmonie avec les richesses de la création que votre race insouciante et fatiguée dédaigne ou ignore ; vous aurez fait de grandes choses pour elle, elle en profitera et marchera dans la voie des découvertes et des perfectionnements, avec une ardeur fiévreuse dont vous ne connaissez pas la puissance.

Plus avancés aussi en bonté, vos descendants feront ce que vous n'aurez pas su faire de cette terre malheureuse, un monde heureux, où le pauvre ne sera ni repoussé, ni méprisé, mais secouru par des institutions larges et libérales. Déjà l'aurore de ces pensées arrive ; la lueur nous en parvient par moments. Amis, voici le jour enfin où la lumière luira sur la terre obscure et misérable, où la race sera bonne et belle suivant le degré d'avancement qu'elle aura conquis, où le signe mis au front de l'homme ne sera plus celui de la réprobation, mais un signe de joie et d'espérance. Alors la foule des Esprits avancés viendra prendre rang parmi les colons de cette terre ; il seront en majorité et tout cédera devant eux. Le renouvelllement se fera et la face du globe sera changée, car cette race sera grande et puissante, et le moment où elle viendra marquera le commencement des temps heureux.

PAMPHILE

(Paris, 4 février 1869.)

La beauté, au point de vue purement humain, est une question bien discutable et bien discutée. Pour en bien juger, il faut l'étudier en amateur désintéressé, celui qui est sous le charme ne saurait avoir voix au chapitre. Le goût de chacun entre aussi en ligne de compte dans les appréciations qui sont faites.

Il n'est de beau, de réellement beau que ce qui l'est toujours, et pour tous : et cette beauté éternelle, infinie, c'est la manifestation divine sous ses aspects incessamment variés, c'est Dieu dans ses œuvres, dans ses lois ! Voilà la seule beauté absolue. — Elle est l'harmonie des harmonies, et elle a droit au titre d'absolue, parce qu'on ne peut concevoir rien de plus beau.

Quand à ce qu'on est convenu d'appeler beau, et qui est véritablement digne de ce titre, il ne faut pas le considérer comme une chose essentiellement relative, car on peut toujours concevoir quelque chose de plus beau, de plus parfait. Il n'y a qu'une seule beauté, qu'une seule perfection, c'est Dieu. En dehors de lui, tout ce que nous décorons de ces attributs, ne sont que de pâles reflets du beau unique, un aspect harmonieux des mille et une harmonies de la création.

Il y a autant d'harmonies que d'objets créés, autant par conséquent de beautés types déterminant le point culminant de perfection que peut atteindre une des subdivisions de l'élément animé. — La pierre est belle et diversement belle. Chaque espèce minérale a ses harmonies, et l'élément qui réunit toutes les harmonies de l'espèce possède la plus grande somme de beauté à laquelle l'espèce puisse atteindre.

La fleur a ses harmonies : elle aussi, elle peut les posséder toutes ou isolément, et être différemment belle, mais elle ne sera belle que lorsque les harmonies qui concourent à sa création seront harmoniquement fusionnées. Deux types de beauté peuvent produire par leur fusion un être hybride, informe, repoussant d'aspect. Il y a alors cacophonie ! Toutes les vibrations étaient harmoniques isolément, mais la différence de leur tonalité a produit un désaccord à la rencontre des ondes vibrantes ; *de là le monstre !*

En descendant l'échelle créée, chaque type animal donne lieu aux mêmes observations, et la férocité, la ruse, l'envie même pourront donner naissance à des beautés spéciales, si le principe qui détermine la forme est sans mélange. L'harmonie, même dans le mal, produit le beau. Il y a le beau satanique et le beau angélique ; la beauté énergique et la beauté résignée. — Chaque sentiment, chaque faisceau de sentiments, pourvu que le faisceau soit harmonique, produit un type de beauté particulier, dont tous les aspects humains sont, non des dégénérescences, mais des ébauches. Aussi est-il vrai de dire, non qu'on est plus beau, mais qu'on s'approche davantage de la beauté réelle à mesure qu'on s'élève vers la perfection.

Tous les types s'unissent harmoniquement dans le parfait. Voilà pourquoi il est le beau absolu. — Nous qui progressons, nous ne possédons qu'une beauté relative affaiblie et combattue par les éléments inharmoniques de notre nature.

Lavater

LA MUSIQUE CÉLESTE

Un jour, dans une des réunions de la famille, le père avait lu un passage du *Livre des Esprits* concernant la musique céleste. Une de ses filles bonne musicienne, se disait en elle-même : Mais il n'y a pas de musique dans le monde invisible ; cela lui semblait impossible, pourtant elle ne fit pas connaître sa pensée. Dans la soirée, elle écrivait elle-même spontanément la communication suivante :

« Ce matin, mon enfant, ton père te lisait un passage du *Livre des Esprits* ; il s'agissait de musique, tu as appris que celle du ciel est bien autrement belle que celle de la terre, les Esprits la trouvent bien supérieure à la vôtre. Tout cela est la vérité ; cependant tu te disais à part et à toi-même : Comment Bellini pourrait-il venir me donner des conseils et entendre ma musique ? C'est probablement quelque Esprit léger et farceur. (Allusion aux conseils que l'Esprit de Bellini lui donnait parfois sur la musique.) Tu te trompes, mon enfant, quand les Esprits prennent un incarné sous leur protection, leur but est de le faire avancer.

« Ainsi Bellini ne trouve plus sa musique belle, parce qu'il ne peut la comparer à celle de l'espace, mais il voit ton application et ton amour pour cet art, s'il te donne des conseils c'est par satisfaction sincère ; il désire que ton professeur soit récompensé de toute sa peine ; tout en trouvant son jeu bien enfantin, devant les sublimes harmonies du monde invisible, il apprécie son talent qu'on peut nommer grand sur cette terre. Crois-le, mon enfant, les sons de vos instruments, vos voix les plus belles, ne sauraient vous donner la plus faible idée de la musique céleste et de sa suave harmonie. »

Quelques instants après, la jeune fille dit : « Papa, papa, je m'endors, je tombe. » Aussitôt elle s'affaissa sur un fauteuil en s'écriant : « Oh! papa, papa, quelle musique délicieuse !... Éveille-moi, parce que je m'en vais. »

Les assistants effrayés ne savaient comment la réveiller, elle dit :

« De l'eau, de l'eau. » En effet quelques gouttes jetées sur la figure produisirent un prompt résultat ; tout d'abord étourdie, elle revint lentement à elle sans avoir la moindre conscience de ce qui s'était passé.

Le même soir, le père étant seul, obtint l'explication suivante de l'Esprit de Saint-Louis.

« Lorsque tu lisais à ta fille le passage du *Livre des Esprits* traitant de la musique céleste, elle était dans le doute ; elle ne comprenait pas que la musique pût exister dans le monde spirituel. voilà pourquoi ce soir, je lui ai dit la vérité ; cela n'ayant pu la persuader, Dieu permit pour la convaincre, qu'il lui fut envoyé un sommeil somnambulique. Alors son Esprit se dégageant de son corps endormi, s'élança dans l'espace et fut admis dans les régions éthérées, son extase était produite par l'impression de l'harmonie céleste ; aussi s'est-elle écriée :

« Quelle musique ! quelle musique ! » mais se sentant de plus en plus emportée dans les régions élevées du monde spirituel, elle a demandé à être éveillée en t'en indiquant le moyen, c'est-à-dire de l'eau,

« Tout se fait par la volonté de Dieu. L'esprit de ta fille ne doutera plus ; quoiqu'elle n'ait pas, étant réveillée, conservé la mémoire nette de ce qui s'est passé, son Esprit sait à quoi s'en tenir.

« Remerciez Dieu des faveurs dont il comble cette enfant ; remerciez-le de daigner, de plus en plus, vous faire connaître sa toute puissance et sa bonté. Que ses bénédictions se répandent sur vous et sur ce médium heureux entre mille ! »

Remarque. — On demandera peut-être quelle conviction peut résulter pour cette jeune fille de ce quelle a entendu, puisqu'elle ne s'en souvient pas. Si, à l'état de veille, les détails se sont effacés de sa mémoire, l'Esprit se souvient ; il lui en reste une intuition qui modifie ses pensées ; au lieu de faire de l'opposition, elle acceptera sans difficulté les explications qui lui seront données parce qu'elle les comprendra, et qu'intuitivement elle les trouvera d'accord avec son sentiment intime.

Ce qui s'est passé ici, par un fait isolé, dans l'espace de quelques minutes, pendant la courte excursion que l'Esprit de la jeune fille a faite dans le monde spirituel, est analogue à ce qui a lieu d'une existence à l'autre lorsque l'Esprit qui s'incarne possède des lumières sur un sujet quelconque ; il s'approprie sans peine toutes les idées qui se rapportent à ce sujet, bien qu'il ne se souvienne pas comme homme de la manière dont il les a acquises. Les idées, au contraire, pour lesquelles il n'est pas mûr, entrent avec difficulté dans son cerveau.

Ainsi s'explique la facilité avec laquelle certaines personnes s'assimilent les idées spirites. Ces idées ne font que réveiller en elles celles qu'elle possèdent déjà ; elles sont spirites en naissant comme d'autres sont poètes, musiciens ou mathématiciens. Elles comprennent du premier mot, et n'ont pas besoin de faits matériels pour se convaincre. C'est incontestablement un signe d'avancement moral et du commencement spirituel.

Dans la communication ci-dessus il est dit : « Remerciez Dieu des faveurs dont il comble cette enfant ; que ses bénédictions se répandent sur ce médium heureux entre mille. » Ces paroles sembleraient indiquer une faveur, une préférence, un privilège, tandis que le Spiritisme nous enseigne que Dieu étant souverainement juste, aucune de ses créatures n'est privilégiée, et qu'il ne facilite pas plus la route aux uns qu'aux autres. Sans aucun doute la même voie est ouverte à tout le monde, mais tous ne la parcourent pas avec la même rapidité et avec le même fruit ; tous ne profiterons pas également des instructions qu'ils reçoivent. L'Esprit de cette enfant, quoique jeune comme incarné, a déjà sans doute beaucoup vécu, et il a certainement progressé.

Les bons Esprits, le trouvant alors docile à leurs enseignements, se plaisent à l'instruire comme le fait le professeur pour l'élève en qui il trouve d'heureuses dispositions ; c'est à ce titre qu'il est heureux médium entre beaucoup d'autres qui, pour leur avancement moral, ne retirent aucun fruit de leur médiumnité. Il n'y a donc dans ce cas ni faveur, ni privilège, mais bien une récompense ; si l'Esprit cessait d'en être digne, bientôt il serait délaissé par ses bons guides, pour voir accourir autour de lui une foule de mauvais Esprits.

LA MUSIQUE SPIRITE

Récemment, au siège de la Société spirite de Paris, le Président m'a fait l'honneur de me demander mon opinion sur l'état actuel de la musique et sur les modifications que pourrait y apporter l'influence des croyances spirites. Si je ne me suis pas rendu de suite à ce bienveillant et sympathique appel, croyez bien, messieurs, qu'une cause majeure à seule motivé mon abstention.

Les musiciens, hélas ! sont des hommes comme les autres, plus hommes peut-être, et, à ce titre, ils sont faillibles et peccables. Je n'ai pas été exempt de faiblesses, et si Dieu m'a fait la vie longue afin de me donner le temps de me repentir, l'enivrement du succès la complaisance des amis, les flatteries des courtisans m'en ont souvent enlevé le moyen. Un maëstro, c'est une puissance, en ce monde où le plaisir joue un si grand rôle. Celui dont l'art consiste à séduire l'oreille, à attendrir le cœur, voit bien des pièges se créer sous ses pas, et il y tombe, le malheureux ! Il s'enivre de l'enivrement des autres ; les applaudissements lui bouchent les oreilles, et il va droit à l'abîme sans chercher un point d'appui pour résister à l'entraînement.

Cependant, malgré mes erreurs, j'avais foi en Dieu ; je croyais à l'âme qui vibrait en moi, et, dégagée de sa cage sonore, elle s'est vite reconnue au milieu des harmonies de la création et a confondu sa prière avec celles qui s'élèvent de la nature à l'infini de la création à l'Être incréé !...

Je suis heureux du sentiment qui a provoqué ma venue parmi les spirites, car c'est la sympathie qui l'a dictée, et, si la curiosité m'a tout d'abord attiré, c'est à ma reconnaissance que vous devrez mon appréciation de la question qui m'a été posée. J'étais là, prêt à parler, croyant tout savoir, lorsque mon orgueil en tombant m'a dévoilé mon ignorance. Je restai muet, et j'écoutai : je revins, je m'instruisis, et lorsqu'aux paroles de vérité émises par vos instructeurs se joignirent la réflexion et la méditation, je me dis : Le grand maëstro Rossini, le créateur de tant de chefs-d'œuvre selon les hommes n'a fait, hélas ! qu'égrener quelques unes des perles les moins parfaites de l'écrin musical créé par le Maître des maëstri. Rossini a assemblé des notes, composé des mélodies, goûté à la coupe qui contient toutes les harmonies ; il a dérobé quelques étincelles au feu sacré, mais ce feu sacré, ni lui ni d'autres ne l'ont créé ! — Nous n'inventons pas : nous copions au grand livre de la nature et la foule applaudit quand nous n'avons pas trop déformé la partition.

Une dissertation sur la musique céleste ! Qui pourrait s'en charger ? Quel Esprit surhumain pourrait faire vibrer la matière à l'unisson de cet art enchanteur ! Quel cerveau humain, quel Esprit incarné pourrait en saisir les nuances variées à l'infini?... Qui possède à ce point le sentiment de l'harmonie?... Non, l'homme n'est pas fait pour de pareilles conditions!... Plus tard?... bien plus tard!...

En attendant, je viendrai bientôt peut-être, satisfaire à votre désir et vous donner mon appréciation sur l'état actuel de la musique, et vous dire les transformations, les progrès que le spiritisme pourra y introduire. — Aujourd'hui il est trop tôt encore. Le sujet est vaste, je l'ai déjà étudié, mais il me déborde encore ; quand j'en serai le maître, si toutefois la chose est possible, ou mieux quand je l'aurai entrevu autant que l'état de mon esprit me le permettra, je vous satisferai ; mais encore un peu de temps. Si un musicien peut seul bien parler de la musique de l'avenir, il doit le faire en maître, et Rossini ne veut point parler en écolier.

Rossini

(Médium, M. Desliens).

Le silence que j'ai gardé sur la question que le Maître de la doctrine spirite m'a adressée a été expliqué. Il était convenable, avant d'aborder ce difficile sujet, de me recueillir, de me souvenir, et de condenser les éléments qui étaient sous ma main. Je n'avais point à étudier la musique, j'avais seulement à classer les arguments avec méthode, afin de présenter un résumé capable de donner l'idée de ma conception sur l'harmonie. Ce travail, que je n'ai pas fait sans difficulté, est terminé, et je suis prêt à le soumettre à l'appréciation des spirites.

L'harmonie est difficile à définir ; souvent on la confond avec la musique, avec les sons résultant d'un arrangement de notes, et des vibrations d'instruments reproduisant cet arrangement. Mais l'harmonie n'est point cela, pas plus que la flamme n'est la lumière. La flamme résulte de la combinaison de deux gaz, elle est tangible ; la lumière qu'elle projette est un effet de cette combinaison, et non la flamme elle-même : elle n'est pas tangible. Ici l'effet est supérieur à la cause. Ainsi en est-il de l'harmonie ; elle résulte d'un arrangement musical, c'est un effet qui est également supérieur à sa cause : La cause est brutale et tangible ; l'effet est subtil et n'est pas tangible.

On peut concevoir la lumière sans flamme et on comprend l'harmonie sans musique. L'âme est apte à percevoir l'harmonie en dehors de tout concours d'instrumentation, comme elle est apte à voir la lumière en dehors de tout concours de combinaisons matérielles. La lumière est un sens intime que possède l'âme : plus ce sens est développé, mieux elle perçoit la lumière. L'harmonie est également un sens intime de l'âme : elle est perçue en raison du développement de ce sens. En dehors des causes tangibles, la lumière et l'harmonie sont d'essence divine ; on les possède en raison des efforts que l'on a faits pour les acquérir. Si je compare la lumière et l'harmonie, c'est pour mieux me faire comprendre, et aussi parce que ces deux sublimes jouissances de l'âme sont filles de Dieu et par conséquent sont sœurs.

L'harmonie de l'espace est si complexe, elle a tant de degrés que je connais, et bien plus encore qui me sont cachés dans l'éther infini, que celui qui est placé à une certaine hauteur de perceptions est comme saisi d'étonnement en contemplant ces harmonies diverses, qui constitueraient, si elles étaient assemblées, la plus insupportable cacophonie ; tandis qu'au contraire, perçues séparément, elles constituent l'harmonie particulière à chaque degré. Ces harmonies sont élémentaires et grossières dans les degrés inférieurs ; elles portent à l'extase dans les degrés supérieurs. Telle harmonie qui blesse un esprit aux perceptions subtiles, ravit un Esprit aux perceptions grossières ; et quand il est donné à l'Esprit inférieur de se délecter dans les délices des harmonies supérieures, l'extase le saisit et la prière entre en lui ; le ravissement l'emporte dans les sphères élevées du monde moral ; il vit d'une vie supérieure à la sienne et voudrait continuer de vivre toujours ainsi. Mais, quand l'harmonie cesse de le pénétrer, il se réveille, ou, si l'on veut, il s'endort ; dans tous les cas, il revient à la réalité de sa situation, et dans les regrets qu'il laisse échapper d'être descendu s'exhale une prière à l'Eternel, pour demander la force de remonter. C'est pour lui un grand sujet d'émulation.

Je n'essaierai pas de donner l'explication des effets musicaux que produit l'Esprit en agissant sur l'éther ; ce qui est certain, c'est que l'Esprit produit les sons qu'il veut, et qu'il ne peut vouloir ce qu'il ne sait pas. Or donc, celui qui comprend beaucoup, qui a en lui l'harmonie, qui en est saturé, qui jouit lui-même de son sens intime, de ce rien impalpable, de cette abstraction qui est la conception de l'harmonie, agit quand il le veut sur le fluide universel qui, instrument fidèle, reproduit ce que l'Esprit conçoit et veut. L'éther vibre sous l'action de la volonté de l'Esprit ; l'harmonie que ce dernier porte en lui se concrète, pour ainsi dire ; elle s'exhale douce et suave comme le parfum de la violette, ou elle mugit comme la tempête, ou elle éclate comme la foudre, ou elle se plaint comme la brise ; elle est rapide comme l'éclair, ou lente comme la nuée ; elle est brisée comme un sanglot, ou unie comme un gazon ; elle est échevelée comme une cataracte, ou calme comme un lac ; elle murmure comme un ruisseau ou gronde comme un torrent. Tantôt elle a l'âpreté agreste des montagnes et tantôt la fraîcheur d'une oasis ; elle est tour à tour triste et mélancolique comme la nuit, joyeuse et gaie comme le jour ; elle est capricieuse comme l'enfant, consolatrice comme la mère et protectrice comme le père ; elle est désordonnée comme la passion, limpide comme l'amour, et grandiose comme la nature. Quand elle en est à ce dernier terme, elle se confond avec la prière, elle glorifie Dieu, et met dans le ravissement celui-là même qui la produit ou la conçoit.

O comparaison ! Comparaison ! Pourquoi faut-il être obligé de t'employer ! Pourquoi faut-il se plier à tes nécessités dégradantes et emprunter, à la nature tangible, des images grossières pour faire concevoir la sublime harmonie dans laquelle l'Esprit se délecte. Et encore, malgré les comparaisons, ne peut-on faire comprendre cette abstraction qui est un sentiment quand elle est cause, et une sensation quand elle devient effet.

L'Esprit qui a le sentiment de l'harmonie est comme l'Esprit qui a l'acquis intellectuel ; ils jouissent constamment, l'un et l'autre, de la propriété inaliénable qu'ils ont amassée. L'Esprit intelligent, qui enseigne sa science à ceux qui ignorent, éprouve le bonheur d'enseigner, parce qu'il fait des heureux de ceux qu'il instruit; l'Esprit qui fait résonner l'éther des accords de l'harmonie qui est en lui, éprouve le bonheur de voir satisfaits ceux qui l'écoutent.

L'harmonie, la science et la vertu sont les trois grandes conceptions de l'Esprit : la première le ravit, la seconde l'éclaire, la troisième l'élève. Possédées dans leurs plénitudes, elles se confondent et constituent la pureté. O Esprits purs qui les contenez ! descendez dans nos ténèbres et éclairez notre marche ; montrez-nous le chemin que vous avez pris, afin que nous suivions vos traces !

Et quand je pense que ces Esprits, dont je peux comprendre l'existence, sont des êtres finis, des atomes, en face du Maître universel et éternel, ma raison reste confondue en songeant à la grandeur de Dieu et du bonheur infini qu'il goûte en lui-même, par le seul fait de sa pureté infinie, puisque tout ce que la créature acquiert n'est qu'une parcelle qui émane du Créateur. Or, si la parcelle arrive à fasciner par la volonté, à captiver et à ravir par la suavité, à resplendir par la vertu, que doit donc produire la source éternelle et infinie d'où elle est tirée ? Si l'Esprit, être créé, arrive à puiser dans sa pureté tant de félicité, quelle idée doit-on avoir de celle que le Créateur puise dans sa pureté absolue ? Eternel problème !

Le compositeur qui conçoit l'harmonie, la traduit dans le grossier langage appelé la musique ; il concrète son idée, il l'écrit. L'artiste apprend la forme et saisit l'instrument qui doit lui permettre de rendre l'idée. L'air mis en jeu par l'instrument, la porte à l'oreille qui la transmet à l'âme de l'auditeur. Mais le compositeur a été impuissant à rendre entièrement l'harmonie qu'il concevait, faute d'une langue suffisante ; l'exécutant, à son tour, n'a pas compris toute l'idée écrite, et l'instrument indocile dont il se sert ne lui permet pas de traduire tout ce qu'il a compris. L'oreille est frappée par l'air grossier qui l'entoure, et l'âme reçoit enfin, par un organe rebelle, l'horrible traduction de l'idée éclose dans l'âme du maëstro. L'idée du maëstro était son sentiment intime, quoique déflorée par les agents d'instrumentation et de perception, elle produit cependant des sensations chez ceux qui l'entendent traduire ; ces sensations sont l'harmonie. La musique les a produites : elles sont des effets de cette dernière. La musique s'est mise au service du sentiment pour produire la sensation. Le sentiment, chez le compositeur, c'est l'harmonie ; la sensation, chez l'auditeur, c'est aussi l'harmonie, avec cette différence qu'elle est conçue par l'un et reçue par l'autre. La musique est le *médium* de l'harmonie, elle la reçoit et elle la donne, comme le réflecteur est le *médium* de la lumière, comme tu es le *médium* des Esprits. Elle la rend plus ou moins déflorée selon qu'elle est plus ou moins bien exécutée, comme le réflecteur renvoie plus ou moins bien la lumière, selon qu'il est plus ou moins brillant et poli, comme le médium rend plus ou moins les pensées de l'Esprit, selon qu'il est plus ou moins flexible.

Et maintenant que l'harmonie est bien comprise dans sa signification, qu'on sait qu'elle est conçue par l'âme et transmise à l'âme, on comprendra la différence qu'il y a entre l'harmonie de la terre et l'harmonie de l'espace.

Chez vous, tout est grossier : l'instrument de traduction et l'instrument de perception ; chez nous, tout est subtil : vous avez l'air, nous avons l'éther ; vous avez l'organe qui obstrue et voile ; chez nous, la perception est directe, et rien ne la voile. Chez vous, l'auteur est traduit : chez nous il parle sans intermédiaire, et dans la langue qui exprime toutes les conceptions. Et pourtant, ces harmonies ont la même source, comme la lumière de la lune a la même source que celle du soleil, l'harmonie de la terre n'est que le reflet de l'harmonie de l'espace.

L'harmonie est aussi indéfinissable que le bonheur, la crainte, la colère : c'est un sentiment. On ne le comprend que lorsqu'on le possède, et on ne le possède que lorsqu'on l'a acquis. L'homme qui est joyeux ne peut expliquer sa joie ; celui qui est craintif ne peut expliquer sa crainte ; ils peuvent dire les faits qui provoquent ces sentiments, les définir, les décrire, mais les sentiments restent inexpliqués. Le fait qui cause la joie de l'un ne produira rien sur l'autre ; l'objet qui occasionne la crainte de l'un produira le courage de l'autre. Les mêmes causes sont suivies d'effets contraires ; en physique cela n'est pas, en métaphysique, cela existe. Cela existe parce que le sentiment est la propriété de l'âme, et que les âmes diffèrent entre elles de sensibilité, d'impressionnabilité, de liberté. La musique, qui est la cause seconde de l'harmonie perçue, pénètre et transporte l'un et laisse l'autre froid et indifférent. C'est que le premier est en état de recevoir l'impression que produit l'harmonie, et que le second est dans un état contraire ; il entend l'air qui vibre, mais il ne comprend pas l'idée qu'il lui apporte. Celui-ci arrive à l'ennui et s'endort, celui-là à l'enthousiasme et pleure. Évidemment, l'homme qui goûte les délices de l'harmonie est plus élevé, plus épuré, que celui qu'elle ne peut pénétrer ; son âme est plus apte à sentir ; elle se dégage plus facilement, et l'harmonie l'aide à se dégager ; elle la transporte et lui permet de mieux voir le monde moral. D'où il faut conclure que la musique est essentiellement moralisatrice, puisqu'elle porte l'harmonie dans les âmes, et que l'harmonie les élève et les grandit.

L'influence de la musique sur l'âme, sur son progrès moral, est reconnue par tout le monde ; mais la raison de cette influence est généralement ignorée. Son explication est tout entière dans ce fait : que l'harmonie place l'âme sous la puissance d'un sentiment qui la dématérialise. Ce sentiment existe à un certain degré, mais il se développe sous l'action d'un sentiment similaire plus élevé. Celui qui est privé de ce sentiment y est amené par degré : il finit, lui aussi, par se laisser pénétrer et se laisser entraîner dans le monde idéal où il oublie, pour un instant, les grossiers plaisirs qu'il préfère à la divine harmonie.

Et maintenant, si l'on considère que l'harmonie sort du concert de l'Esprit, on en déduira que si la musique exerce une heureuse influence sur l'âme, l'âme, qui la conçoit, exerce aussi une influence sur la musique. L'âme vertueuse, qui a la passion du bien, du beau, du grand, et qui a l'acquis de l'harmonie, produira des chefs-d'œuvre capables de pénétrer les âmes les plus cuirassées et de les émouvoir. Si le compositeur est terre à terre, comment rendra-t-il la vertu qu'il dédaigne, le beau qu'il ignore et le grand qu'il ne comprend pas ? Ses compositions seront le reflet de ses goûts sensuels, de sa légéreté, de son insouciance. Elles seront tantôt licencieuses et tantôt obscènes, tantôt comiques et tantôt burlesques ; elles communiqueront aux auditeurs les sentiments qu'elles exprimeront, et les pervertiront au lieu de les améliorer.

Le Spiritisme, en moralisant les hommes, exercera donc une grande influence sur la musique. Il produira plus de compositeurs vertueux, qui communiqueront leurs vertus en faisant entendre leurs compositions.

On rira moins, on pleurera davantage ; l'hilarité fera place à l'émotion, la laideur fera place à la beauté et le comique à la grandeur.

D'un autre côté, les auditeurs que le Spiritisme aura disposés à recevoir facilement l'harmonie, goûteront, à l'audition de la musique sérieuse, un charme véritable ; ils dédaigneront la musique frivole et licencieuse qui s'empare des masses. Quand le grotesque et l'obscène seront délaissés pour le beau et pour le bien, les compositeurs de cet ordre disparaîtront ; car, sans auditeurs, ils ne gagneront rien, et c'est pour gagner qu'ils se salissent.

Oh ! oui, le Spiritisme aura de l'influence sur la musique ! Comment en serait-il autrement ? Son avènement changera l'art en l'épurant. Sa source est divine, sa force le conduira partout où il y a des hommes pour aimer, pour s'élever et pour comprendre. Il deviendra l'idéal et l'objectif des artistes. Peintres, sculpteurs, compositeurs, poètes, lui demanderont leurs inspirations, et il leur en fournira, car il est riche, car il est inépuisable.

L'Esprit du maëstro Rossini, dans une nouvelle existence, reviendra continuer l'art qu'il considère comme le premier de tous ; le Spiritisme sera son symbole et l'inspirateur de ses compositions.

Rossini. (médium, M. Nivart)

LA ROUTE DE LA VIE

La question de la pluralité des existences a depuis longtemps préoccupé les philosophes, et plus d'un a vu dans l'antériorité de l'âme la seule solution possible des problèmes les plus importants de la psychologie ; sans ce principe, ils se sont trouvés arrêtés à chaque pas et acculés dans une impasse d'où ils n'ont pu sortir qu'à l'aide de la pluralité des existences.

La plus grande objection que l'on puisse faire à cette théorie, c'est l'absence du souvenir des existences antérieures. En effet, une succession d'existences inconscientes les unes des autres ; quitter un corps pour en reprendre aussitôt un autre sans la mémoire du passé, équivaudrait au néant, car ce serait le néant de la pensée ; ce serait autant de points de départ nouveaux sans liaison avec les précédents ; ce serait une rupture incessante de toutes les affections qui font le charme de la vie présente et l'espoir le plus doux et le plus consolant de l'avenir ; ce serait enfin la négation de toute responsabilité morale. Une telle doctrine serait tout aussi inadmissible et tout aussi incompatible avec la justice de Dieu, que celle d'une seule existence avec la perspective d'une éternité absolue de peines pour quelques fautes temporaires. On comprend donc que ceux qui se font une idée pareille de la réincarnation la repoussent, mais ce n'est pas ainsi que le Spiritisme nous la présente.

L'existence spirituelle de l'âme, nous dit-il, est son existence normale, avec souvenir rétrospectif indéfini ; les existences corporelles ne sont que des intervalles, de courtes stations dans l'existence spirituelle, et la somme de toutes ces stations n'est qu'une très minime partie de l'existence normale, absolument comme si, dans un voyage de plusieurs années, on s'arrêtait de temps en temps pendant quelques heures. Si, pendant les existences corporelles, il paraît y avoir solution de continuité par l'absence du souvenir, la liaison s'établit pendant la vie spirituelle, qui n'a pas d'interruption ; la solution de continuité n'existe en réalité que pour la vie corporelle extérieure et de relation ; et ici l'absence du souvenir prouve la sagesse de la Providence qui n'a pas voulu que l'homme fût trop détourné de la vie réelle où il y a des devoirs à remplir ; mais, dans l'état de repos du corps, dans le sommeil, l'âme reprend en partie son essor, et là se rétablit la chaîne interrompue seulement pendant la veille.

A cela on peut encore faire une objection et demander quel profit on peut tirer de ses existences antérieures pour son amélioration, si l'on ne se souvient pas des fautes que l'on a commises. Le spiritisme répond d'abord que le souvenir d'existences malheureuses, s'ajoutant aux misères de la vie présente, rendrait celle-ci encore plus pénible ; c'est donc un surcroît de souffrances que Dieu a voulu nous épargner ; sans cela, qu'elle ne serait pas souvent notre humiliation en songeant à ce que nous avons été ! Quant à notre amélioration, ce souvenir est inutile. Durant chaque existence nous faisons quelques pas en avant ; nous acquérons quelques qualités, et nous nous dépouillons de quelques imperfections ; chacune d'elles est ainsi un nouveau point de départ, où nous sommes ce que nous nous sommes faits, où nous nous prenons pour ce que nous sommes, sans avoir à nous inquiéter de ce que nous avons été. Si, dans une existence antérieure, nous avons été anthropophages, qu'est-ce que cela nous fait si nous ne le sommes plus ? Si nous avons eu un défaut quelconque dont il ne reste plus de traces, c'est un compte liquidé dont nous n'avons point à nous préoccuper. Supposons, au contraire, un défaut dont on ne s'est corrigé qu'à moitié, le reliquat se retrouvera dans la vie suivante et c'est à s'en corriger qu'il faut s'attacher. Prenons un exemple : un homme a été assassin et voleur ; il en a été puni soit dans la vie corporelle, soit dans la vie spirituelle ; il se repent et se corrige du premier penchant, mais non du second ; dans l'existence suivante, il ne sera que voleur ; peut-être grand voleur, mais non plus assassin ; encore un pas en avant et il ne sera plus qu'un petit voleur ; un peu plus tard il ne volera plus, mais il pourra avoir la velléité de voler, que sa conscience neutralisera ; puis un dernier effort et toute trace de la maladie morale ayant disparu, il sera un modèle de probité. Que lui fait alors ce qu'il a été ? Le souvenir d'avoir péri sur l'échafaud ne serait-il pas une torture, une humiliation perpétuelles ? Appliquez ce raisonnement à tous les vices, à tous les travers, et vous pourrez voir comment l'âme s'améliore en passant et repassant par les étamines de l'incarnation. Dieu n'est-il pas plus juste d'avoir rendu l'homme arbitre de son propre sort par les efforts qu'il peut faire pour s'améliorer, que d'avoir fait naître son âme en même temps que son corps, et de la condamner à des tourments perpétuels pour des erreurs passagères, sans lui donner les moyens de se purifier de ses imperfections ? Par la pluralité des existences, son avenir est entre ses mains ; s'il est longtemps à s'améliorer, il en subit les conséquences : c'est la suprême justice ; mais l'espérance ne lui est jamais fermée.

La comparaison suivante peut aider à faire comprendre les péripéties de la vie de l'âme.

Supposons une longue route, sur le parcours de laquelle se trouvent de distance en distance, mais à des intervalles inégaux, des forêts qu'il faut traverser ; à l'entrée de chaque forêt la route large et belle est interrompue et ne reprend qu'à la sortie. Un voyageur suit cette route et entre dans la première forêt ; mais là, plus de sentier battu ; un dédale inextricable au milieu duquel il s'égare ; la clarté du soleil a disparu sous l'épaisse touffe des arbres ; il erre sans savoir où il va ; enfin, après des fatigues inouïes, il arrive aux confins de la forêt, mais accablé de fatigue, déchiré par les épines, meurtri par les cailloux. Là il retrouve la route et la lumière, et il poursuit son chemin, cherchant à se guérir de ses blessures.

Plus loin il trouve une seconde forêt où l'attendent les mêmes difficultés ; mais il a déjà un peu d'expérience et en sort moins contusionné. Dans l'une, il rencontre un bûcheron qui lui indique la direction qu'il doit suivre et l'empêcher de s'égarer. A chaque nouvelle traversée son habileté augmente, si bien que les obstacles sont de plus en plus facilement surmontés ; assuré de retrouver la belle route à la sortie, cette confiance le soutient ; puis il sait s'orienter pour la trouver plus facilement. La route aboutit au sommet d'une très haute montagne d'où il en découvre tout le parcours depuis le point de départ ; il voit aussi les différentes forêts qu'il a traversées et se rappelle les vicissitudes qu'il y a éprouvées, mais ce souvenir n'a rien de pénible, parce qu'il est arrivé au but ; il est comme le vieux soldat qui, dans le calme du foyer domestique, se rappelle les batailles auxquelles il a assisté. Ces forêts disséminées sur la route sont pour lui comme des points noirs sur un ruban blanc ; il se dit : « Quand j'étais dans ces forêts, dans les premières surtout, comme elles me paraissaient longues à traverser ! Il me semblait que je n'arriverais jamais au bout ; tout me semblait gigantesque et infranchissable autour de moi. Et quand je songe que, sans ce brave bûcheron qui m'as remis dans le bon chemin, j'y serais peut-être encore ! Maintenant que je considère ces mêmes forêts du point où je suis, comme elles me paraissent petites ! Il me semble que d'un pas, j'aurais pu les franchir ; bien plus, ma vue les pénètre et j'en distingue les plus petits détails ; je vois jusqu'aux faux pas que j'ai faits. »

Alors un vieillard lui dit : — Mon fils, te voici au terme du voyage, mais un repos indéfini te causerait bientôt un mortel ennui et tu te prendrais à regretter les vicissitudes que tu as éprouvées et qui donnaient de l'activité à tes membres et à ton esprit. Tu vois d'ici un grand nombre de voyageurs sur la route que tu as parcourue, et qui, comme toi, courent risque de s'égarer en chemin ; tu as l'expérience, tu ne crains plus rien ; va à leur rencontre, et tâche par tes conseils de les guider, afin qu'ils arrivent plus tôt.

— J'y vais avec joie, reprend notre homme ; mais, ajoute-t-il, pourquoi n'y a-t-il pas une route directe du point de départ jusqu'ici ? cela épargnerait aux voyageurs de passer par ces abominables forêts.

— Mon fils, reprend le vieillard, regarde bien et tu en verras beaucoup qui en évitent un certain nombre ; ce sont ceux qui, ayant acquis le plus tôt l'expérience nécessaire, savent prendre un chemin plus direct et plus court pour arriver ; mais cette expérience est le fruit du travail qu'ont nécessité les premières traversées, de telle sorte qu'ils n'arrivent ici qu'en raison de leur mérite. Que saurais tu toi-même si tu n'y avais pas passé ? L'activité que tu as dû déployer, les ressources d'imagination qu'il t'a fallu pour te frayer un chemin, ont augmenté tes connaissances et développé ton intelligence ; sans cela, tu serais aussi novice qu'à ton départ. Et puis, en cherchant à te tirer d'embarras, tu as toi-même contribué à l'amélioration des forêts que tu as traversées ; ce que tu as fait est peu de chose, imperceptible ; mais songe aux milliers de voyageurs qui en font autant, et qui, tout en travaillant pour eux, travaillent, sans s'en douter, au bien commun. N'est-il pas juste qu'ils reçoivent le salaire de leur peine par le repos dont ils jouissent ici ? Quel droit auraient-ils à ce repos s'ils n'avaient rien fait ?

— Mon père, reprend le voyageur, dans une de ces forêts, j'ai rencontré un homme qui m'a dit : « Sur la lisière est un immense gouffre qu'il faut franchir d'un bond ; mais sur mille, à peine un seul réussit ; tous les autres tombent au fond dans une fournaise ardente et sont perdus sans retour. Ce gouffre, je ne l'ai point vu. »

— Mon enfant, c'est qu'il n'existe pas, autrement ce serait un piège abominable tendu à tous les voyageurs qui viennent chez moi. Je sais bien qu'il leur faut surmonter les difficultés, mais je sais aussi que tôt ou tard ils les surmonteront ; si j'avais créé des impossibilités pour un seul sachant qu'il devait succomber, c'eût été de la cruauté, à plus forte raison si je l'eusse fait pour le grand nombre. Ce gouffre est une allégorie dont tu vas voir l'explication, Regarde sur la route, dans l'intervalle des forêts ; parmi les voyageurs, tu en vois qui marchent lentement, d'un air joyeux, vois ces amis qui se sont perdus de vue dans les labyrinthes de la forêt, comme ils sont heureux de se retrouver à la sortie ; mais à côté d'eux, il en est d'autres qui se traînent péniblement ; ils sont estropiés et implorent la pitié des passants, car ils souffrent cruellement des blessures que, par leur faute, ils se sont faites à travers les ronces ; mais ils en guériront, et ce sera pour eux une leçon dont ils profiteront à la nouvelle forêt qu'ils auront à traverser et d'où ils sortiront moins meurtris. Le gouffre est la figure des maux qu'ils endurent, et en disant que sur mille un seul le franchit, cet homme a eu raison, car le nombre des imprudents est bien grand ; mais il a eu tort de dire qu'une fois tombé dedans, on n'en sort plus ; il y a toujours une issue pour arriver à moi. Va, mon fils, va montrer cette issue à ceux qui sont au fond de l'abîme ; va soutenir les blessés sur la route et montre le chemin à ceux qui traversent les forêts.

La route est la figure de la vie spirituelle de l'âme, sur le parcours de laquelle on est plus ou moins heureux ; les forêts sont les existences corporelles où l'on travaille à son avancement en même temps qu'à l'œuvre générale ; le voyageur arrivé au but et qui retourne aider ceux qui sont en arrière est celle des anges gardiens, des missionnaires de Dieu, qui trouvent leur bonheur dans sa vue, mais aussi dans l'activité qu'ils déploient pour faire le bien et obéir au Maître suprême.

LES CINQ
ALTERNATIVES DE L'HUMANITÉ

Il est bien peu d'hommes qui vivent sans souci du lendemain. Si donc on s'inquiète de ce que l'on sera après un jour de vingt-quatre heures, à plus forte raison est-il naturel de se préoccuper de ce qu'il en sera de nous après le grand jour de la vie, car il ne s'agit pas de quelques instants, mais de l'éternité. Vivrons-nous ou ne vivrons nous pas! Il n'y a pas de milieu ; c'est une question de vie ou de mort ; c'est la suprême alternative !...

Si l'on interroge le sentiment intime de la presque universalité des hommes, tous répondront : « nous vivrons. » Cet espoir est pour eux une consolation. Cependant une petite minorité s'efforce, depuis quelque temps surtout, de leur prouver qu'ils ne vivront pas. Cette école a fait des prosélytes, il faut l'avouer, et principalement parmi ceux qui redoutant la responsabilité de l'avenir, trouvent plus commode de jouir du présent sans contrainte, sans être troublés par la perspective des conséquences. Mais ce n'est là que l'opinion du plus petit nombre.

Si nous vivons, comment vivrons-nous ? Dans quelles conditions serons-nous ? Ici les systèmes varient avec les croyances religieuses et philosophiques. Cependant toutes les opinions sur l'avenir de l'homme peuvent se réduire à cinq alternatives principales que nous allons résumer sommairement, afin que la comparaison en soit plus facile et que chacun puisse saisir, en connaissance de cause, celle qui lui semble la plus rationnelle et répondre le mieux à ses aspirations personnelles et aux besoins de la société. Ces cinq alternatives sont celles qui résultent des doctrines du *matérialisme*, du *panthéisme*, du *déisme*, du *dogmatisme*, et du *Spiritisme*.

§ 1. Doctrine Matérialiste.

L'intelligence de l'homme est une propriété de la matière ; elle naît et meurt avec l'organisme. L'homme n'est *rien avant rien après* la vie corporelle.

Conséquences. L'homme n'étant que matière, il n'y a de réelles et d'enviables que les jouissances matérielles ; les affections morales sont sans avenir ; les liens moraux sont brisés sans retour à la mort ; les misères de la vie sont sans compensation ; le suicide devient la fin rationnelle et logique de l'existence, quand les souffrances sont sans espoir d'amélioration ; inutile de s'imposer une contrainte pour vaincre ses mauvais penchants ; vivre pour soi le mieux possible pendant qu'on est ici ; stupidité de se gêner et de sacrifier son repos, son bien-être pour autrui, c'est-à-dire pour des êtres qui seront anéantis à leur tour et que l'on ne reverra jamais ; devoirs sociaux sans base, le bien et le mal sont choses de convention ; le frein social est réduit à a puissance matérielle de la loi civile.

Remarque. Il ne sera peut-être pas inutile de rappeler ici, à nos lecteurs, quelques passages d'un article que nous publiions sur le matérialisme, dans le numéro de la *Revue* d'août 1868.

« Le matérialisme, disions-nous, en s'affichant comme il ne l'avait fait à aucune époque, en se posant en régulateur suprême des destinées morales de l'humanité, a eu pour effet d'effrayer les masses par les conséquences inévitables de ses doctrines pour l'ordre social ; par cela même il a provoqué, en faveur des idées spiritualistes, une énergique réaction qui doit lui prouver qu'il est loin d'avoir des sympathies aussi générales qu'il le suppose, et qu'il se fait étrangement illusion s'il espère un jour imposer ses lois au monde.

« Assurément, les croyances spiritualistes du temps passé sont insuffisantes pour ce siècle-ci : elles ne sont pas au niveau intellectuel de notre génération ; elles sont, sur bien des points, en contradiction avec les données certaines de la science ; elles laissent dans l'esprit, des idées incompatibles avec le besoin du positif qui domine dans la société moderne ; elles ont, en outre, le tort immense de s'imposer par la foi aveugle et de proscrire le libre examen ; de là, sans aucun doute, le développement de l'incrédulité chez le plus grand nombre ; il est bien évident que si les hommes n'étaient nourris, dès leur enfance, que d'idées de nature à être plus tard confirmées par la raison, il n'y aurait pas d'incrédules. Que de gens ramenés à la croyance par le Spiritisme, nous ont dit : « Si l'on nous avait toujours présenté Dieu, l'âme et la vie future, d'une manière rationnelle, nous n'aurions jamais douté !

« De ce qu'un principe reçoit une mauvaise ou une

fausse application, s'ensuit-il qu'il faille le rejeter? Il en est des choses spirituelles comme de la législation et de toutes les institutions sociales ; il faut les approprier aux temps, sous peine de succomber. Mais au lieu de présenter quelque chose de mieux que le vieux spiritualisme, le matérialisme a préféré tout supprimer, ce qui le dispensait de chercher, et semblait plus commode à ceux que l'idée de Dieu et de l'avenir importune. Que penserait-on d'un médecin qui, trouvant que le régime d'un convalescent n'est pas assez substantiel pour son tempérament, lui prescrirait de ne rien manger du tout ?

« Ce que l'on s'étonne de trouver chez la plupart des matérialistes de l'école moderne, c'est l'esprit d'intolérance poussé à ses dernières limites, eux qui revendiquent sans cesse le droit de liberté de conscience !...

« ... Il y a, en ce moment, de la part d'un certain parti, une levée de boucliers contre les idées spiritualistes en général, dans lesquelles le Spiritisme se trouve naturellement enveloppé. Ce qu'il cherche, ce n'est pas un Dieu meilleur et plus juste, c'est le Dieu matière, moins gênant parce qu'il n'y a pas de compte à lui rendre. Personne ne conteste à ce parti le droit d'avoir son opinion, de discuter les opinions contraires ; mais ce que l'on ne saurait lui concéder, c'est la prétention au moins singulière pour des hommes qui se posent en apôtres de la liberté, d'empêcher les autres de croire à leur manière et de discuter les doctrines qu'ils ne partagent pas. Intolérance pour intolérance, l'une ne vaut pas mieux que l'autre..... »

§ II. Doctrine panthéiste.

Le principe intelligent ou âme, indépendant de la matière, est puisé à la naissance dans le tout universel ; il s'individualise dans chaque être pendant la vie, et retourne à la mort dans la masse commune comme les gouttes de pluie dans l'Océan.

Conséquences. Sans individualité et sans conscience de lui-même, l'être est comme s'il n'était pas ; les conséquences morales de cette doctrine sont exactement les mêmes que dans la doctrine matérialiste.

Remarque. Un certain nombre de panthéistes admettent que l'âme, puisée à la naissance dans le tout universel, conserve son invidualité pendant un temps indéfini, et qu'elle ne retourne à la masse qu'après être parvenue aux derniers degrés de la perfection. Les conséquences de cette variété de croyance sont absolument les mêmes que celles de la doctrine panthéiste proprement dite, car il est parfaitement inutile de se donner de la peine pour acquérir quelques connaissances, dont on doit perdre la conscience en s'anéantissant après un temps relativement court ; si l'âme se refuse généralement à admettre une semblable conception, combien devrait-elle être plus péniblement affectée, en songeant que l'instant où elle atteindrait la connaissance et la perfection suprêmes, serait celui où elle serait condamnée à perdre le fruit de tous ses labeurs, en perdant son individualité.

§. III. Doctrine déiste.

Le déisme comprend deux catégories bien distinctes de croyants : les *déistes indépendants* et les *déistes providentiels*.

Les *déistes indépendants* croient en Dieu ; ils admettent tous ses attributs comme créateur. Dieu, disent-ils, a établi les lois générales qui régissent l'univers, mais ces lois, une fois créées, fonctionnent toutes seules, et leur auteur ne s'occupe plus de rien. Les créatures font ce qu'elles veulent ou ce qu'elles peuvent, sans qu'il s'en inquiète. Il n'y a point de providence ; Dieu ne s'occupant pas de nous, il n'y a ni à le remercier, ni à le prier.

Ceux qui dénient toute intervention de la providence dans la vie de l'homme, sont comme des enfants qui se croient assez raisonnables pour s'affranchir de la tutelle, des conseils et de la protection de leurs parents, ou qui penseraient que leurs parents ne doivent plus s'occuper d'eux dès qu'ils ont été mis au monde.

Sous prétexte de glorifier Dieu, trop grand, disent-ils, pour s'abaisser jusqu'à ses créatures, ils en font un grand égoïste et l'abaissent au niveau des animaux qui abandonnent leur progéniture aux éléments.

Cette croyance est un résultat de l'orgueil ; c'est toujours la pensée d'être soumis à une puissance supérieure qui froisse l'amour-propre et dont on cherche à s'affranchir. Tandis que les uns récusent absolument cette puissance, d'autres consentent à reconnaître son existence, mais la condamnent à la nullité.

Il y a une différence essentielle entre le *déiste indépendant* dont nous venons de parler, et le *déiste providentiel* ; ce dernier, en effet, croit non seulement à l'existence et à la puissance créatrice de Dieu, à l'origine des choses ; il croit encore à son intervention incessante dans la création et le prie, mais il n'admet pas le culte extérieur et le dogmatisme actuel.

§. IV. Doctrine dogmatique.

L'âme, indépendante de la matière, est créée à la naissance de chaque être ; elle survit et conserve son individualité après la mort ; son sort est, dès ce moment, irrévocablement fixé ; ses progrès ultérieurs sont nuls : elle est par conséquent, pour l'éternité, intellectuellement et moralement, ce qu'elle était pendant la vie. Les mauvais étant condamnés à des châtiments perpétuels et irrémissibles dans l'enfer, il en ressort pour eux l'inutilité complète du repentir ; Dieu paraît ainsi se refuser à leur laisser la possibilité de réparer le mal qu'ils ont fait. Les bons sont récompensés par la vue de Dieu et la contemplation perpétuelle dans le ciel. Les cas qui peuvent mériter pour l'éternité le ciel ou l'enfer, sont laissés à la décision et au jugement d'hommes faillibles, à qui il est donné d'absoudre ou de condamner.

(*Nota.* — Si l'on objectait à cette dernière proposition que Dieu juge en dernier ressort, on pourrait demander quelle est la valeur de la décision prononcée par les hommes, puisqu'elle peut être infirmée.)

Séparation définitive et absolue des condamnés et des

élus. Inutilité des secours moraux et des consolations pour les condamnés. Création d'anges ou âmes privilégiées exemptes de tout travail pour arriver à la perfection, etc., etc.

Conséquences. Cette doctrine laisse sans solution les graves problèmes suivants :

1° D'où viennent les dispositions innées intellectuelles et morales qui font que les hommes naissent bons ou mauvais, intelligents ou idiots ?

2° Quel est le sort des enfants qui meurent en bas âge ?

Pourquoi entrent-ils dans la vie bienheureuse, sans le travail auquel d'autres sont assujettis pendant de longues années ?

Pourquoi sont-ils récompensés sans avoir pu faire de bien ou privés d'un bonheur parfait sans avoir fait de mal ?

3° Quel est le sort des crétins et des idiots qui n'ont pas la conscience de leurs actes ?

4° Où est la justice des misères et des infirmités de naissance, alors qu'elles ne sont le résultat d'aucun acte de la vie présente ?

5° Quel est le sort des sauvages et de tous ceux qui meurent forcément dans l'état d'infériorité morale où ils se trouvent placés par la nature même, s'il ne leur est pas donné de progresser ultérieurement ?

6° Pourquoi Dieu crée-t-il des âmes plus favorisées les unes que les autres ?

7° Pourquoi rappelle-t-il à lui prématurément ceux qui auraient pu s'améliorer s'ils avaient vécu plus longtemps, dès l'instant qu'il ne leur est pas donné d'avancer après la mort ?

8° Pourquoi Dieu a-t-il créé des anges, arrivés à la

perfection sans travail, tandis que d'autres créatures sont soumises aux plus rudes épreuves, dans lesquelles elles ont plus de chances de succomber que de sortir victorieuses ? etc., etc.

§ V. Doctrine spirite.

Le principe intelligent est indépendant de la matière. L'âme individuelle préexiste et survit au corps. Même point de départ pour toutes les âmes sans exception; toutes sont créées simples et ignorantes, et sont soumises au progrès indéfini. Point de créatures privilégiées et plus favorisées les unes que les autres; les anges sont des êtres arrivés à la perfection, après avoir passé, comme les autres créatures, par tous les degrés de l'infériorité. Les âmes ou Esprits progressent plus ou moins rapidement, en vertu de leur libre arbitre, par leur travail et leur bonne volonté. — La vie spirituelle est la vie normale; la vie corporelle est une phase temporaire de la vie de l'Esprit, pendant laquelle il revêt momentanément une enveloppe matérielle dont il se dépouille à la mort.

L'Esprit progresse à l'état corporel et à l'état spirituel. L'état corporel est nécessaire à l'Esprit jusqu'à ce qu'il ait atteint un certain degré de perfection : il s'y développe par le travail auquel il est assujetti pour ses propres besoins, et il y acquiert des connaissances pratiques spéciales. Une seule existence corporelle étant insuffisante pour lui faire acquérir toutes les perfections, il reprend un corps aussi souvent que cela lui est nécessaire, et à chaque fois il y arrive avec le progrès qu'il a accompli dans ses existences antérieures et dans la vie spirituelle. Lorsqu'il a acquis dans le monde tout ce qu'il peut y acquérir, il le quitte pour aller dans d'autres mondes plus avancés intellectuellement et moralement, de moins en moins matériels, et ainsi de suite jusqu'à la perfection dont est susceptible la créature.

L'état heureux ou malheureux des Esprits est inhérent à leur avancement moral ; leur punition est la conséquence de leur endurcissement dans le mal, de sorte qu'en persévérant dans le mal ils se punissent eux-mêmes ; mais la porte du repentir ne leur est jamais fermée, et ils peuvent, quand ils le veulent, revenir dans la voie du bien et parvenir avec le temps à tous les progrès.

Les enfants qui meurent en bas âge peuvent être plus ou moins avancés, car ils ont déjà vécu dans des existences antérieures où ils ont pu faire le bien ou commettre de mauvaises actions. La mort ne les affranchit pas des épreuves qu'ils doivent subir, et ils recommencent, en temps utile, une nouvelle existence sur la terre dans des mondes supérieurs, selon leur degré d'élévation.

L'âme des crétins et des idiots est de la même nature que celle de tout autre incarné ; leur intelligence est souvent supérieure, et ils souffrent de l'insuffisance des moyens qu'ils ont pour entrer en relation avec leurs compagnons d'existence, comme les muets souffrent de ne pouvoir parler. Ils ont abusé de leur intelligence dans leurs existences antérieures, et ont accepté volontairement d'être réduits à l'impuissance pour expier le mal qu'ils ont commis, etc., etc.

LA MORT SPIRITUELLE

La question de la *mort spirituelle* est un des principes nouveaux qui marquent les pas du progrès de la science spirite. La manière dont il a été présenté dans certaine théorie individuelle l'a tout d'abord fait rejeter, parce qu'il semblait impliquer, à un temps donné, la perte du *moi* individuel et assimiler les transformations de l'âme à celles de la matière dont les éléments se désagrègent pour former de nouveaux corps. Les êtres heureux et perfectionnés seraient en réalité de nouveaux êtres, ce qui est inadmissible. L'équité des peines et des jouissances futures n'est évidente qu'avec la perpétuité des mêmes êtres gravissant l'échelle du progrès et s'épurant par leur travail et les efforts de leur volonté.

Telles étaient les conséquences que l'on pouvait tirer *a priori* de cette théorie. Toutefois, nous devons en convenir, elle n'a point été présentée avec la forfanterie d'un orgueilleux venant imposer son système ; l'auteur a dit modestement qu'il venait jeter une idée sur le terrain de la discussion, et que de cette idée pourrait sortir une nouvelle vérité. Selon l'avis de nos éminents guides spirituels, il aurait moins péché par le fond que par la forme qui a prêté à une fausse interprétation ;

c'est pourquoi ils nous ont engagé à étudier sérieusement la question ; c'est ce que nous allons essayer de faire, en nous basant sur l'observation des faits qui ressortent de la situation de l'Esprit aux deux époques capitales du retour à la vie corporelle et de la rentrée dans la vie spirituelle.

Au moment de la mort corporelle, nous voyons l'Esprit entrer dans le trouble et perdre la conscience de lui-même, de sorte qu'il n'est jamais témoin du dernier soupir de son corps. Peu à peu le trouble se dissipe et l'esprit se reconnaît, comme l'homme qui sort d'un profond sommeil ; sa première sensation est celle de la délivrance de son fardeau charnel ; puis vient le saisissement de la vue du nouveau milieu où il se trouve. Il est dans la situation d'un homme que l'on chloroformise pour lui faire une amputation, et que l'on transporte, pendant son sommeil, dans un autre lieu. A son réveil, il se sent débarrassé du membre qui le faisait souffrir ; souvent, il cherche ce membre qu'il est surpris de ne plus sentir ; de même, dans le premier moment, l'Esprit cherche son corps ; il le voit à ses côtés ; il sait que c'est le sien et s'étonne d'en être séparé ; ce n'est que peu à peu qu'il se rend compte de sa nouvelle situation.

Dans ce phénomène, il ne s'est opéré qu'un changement de situation matérielle ; mais, au moral, l'Esprit est exactement ce qu'il était quelques heures auparavant ; il n'a subi aucune modification sensible ; ses facultés, ses idées, ses goûts, ses penchants, son caractère sont les mêmes ; les changements qu'ils peuvent subir ne s'opèrent que graduellement par l'influence de ce qui l'entoure. En résumé, il n'y a eu mort que pour le corps seulement ; pour l'Esprit, il n'y a eu que sommeil.

Dans la réincarnation, les choses se passent tout autrement.

Au moment de la conception du corps destiné à l'Esprit, celui-ci est saisi par un courant fluidique qui, semblable à un lien, l'attire et le rapproche de sa nouvelle demeure. Dès lors, il appartient au corps, comme le corps lui appartient jusqu'à la mort de ce dernier ; toutefois l'union complète, la prise de possession réelle n'a lieu qu'à l'époque de la naissance.

Dès l'instant de la conception, le trouble s'empare de l'Esprit ; ses idées deviennent confuses, ses facultés s'annihilent ; le trouble va croissant à mesure que le lien se resserre ; il est complet dans les derniers temps de la gestation ; de sorte que l'Esprit n'est jamais témoin de la naissance de son corps, pas plus qu'il ne l'a été de sa mort ; il n'en a aucune conscience.

A partir du moment où l'enfant respire, le trouble se dissipe peu à peu, les idées reviennent graduellement, mais dans d'autres conditions qu'à la mort du corps.

Dans l'acte de réincarnation, les facultés de l'Esprit ne sont pas simplement engourdies par une sorte de sommeil momentané, comme dans le retour à la vie spirituelle ; toutes, sans exception, passent à l'état *latent*. La vie corporelle a pour but de les développer par l'exercice, mais toutes ne peuvent l'être simultanément, parce que l'exercice de l'une pourrait nuire au développement de l'autre, tandis que, par le développement successif, elles s'appuient l'une sur l'autre. Il est donc utile que quelques-unes restent en repos, pendant que d'autres grandissent ; c'est pourquoi, dans sa nouvelle existence, l'Esprit peut se présenter sous un aspect tout différent, s'il est plus avancé surtout, que dans l'existence précédente.

Dans l'un, la faculté musicale, par exemple, pourra être très active ; il concevra, percevra, et par suite exécutera tout ce qui est nécessaire au développement de cette faculté ; dans une autre existence ce sera le tour de la peinture, des sciences exactes, de la poésie, etc, ; pendant que ces nouvelles facultés s'exercent, celle de la musique restera latente, tout en conservant le progrès accompli. Il en résulte que celui qui a été artiste dans une existence, pourra être un savant, un homme d'État, un tacticien dans une autre, tandis qu'il sera nul sous le rapport artistique et réciproquement.

L'état latent des facultés dans la réincarnation, explique l'oubli des existences précédentes, tandis qu'à la mort du corps, les facultés n'étant qu'à l'état de sommeil de peu de durée, le souvenir de la vie qu'on vient de quitter est complet au réveil.

Les facultés qui se manifestent sont naturellement en rapport avec la position que l'Esprit doit occuper dans le monde, et les épreuves qu'il a choisies ; cependant, il arrive souvent que les préjugés sociaux le déplacent, ce qui fait que certaines gens sont intellectuellement et moralement au-dessus ou au-dessous de la position qu'ils occupent. Ce déclassement, par les entraves qu'il apporte, fait partie des épreuves ; il doit cesser avec le progrès. Dans un ordre social avancé, tout se règle selon la logique des lois naturelles, et celui qui n'est apte qu'à faire des souliers, n'est pas, par droit de naissance, appelé à gouverner les peuples.

Revenons à l'enfant. Jusqu'à la naissance, toutes les facultés étant à l'état latent, l'Esprit n'a aucune conscience de lui-même. Au moment de la naissance, celles qui doivent s'exercer ne prennent point subitement leur essor ; leur développement suit celui des organes qui doivent servir à leur manifestation ; par leur activité intime, elles poussent au développement de l'organe correspondant, comme le bourgeon naissant pousse l'écorce de l'arbre. Il en résulte que, dans la première enfance, l'Esprit n'a la jouissance de la plénitude d'aucune de ses facultés, non-seulement comme incarné, mais même comme Esprit ; il est véritablement enfant, comme le corps auquel il est lié. Il ne se trouve pas comprimé péniblement dans le corps imparfait, sans cela Dieu eût fait de l'incarnation un supplice pour tous les Esprits bons ou mauvais. Il en est autrement de l'idiot et du crétin ; les organes ne s'étant pas développés parallèlement avec les facultés, l'Esprit finit par se trouver dans la position d'un homme serré par des liens qui lui ôtent la liberté de ses mouvements. Telle est la raison pour laquelle on peut évoquer l'esprit d'un idiot et en obtenir des réponses sensées, tandis que celui d'un enfant en très bas âge ou qui n'a pas encore vu le jour est incapable de répondre.

Toutes les facultés, toutes les aptitudes, sont en germe dans l'Esprit dès sa création ; elles y sont à l'état rudimentaire comme tous les organes dans le premier filet du fœtus informe, comme toutes les parties de l'arbre dans la semence. Le sauvage qui, plus tard, deviendra un homme civilisé, possède donc en lui les germes qui, un jour, en feront un savant, un grand artiste ou un grand philosophe.

A mesure que ces germes arrivent à maturité, la Providence lui donne, *pour la vie terrestre*, un corps approprié à ses nouvelles aptitudes ; c'est ainsi que le cerveau d'un Européen est plus complètement organisé, pourvu d'un plus grand nombre de touches que celui du sauvage. *Pour la vie spirituelle*, elle lui donne un corps fluidique ou périsprit plus subtil, impressionnable à de nouvelles sensations. A mesure que l'Esprit grandit, la nature le pourvoit des instruments qui lui sont nécessaires.

Dans le sens de désorganisation, de désagrégation des parties, de dispersion des éléments, il n'y a de mort que pour l'enveloppe matérielle et l'enveloppe fluidique, mais l'âme ou Esprit ne peut mourir pour progresser ; autrement elle perdrait son individualité, ce qui équivaudrait au néant. Dans le sens de transformation, régénération, on peut dire que l'Esprit meurt à chaque incarnation pour ressusciter avec de nouveaux attributs, sans cesser d'être lui même. Tel un paysan, par exemple, qui s'enrichit et devient grand seigneur ; il a quitté la chaumière pour un palais, la veste pour l'habit brodé ; tout est changé dans ses habitudes, dans ses goûts, dans son langage, dans son caractère même ; en un mot, le paysan est mort, il a enterré l'habit de bure, pour renaître homme du monde, et pourtant c'est toujours le même individu, mais transformé.

Chaque existence corporelle est donc pour l'Esprit une occasion de progrès plus ou moins sensible. Rentré dans le monde des Esprits, il y apporte de nouvelles idées ; son horizon moral s'est élargi ; ses perceptions sont plus fines, plus délicates; il voit et comprend ce qu'il ne voyait et ne comprenait pas auparavant; sa vue qui, dans le principe, ne s'étendait pas au-delà de sa dernière existence, embrasse successivement ses existences passées, comme l'homme qui s'élève et pour qui le brouillard se dissipe, embrasse successivement un plus vaste horizon. A chaque nouvelle station dans l'erraticité, se déroulent à ses yeux de nouvelles merveilles du monde invisible, parce qu'à chacune un voile se déchire. En même temps, son enveloppe fluidique s'épure; elle devient plus légère, plus brillante; plus tard, elle serait resplendissante. C'est un esprit presque nouveau; c'est le paysan dégrossi et transformé; le vieil Esprit est mort, et cependant c'est toujours le même Esprit.

C'est ainsi, croyons-nous, qu'il convient d'entendre la mort spirituelle.

LA VIE FUTURE

La vie future n'est plus un problème ; c'est un fait acquis à la raison et à la démonstration pour la presque unanimité des hommes, car ses négateurs ne forment qu'une infime minorité, malgré le bruit qu'ils s'efforcent de faire. Ce n'est donc pas sa réalité que nous nous proposons de démontrer ici ; ce serait se répéter sans rien ajouter à la conviction générale. Le principe étant admis, comme prémices, ce que nous nous proposons, c'est d'examiner son influence sur l'ordre social et la moralisation, selon la manière dont il est envisagé.

Les conséquences du principe contraire, c'est-à-dire du néantisme, sont également trop connues et trop bien comprises pour qu'il soit nécessaire de les développer à nouveau. Nous dirons seulement que, s'il était démontré que la vie future n'existe pas, la vie présente serait sans autre but que l'entretien d'un corps qui, demain, dans une heure, pourrait cesser d'exister et tout dans ce cas serait fini sans retour. La conséquence logique d'une telle condition de l'humanité, serait la concentration de toutes les pensées sur l'accroissement des jouissances matérielles, sans souci du préjudice d'autrui, car pourquoi se priver, s'imposer des sacrifices ?

quelle nécessité de se contraindre pour s'améliorer, se corriger de ses défauts ? Ce serait encore la parfaite inutilité du remords, du repentir, puisqu'on n'aurait rien à espérer ; ce serait enfin la consécration de l'égoïsme et de la maxime : *Le monde est aux plus forts et aux plus adroits.* Sans la vie future, la morale n'est qu'une contrainte, un code de convention imposé arbitrairement, mais elle n'a aucune racine dans le cœur. Une société fondée sur une telle croyance, n'aurait d'autre lien que la force, et tomberait bientôt en dissolution.

Qu'on n'objecte pas que, parmi les négateurs de la vie future, il y a d'honnêtes gens, incapables de faire sciemment du tort à autrui et susceptibles des plus grands dévouements ! Disons d'abord que, chez beaucoup d'incrédules, la négation de l'avenir est plutôt une fanfaronnade, une jactance, l'orgueil de passer pour des esprits forts, que le résultat d'une conviction absolue. Dans le for intime de leur conscience, il y a un doute qui les importune, c'est pourquoi ils cherchent à s'étourdir ; mais ce n'est pas sans une secrète arrière-pensée qu'ils prononcent le terrible *rien* qui les prive du fruit de tous les travaux de l'intelligence, et brise à jamais les plus chères affections. Plus d'un de ceux qui crient le plus fort, sont les premiers à trembler à l'idée de l'inconnu ; aussi, quand approche le moment fatal d'entrer dans cet inconnu, bien peu s'endorment du dernier sommeil avec la ferme persuasion qu'ils ne se réveilleront pas quelque part, car la nature ne perd jamais ses droits.

Disons donc que chez le plus grand nombre, l'incrédulité n'est que relative ; c'est-à-dire que, leur raison n'étant satisfaite ni des dogmes, ni des croyances religieuses, et n'ayant trouvé nulle part de quoi combler le vide qui s'était fait en eux, ils ont conclu qu'il n'y avait rien et bâti des systèmes pour justifier la négation ; ils ne sont donc incrédules que faute de mieux. Les incrédules absolus sont fort rares, si toutefois il en existe.

Une intuition latente et inconsciente de l'avenir peut donc en retenir un certain nombre sur la pente du mal, et l'on pourrait citer une foule d'actes, même chez les plus endurcis, qui témoignent de ce sentiment secret qui les domine à leur insu.

Il faut dire aussi que, quel que soit le degré de l'incrédulité, les gens d'une certaine condition sociale sont retenus par le respect humain ; leur position les oblige à se maintenir dans une ligne de conduite très réservée ; ce qu'ils redoutent par-dessus tout, c'est la flétrissure et le mépris, qui, en leur faisant perdre, par la déchéance du rang qu'ils occupent, la considération du monde, les priveraient des jouissances qu'ils s'y procurent ; s'ils n'ont pas toujours le fond de la vertu, ils en ont au moins le vernis. Mais pour ceux qui n'ont aucune raison de tenir à l'opinion, qui se moquent du qu'en dira-t-on, et l'on ne disconviendra pas que ce ne soit la majorité, quel frein peut être imposé au débordement des passions brutales et des appétits grossiers ? Sur quelle base appuyer la théorie du bien et du mal, la nécessité de réformer leurs mauvais penchants, le devoir de respecter ce que possèdent les autres, alors qu'eux-mêmes ne possèdent rien ? Quel peut être le stimulant du point d'honneur pour des gens à qui l'on persuade qu'ils ne sont plus que des animaux ? La loi, dit-on, est là pour les maintenir ; mais la loi n'est pas un code de morale qui touche le cœur ; c'est une force qu'ils subissent et qu'ils éludent s'ils le peuvent ; s'ils tombent sous ses coups, c'est pour eux une mauvaise chance ou une maladresse qu'ils tâchent de réparer à la première occasion.

Ceux qui prétendent qu'il y a plus de mérite pour les incrédules à faire le bien sans l'espoir d'une rémunération dans la vie future à laquelle ils ne croient pas, s'appuient sur un sophisme tout aussi peu fondé. Les croyants disent aussi que le bien accompli en vue des avantages qu'on en peut recueillir, est moins méritoire ; ils vont même plus loin, car ils sont persuadés que, selon le mobile qui fait agir, le mérite peut être complétement annulé. La perspective de la vie future n'exclut pas le désintéressement dans les bonnes actions, parce que le bonheur dont on y jouit est avant tout subordonné au degré d'avancement moral ; or, les orgueilleux et les ambitieux y sont parmi les moins bien partagés. Mais les incrédules qui font le bien sont-ils aussi désintéressés qu'ils le prétendent ? S'ils n'attendent rien de l'autre monde, n'espèrent-ils rien de celui-ci ? L'amour-propre n'y trouve-t-il jamais son compte ? Sont-ils insensibles au suffrage des hommes ? Ce serait là un degré de perfection rare, et nous ne croyons pas qu'il y en ait beaucoup qui y soient amenés par le seul culte de la matière.

Une objection plus sérieuse est celle-ci : Si la croyance à la vie future est un élément moralisateur, pourquoi les hommes, à qui on la prêche depuis qu'ils sont sur la terre, sont-ils également si mauvais ?

D'abord, qui dit qu'ils ne seraient pas pires sans cela ? On n'en saurait douter, si l'on considère les résultats inévitables du néantisme popularisé. Ne voit-on pas, au contraire, en observant les différents échelons de l'humanité, depuis la sauvagerie jusqu'à la civilisation, marcher de front le progrès intellectuel et moral, l'adoucissement des mœurs, et l'idée plus rationnelle de la vie future ? Mais cette idée, encore très imparfaite, n'a pu exercer l'influence qu'elle aura nécessairement à mesure qu'elle sera mieux comprise, et que l'on acquerra des notions plus justes sur l'avenir qui nous est réservé.

Quelque ferme que soit la croyance en l'immortalité, l'homme ne se préoccupe guère de son âme qu'à un point de vue mystique. La vie future, trop peu clairement définie, ne l'impressionne que vaguement ; ce n'est qu'un but qui se perd dans le lointain, et non un moyen, parce que le sort y est irrévocablement fixé, et que nulle part on ne l'a présentée comme progressive ; d'où l'on conclut que l'on sera pour l'éternité, ce que l'on est en sortant d'ici. D'ailleurs le tableau que l'on en fait, les conditions déterminantes du bonheur ou du malheur que l'on y éprouve, sont loin, surtout dans un siècle d'examen comme le nôtre, de satisfaire complètement la raison. Puis, elle ne se rattache pas assez directement à la vie terrestre; entre les deux, il n'y a aucune solidarité, mais un abime, de sorte que celui qui se préoccupe principalement de l'une des deux, perd presque toujours l'autre de vue.

Sous l'empire de la foi aveugle, cette croyance abstraite avait suffi aux inspirations des hommes ; alors ils se laissaient conduire ; aujourd'hui, sous le règne du libre examen, ils veulent se conduire eux-mêmes, voir par leurs propres yeux, et comprendre ; les vagues notions de la vie future ne sont pas à la hauteur des idées nouvelles, et ne répondent plus aux besoins créés par le progrès. Avec le développement des idées, tout doit progresser autour de l'homme, parce que tout se tient, tout est solidaire dans la nature : sciences, croyances, cultes, législations, moyens d'action ; le mouvement en avant est irrésistible, parce qu'il est la loi de l'existence des êtres ; quoi que ce soit qui reste en arrière, au-dessous du niveau social, est mis de côté, comme des vêtements qui ne sont plus à la taille, et, finalement, est emporté par le flot qui monte.

Ainsi en est-il des idées puériles sur la vie future dont se contentaient nos pères ; persister à les imposer aujourd'hui, serait pousser à l'incrédulité. Pour être acceptée par l'opinion, et pour exercer son influence moralisatrice, la vie future doit se présenter sous l'aspect d'une chose positive, tangible en quelque sorte, capable de supporter l'examen ; satisfaisante pour la raison, sans rien laisser dans l'ombre. C'est au moment où l'insuffisance des notions de l'avenir ouvrait la porte au doute et à l'incrédulité, que de nouveaux moyens d'investigation sont donnés à l'homme pour pénétrer ce mystère, et lui faire comprendre la vie future dans sa réalité, dans son positivisme, dans ses rapports intimes avec la vie corporelle.

Pourquoi prend-on, en général, si peu de souci de la vie future ? C'est cependant une actualité, puisque chaque jour on voit des milliers d'hommes partir pour cette destination inconnue ? Comme chacun de nous doit fatalement partir à son tour, et que l'heure du départ peut sonner à toute minute, il semble naturel de s'inquiéter de ce qu'il en adviendra. Pourquoi ne le fait-on pas ? Précisément parce que la destination est inconnue, et qu'on n'a eu, jusqu'à présent, aucun moyen de la connaître. L'inexorable science est venue la déloger des lieux où on l'avait circonscrite. Est-elle près? Est-elle loin? Est-elle perdue dans l'infini? Les philosophies des temps passés ne répondent pas, parce qu'elles n'en savent rien elles-mêmes ; alors on se dit : « Il en sera ce qu'il en sera ; » de là l'indifférence.

On nous apprend bien qu'on y est heureux ou malheureux selon qu'on a bien ou mal vécu ; mais cela est si vague ! En quoi consistent ce bonheur et ce malheur? Le tableau qu'on nous en fait est tellement en désaccord avec l'idée que nous nous faisons de la justice de Dieu, semé de tant de contradictions, d'inconséquences, d'impossibilités radicales, qu'involontairement on est saisi par le doute, si ce n'est par l'incrédulité absolue, et puis l'on se dit que ceux qui se sont trompés sur les lieux assignés aux séjours futurs ont pu, de même, être induits en erreur sur les conditions qu'ils assignent à la félicité et à la souffrance. D'ailleurs, comment serons-nous dans ce monde-là? Y serons-nous des êtres concrets ou abstraits? Y aurons-nous une forme, une apparence? Si nous n'avons rien de matériel, comment peut-on y endurer des souffrances matérielles? Si les heureux n'ont rien à faire, l'oisiveté perpétuelle au lieu d'une récompense devient un supplice, à moins d'admettre le Nirvana du Bouddhisme qui n'est guère plus enviable.

L'homme ne se préoccupera de la vie future que lorsqu'il y verra un but nettement et clairement défini, une situation logique, répondant à toutes ses aspirations, résolvant toutes les difficultés du présent, et qu'il n'y trouvera rien que la raison ne puisse admettre. S'il se préoccupe du lendemain, c'est parce que la vie du lendemain se lie intimement à la vie de la veille ; elles sont solidaires l'une de l'autre : il sait que de ce qu'il fait aujourd'hui dépend la position de demain, et de ce qu'il fera demain dépendra la position du surlendemain, et ainsi de suite.

Telle doit être pour lui la vie future, quand celle-ci ne sera plus perdue dans les nuages de l'abstraction, mais une actualité palpable, complément nécessaire de la vie présente, *une des phases* de la vie générale, comme les jours sont des phases de la vie corporelle ; quand il verra le présent réagir sur l'avenir, par la force des choses, et surtout quand il comprendra *la réaction de l'avenir sur le présent* : quand, en un mot, il verra le passé, le présent et l'avenir s'enchaîner par une inexorable nécessité, comme la veille, le jour et le lendemain dans la vie actuelle, oh ! alors ses idées changeront du tout au tout, parce qu'il verra dans la vie future, non-seulement un but, mais un moyen ; non un effet éloigné, mais actuel ; c'est alors aussi que cette croyance exercera forcément, et par une conséquence toute naturelle, une action prépondérante sur l'état social et la moralisation.

Tel est le point de vue sous lequel le Spiritisme nous fait envisager la vie future.

QUESTIONS ET PROBLÈMES

Les expiations collectives

Question. — *Le spiritisme nous explique parfaitement la cause des souffrances individuelles, comme conséquences immédiates des fautes commises dans l'existence présente, ou expiation du passé ; mais, puisque chacun ne doit être responsable que de ses propres fautes, on s'explique moins les malheurs collectifs qui frappent les agglomérations d'individus comme parfois toute une famille, toute une ville, toute une nation ou toute une race, et qui atteignent les bons comme les mauvais, les innocents comme les coupables.*

Réponse. — Toutes les lois qui régissent l'univers, qu'elles soient physiques ou morales, matérielles ou intellectuelles, ont été découvertes, étudiées, comprises, en procédant de l'étude et de l'individualité, et de celle de la famille à celle de tout l'ensemble, en généralisant graduellement, et en constatant l'universalité des résultats.

Il en est de même aujourd'hui pour les lois que

l'étude du Spiritisme vous fait connaître ; vous pour [?] appliquer, sans crainte d'errer, les lois qui régissent l'[in]dividu à la famille, à la nation, aux races, à l'ensemble des habitants des mondes, qui sont des individualités collectives. Il y a des fautes de l'individu, celles de la famille, celles de la nation, et chacune, quel que soit son caractère, s'expie en vertu de la même loi. Le bourreau expie envers sa victime, soit en se trouvant en sa présence dans l'espace, soit en vivant en contact avec elle dans une ou plusieurs existences successives jusqu'à la réparation de tout le mal commis. Il en est de même lorsqu'il s'agit de crimes commis solidairement par un certain nombre ; les expiations sont solidaires, ce qui n'anéantit pas l'expiation simultanée des fautes individuelles.

En tout homme il y a trois caractères : celui de l'individu, de l'être en lui-même : celui de membre de la famille, et enfin celui de citoyen ; sous chacune de ces trois faces, il peut être criminel ou vertueux, c'est-à-dire qu'il peut être vertueux comme père de famille, en même temps que criminel comme citoyen, et réciproquement ; de là les situations spéciales qui lui sont faites dans ses existences successives.

Sauf exception, on peut donc admettre comme règle générale que tous ceux qu'une tâche commune réunit dans une existence, ont déjà vécu ensemble pour travailler au même résultat, et se trouveront encore réunis dans l'avenir jusqu'à ce qu'ils aient atteint le but, c'est-à-dire expié le passé, ou accompli la mission acceptée.

Grâce au Spiritisme, vous comprenez maintenant la justice des épreuves qui ne ressortent pas des actes de la vie présente, parce que vous vous dites que c'est l'acquit des dettes du passé ; pourquoi n'en serait-il pas de même des épreuves collectives ? Vous dites que les malheurs généraux frappent l'innocent comme le coupable ; mais ne savez-vous pas que l'innocent d'aujourd'hui peut avoir été le coupable d'hier ? Qu'il soit frappé individuellement ou collectivement, c'est qu'il l'a mérité. Et puis, comme nous l'avons dit, il y a les fautes de l'individu et du citoyen ; l'expiation des unes n'affranchit pas de l'expiation des autres, car il faut que toute dette soit payée jusqu'à la dernière obole. Les vertus de la vie privée ne sont pas celles de la vie publique ; tel qui est excellent citoyen peut être très mauvais père de famille, et tel qui est bon père de famille, probe et honnête dans ses affaires, peut être un mauvais citoyen, avoir soufflé le feu de la discorde, opprimé le faible, trempé la main dans des crimes de lèse-société. Ce sont ces fautes collectives qui sont expiées collectivement par les individus qui y ont concouru, lesquels se retrouvent pour subir ensemble la peine du talion, ou avoir l'occasion de réparer le mal qu'ils ont fait, en prouvant leur dévouement à la chose publique, en secourant et assistant ceux qu'ils avaient jadis maltraités. Ce qui est incompréhensible, inconciliable avec la justice de Dieu sans la préexistence de l'âme, devient clair et logique par la connaissance de cette loi.

La solidarité, qui est le véritable lien social, n'est donc pas seulement pour le présent ; elle s'étend dans le passé et dans l'avenir, puisque les mêmes individualités se sont trouvées, se retrouvent et se retrouveront pour gravir ensemble l'échelle du progrès, en se prêtant un concours mutuel. Voilà ce qui fait comprendre le

Spiritisme par l'équitable loi de la réincarnation et de la continuité des rapports entre les mêmes êtres.

Clélie Duplantier.

Remarque. — Bien que cette communication rentre dans les principes connus de la responsabilité du passé et de la continuité des rapports entre les Esprits, elle renferme une idée en quelque sorte neuve et d'une grande importance. La distinction qu'elle établit entre la responsabilité des fautes individuelles ou collectives, celles de la vie privée et de la vie publique, donne la raison de certains faits encore peu compris, et montre d'une manière plus précise la solidarité qui relie les êtres les uns aux autres, et les générations entre elles.

Ainsi, souvent on renaît dans la même famille, ou du moins les membres d'une même famille renaissent ensemble pour en constituer une nouvelle dans une autre position sociale, afin de resserrer leurs liens d'affection, ou réparer leurs torts réciproques. Par des considérations d'un ordre plus général, on renaît souvent dans le même milieu, dans la même nation, dans la même race, soit par sympathie, soit pour continuer avec les éléments déjà élaborés les études que l'on a faites, se perfectionner, poursuivre des travaux commencés que la brièveté de la vie ou les circonstances n'ont pas permis d'achever. Cette réincarnation dans le même milieu est la cause du caractère distinctif des peuples et des races; tout en s'améliorant, les individus conservent la nuance primitive jusqu'à ce que le progrès les ait complètement transformés.

Les Français d'aujourd'hui sont donc ceux du siècle

dernier, ceux du moyen âge, ceux des temps druidiques ; ce sont les exacteurs et les victimes de la féodalité ; ceux qui ont asservi les peuples et ceux qui ont travaillé à leur émancipation, qui se retrouvent sur la France transformée, où les uns expient dans l'abaissement leur orgueil de race, et où les autres jouissent du fruit de leurs labeurs. Quand on songe à tous les crimes de ces temps où la vie des hommes et l'honneur des familles étaient comptés pour rien, où le fanatisme élevait des bûchers en l'honneur de la divinité, à tous les abus de pouvoir, à toutes les injustices qui se commettaient au mépris des droits les plus sacrés, qui peut être certain de n'y avoir pas plus ou moins trempé les mains, et doit-on s'étonner de voir de grandes et terribles expiations collectives ?

Mais de ces convulsions sociales sort toujours une amélioration ; les esprits s'éclairent par l'expérience ; le malheur est le stimulant qui les pousse à chercher un remède au mal ; ils réfléchissent dans l'erraticité, prennent de nouvelles résolutions, et quand ils reviennent ils font mieux. C'est ainsi que s'accomplit le progrès, de génération en génération.

On ne peut douter qu'il y ait des familles, des villes, des nations, des races coupables parce que, dominées par les instincts d'orgueil, d'égoïsme, d'ambition, de cupidité, elles marchent dans une mauvaise voie et font collectivement ce qu'un individu fait isolément ; une famille s'enrichit aux dépens d'une autre famille ; un peuple subjugue un autre peuple, y porte la désolation et la ruine ; une race veut anéantir une autre race. Voilà pourquoi il y a des familles, des peuples et des races sur qui s'appesantit la peine du talion.

« Qui a tué par l'épée périra par l'épée, » a dit le Christ ; ces paroles peuvent se traduire ainsi : Celui qui a répandu le sang verra le sien répandu ; celui qui a promené la torche de l'incendie chez autrui, verra la torche de l'incendie se promener chez lui ; celui qui a dépouillé sera dépouillé ; celui qui asservit et maltraite le faible, sera faible, asservi et maltraité à son tour, que ce soit un individu, une nation ou une race, parce que les membres d'une individualité collective sont solidaires du bien comme du mal qui se fait en commun.

Tandis que le Spiritisme élargit le champ de la solidarité, le matérialisme le réduit aux mesquines proportions de l'existence éphémère de l'homme ; il en fait un devoir social sans racines, sans autre sanction que la bonne volonté et l'intérêt personnel du moment ; c'est une théorie, une maxime philosophique, dont rien n'impose la pratique ; pour le Spiritisme, la solidarité est un fait reposant sur une loi universelle de la nature, qui relie tous les êtres du passé, du présent et de l'avenir, et aux conséquences de laquelle nul ne peut se soustraire. Voilà ce que tout homme peut comprendre, quelque peu lettré qu'il soit.

Quand tous les hommes comprendront le Spiritisme, ils comprendront la véritable solidarité, et par suite, la véritable fraternité. La solidarité et la fraternité ne seront plus des devoirs de circonstance que l'on prêche bien souvent plus dans son propre intérêt que dans celui d'autrui. Le règne de la solidarité et de la fraternité sera forcément celui de la justice pour tous, et le règne de la justice sera celui de la paix et de l'harmonie entre les individus, les familles, les peuples et les races. Y arrivera-t-on ? En douter serait nier le progrès. Si on compare la société actuelle, chez les nations civilisées, à ce qu'elle était au moyen âge, certes, la différence est grande ; si donc les hommes ont marché jusqu'ici, pourquoi s'arrêteraient-ils ? A voir le chemin qu'ils ont fait depuis un siècle seulement, on peut juger de celui qu'ils *r* ... d'ici un autre siècle.

Les convulsions sociales sont les révoltes des Esprits incarnés contre le mal qui les étreint, l'indice de leurs aspirations vers ce même règne de la justice dont ils ont soif, sans toutefois se rendre un compte bien net de ce qu'ils veulent et des moyens d'y arriver ; c'est pourquoi ils se remuent, s'agitent, renversent à tort et à travers, créent des systèmes, proposent des remèdes plus ou moins utopiques, commettent même mille injustices, soi-disant par esprit de justice, espérant que de ce mouvement sortira peut-être quelque chose. Plus tard ils définiront mieux leurs aspirations, et la route s'éclaircira.

Quiconque va au fond des principes du Spiritisme philosophique, considère les horizons qu'il découvre, les idées qu'il fait naître et les sentiments qu'il développe, ne saurait douter de la part prépondérante qu'il doit avoir dans la régénération, car il conduit précisément, et par la force des choses, au but auquel aspire l'humanité : le règne de la justice par l'extinction des abus qui en ont arrêté les progrès, et par la moralisation des masses. Si ceux qui rêvent le maintien du passé ne le jugeaient pas ainsi, ils ne s'acharneraient pas autant après lui ; ils le laisseraient mourir de sa belle mort comme il en a été de maintes utopies. Cela seul devrait donner à penser à certains railleurs qu'il doit y avoir là quelque chose de plus sérieux qu'ils ne se l'imaginent. Mais il y a des gens qui rient de tout, qui riraient de

Dieu s'ils le voyaient sur la terre. Puis il y a ceux qui ont peur de voir se dresser devant eux, l'âme qu'ils s'obstinent à nier.

Quelque influence que doive un jour exercer le Spiritisme sur l'avenir des sociétés, ce n'est pas à dire qu'il substituera son autocratie à une autre autocratie, ni qu'il n'imposera des lois ; d'abord, parce que, proclamant le droit absolu de la liberté de conscience et du libre examen en matière de foi, comme croyance il veut être librement accepté, par conviction et non par contrainte ; par sa nature, il ne peut ni ne doit exercer aucune pression ; proscrivant la foi aveugle, il veut être compris ; pour lui, il n'y a point de mystères, mais une foi raisonnée, appuyée sur les faits, et qui veut la lumière ; il ne répudie aucune des découvertes de la science, attendu que la science est le recueil des lois de la nature, et que ces lois étant de Dieu, répudier la science, serait répudier l'œuvre de Dieu.

En second lieu, l'action du Spiritisme étant dans sa puisssance moralisatrice, il ne peut affecter aucune forme autocratique, car alors il ferait ce qu'il condamne. Son influence sera prépondérante par les modifications qu'il apportera dans les idées, les opinions, le caractère les habitudes des hommes et les rapports sociaux ; cette influence sera d'autant plus grande qu'elle ne sera pas imposée. Le Spiritisme, puissant comme philosophie, ne pourrait que perdre, dans ce siècle de raisonnement, à se transformer en puissance temporelle. Ce n'est donc pas lui qui fera les institutions sociales du monde régénéré ; ce sont les hommes qui les feront sous l'empire des idées de justice, de charité, de fraternité et de solidarité mieux comprises par l'effet du Spiritisme.

Le Spiritisme, essentiellement positif dans ses croyances, repousse tout mysticisme, à moins qu'on n'étende ce nom, comme le font ceux qui ne croient en rien, à toute idée spiritualiste, à la croyance en Dieu, en l'âme, et en la vie future. Il porte certainement les hommes à s'occuper sérieusement de la vie spirituelle, parce que c'est la vie normale, et que c'est là que doivent s'accomplir leur destinée, puisque la vie terrestre n'est que transitoire et passagère ; par les épreuves qu'il donne de la vie spirituelle, il leur apprend à n'attacher aux choses de ce monde qu'une importance relative, et par là leur donne la force et le courage pour supporter patiemment les vicissitudes de la vie terrestre ; mais en leur apprenant qu'en mourant ils ne quittent pas ce monde sans retour; qu'ils peuvent y revenir perfectionner leur éducation intellectuelle et morale, à moins qu'ils ne soient assez avancés pour mériter d'aller dans un monde meilleur : que les travaux et les progrès qu'ils y accomplissent, ou y font accomplir leur profiteront à eux-mêmes, en améliorant leur position future, c'est leur montrer qu'ils ont tout intérêt à ne pas le négliger ; s'il leur répugne d'y revenir, comme ils ont leur libre arbitre, il dépend d'eux de faire ce qu'il faut pour aller ailleurs ; mais qu'ils ne se méprennent pas sur les conditions qui peuvent leur mériter un changement de résidence ! Ce n'est pas à l'aide de quelques formules en paroles ou en action qu'ils l'obtiendront, mais par une réforme sérieuse et radicale de leurs imperfections; c'est en se modifiant, en se dépouillant de leurs mauvaises passions, en acquérant chaque jour de nouvelles qualités ; en enseignant à tous, par l'exemple, la ligne de conduite qui doit amener solidairement tous les hommes au bonheur par la fraternité, la tolérance et l'amour.

L'humanité se compose de personnalités qui constituent les existences individuelles, et des générations qui constituent les existences collectives. Les unes et les autres marchent au progrès par des phases variées d'épreuves, qui sont ainsi, individuelles pour les personnes, et collectives pour les générations. De même que pour l'incarné chaque existence est un pas en avant, chaque génération marque une étape du progrès pour l'ensemble : c'est ce progrès de l'ensemble qui est irrésistible, et entraîne les masses en même temps qu'il modifie et transforme en instrument de régénération les erreurs et les préjugés d'un passé appelé à disparaître. Or, comme les générations sont composées des individus qui ont déjà vécu dans les générations précédentes, le progrès des générations est ainsi la résultante du progrès des individus.

Mais qui me démontrera, dira-t-on peut être, la solidarité qui existe entre la génération actuelle et les générations qui l'on précédée ou qui la suivront ? Comment pourraient-on me prouver que j'ai vécu au moyen âge, par exemple, et que je reviendrai prendre part aux événements qui s'accompliront dans la suite des temps ?

Le principe de la pluralité des existences a été assez souvent démontré dans la *revue*, et dans les ouvrages fondamentaux de la doctrine, pour que nous ne nous y arrêtions pas ici ; l'expérience et l'observation des faits de la vie journalière fourmillent de preuves physiques et d'une démonstration presque mathématique. Nous engageons seulement les penseurs à s'attacher aux preuves morales résultant du raisonnement et de l'induction.

Est-il absolument nécessaire de voir une chose pour y croire ? En voyant des effets, ne peut-on avoir la certitude matérielle de la cause ?

En dehors de l'expérimentation, la seule voie légitime qui s'ouvre à cette recherche consiste à remonter de l'effet à la cause. La justice nous offre un exemple bien remarquable de ce principe, lorsqu'elle s'applique à découvrir *les indices* des moyens qui ont servi à la perpétration d'un crime, *les intentions* qui ajoutent à la culpabilité du malfaiteur. On n'a pas pris ce dernier sur le fait et cependant il est condamné sur ces indices.

La science, qui ne prétend marcher que par expérience, affirme tous les jours des principes qui ne sont que des inductions des causes dont elle n'a vu que les effets.

En géologie on détermine l'âge des montagnes ; les géologues ont-ils assisté à leur soulèvement, ont-ils vu se former les couches de sédiment qui déterminent cet âge ?

Les connaissances astronomiques, physiques et chimiques permettent d'apprécier le poids des planètes, leur densité, leur volume, la vitesse qui les anime, la nature les éléments qui les composent ; cependant les savants n'ont pu faire d'expérience directe et c'est à l'analogie et à l'induction que nous devons tant de belles et précieuses découvertes.

Les premiers hommes, sur le témoignage de leurs sens, affirmaient que c'est le soleil qui tourne autour de la terre. Cependant, ce témoignage les trompait et le raisonnement a prévalu.

Il en sera de même pour les principes préconisés par le Spiritisme dès qu'on voudra bien les étudier sans parti pris, et c'est alors que l'humanité entrera véritablement et rapidement dans l'ère de progression et de régénération, parce que les individus ne se sentant plus isolés entre deux abîmes, l'inconnu du passé et l'incertitude de l'avenir, travailleront avec ardeur à perfectionner et à multiplier des éléments de bonheur qui sont leur œuvre ; parce qu'ils reconnaîtront qu'ils ne tiennent pas du hasard la position qu'ils occupent dans le monde, et qu'ils jouiront eux-mêmes dans l'avenir et dans les meilleures conditions, des fruits de leurs labeurs et de leurs veilles. C'est qu'enfin le Spiritisme leur apprendra que si les fautes commises collectivement sont expiées solidairement, les progrès accomplis en commun sont également solidaires, et c'est en vertu de ce principe que disparaîtront les dissensions des races, des familles et des individus, et que l'humanité dépouillée des langes de l'enfance, marchera rapidement et virilement à la conquête de ses véritables destinées.

L'ÉGOISME ET L'ORGUEIL

Leurs causes, leurs effets et les moyens de les détruire.

Il est bien reconnu que la plupart des misères de la vie ont leur source dans l'égoïsme des hommes. Dès lors que chacun pense à soi avant de penser aux autres et veut sa propre satisfaction avant tout, chacun cherche naturellement à se procurer cette satisfaction à tout prix, et sacrifie sans scrupule les intérêts d'autrui, depuis les plus petites choses jusqu'aux plus grandes, dans l'ordre moral comme dans l'ordre matériel ; de là tous les antagonismes sociaux toutes les luttes, tous les conflits et toutes les misères, parce que chacun veut évincer son voisin.

L'égoïsme a sa source dans l'orgueil. L'exaltation de la personnalité porte l'homme à se considérer comme au-dessus des autres, se croyant des droits supérieurs, il se blesse de tout ce qui, selon lui, est une atteinte portée à ses droits. L'importance que, par orgueil, il attache à sa personne, le rend naturellement égoïste.

L'égoïsme et l'orgueil ont leur source dans un sentiment naturel : l'instinct de conservation. Tous les instincts ont leur raison d'être et leur utilité, parce que Dieu ne peut rien faire d'inutile. Dieu n'a pas créé le mal ; c'est l'homme qui le produit par l'abus qu'il fait des dons de Dieu, en vertu de son libre arbitre. Ce sentiment, renfermé dans de justes limites, est donc bon en soi ; c'est l'exagération qui le rend mauvais et pernicieux ; il en est de même de toutes les passions que l'homme détourne souvent de leur but providentiel. Dieu n'a point créé l'homme égoïste et orgueilleux ; il l'a créé simple et ignorant ; c'est l'homme qui s'est fait égoïste et orgueilleux en exagérant l'instinct que Dieu lui a donné pour sa conservation.

Les hommes ne peuvent être heureux s'ils ne vivent en paix, c'est-à-dire, s'ils ne sont animés d'un sentiment de bienveillance, d'indulgence et de condescendance réciproques, en un mot, tant qu'ils chercheront à s'écraser les uns les autres. La charité et la fraternité résument toutes les conditions et tous les devoirs sociaux ; mais elles supposent l'abnégation ; or, l'abnégation est incompatible avec l'égoïsme et l'orgueil ; donc avec ces vices, point de véritable fraternité, partant, point d'égalité ni de liberté, parce que l'égoïste et l'orgueilleux veulent tout pour eux. Ce seront toujours là des vers rongeurs de toutes les institutions progressives ; tant qu'ils règneront, les systèmes sociaux les plus généreux les plus sagement combinés crouleront sous leurs coups. Il est beau, sans doute, de proclamer le règne de la fraternité, mais à quoi bon, s'il existe une cause destructive ? C'est bâtir sur un terrain mouvant ; autant vaudrait décréter la santé dans un pays malsain. Dans un tel pays, si l'on veut que les hommes se portent bien, il ne suffit pas d'y envoyer des médecins, car ils mourront comme les autres : il faut détruire les causes d'insalubrité. Si vous voulez qu'ils vivent en frères sur la terre, il ne suffit pas de leur donner des leçons de morale, il faut détruire les causes d'antagonisme ; il faut attaquer le principe du mal : l'orgueil et l'égoïsme. Là est la plaie ; là doit se concentrer toute l'attention de ceux qui veulent sérieusement le bien de l'humanité. Tant que cet obstacle subsistera, ils verront leurs efforts paralysés, non-seulement par une résistance d'inertie, mais pas une force active qui travaillera sans cesse à détruire leur ouvrage, parce que toute idée grande, généreuse et émancipatrice, ruine les prétentions personnelles.

Détruire l'égoïsme et l'orgueil est chose impossible, dira-t-on, parce que ces vices sont inhérents à l'espèce humaine. S'il en était ainsi, il faudrait désespérer de tout progrès moral ; cependant, quand on considère l'homme aux différents âges, on ne peut méconnaître un progrès évident : donc s'il a progressé, il peut progresser encore. D'un autre côté, est-ce qu'on ne trouve aucun homme dépourvu d'orgueil et d'égoïsme ? Ne voit-on pas, au contraire, de ces natures généreuses, en qui le sentiment de l'amour du prochain, de l'humilité, du dévouement et de l'abnégation, semble inné ? Le nombre en est moins grand que celui des égoïstes, cela est certain, autrement ces derniers ne feraient pas la loi ; mais il y en a plus qu'on ne croit, et s'ils paraissent si peu nombreux, c'est que l'orgueil se met en évidence, tandis que la vertu modeste reste dans l'ombre. Si donc l'égoïsme et l'orgueil étaient dans les conditions nécessaires de l'humanité, comme celles de se nourrir pour vivre, il n'y aurait pas d'exceptions ; le point essentiel est donc d'arriver à faire passer l'exception à l'état de règle ; pour cela, il s'agit avant tout de détruire les causes qui produisent et entretiennent le mal.

La principale de ces causes tient évidemment à la fausse idée que l'homme se fait de sa nature, de son passé et de son avenir. Ne sachant d'où il vient, il se croit plus qu'il n'est ; ne sachant où il va il concentre toute sa pensée sur la vie terrestre ; il la veut aussi agréable que possible ; il veut toutes les satisfactions, toutes les jouissances : c'est pourquoi il marche sans scrupule sur son voisin, si celui-ci lui fait obstacle ; mais pour cela, il faut qu'il domine ; l'égalité donnerait à d'autres des droits qu'il veut avoir seul ; la fraternité lui imposerait des sacrifices qui seraient au détriment de son bien-être ; la liberté, il la veut pour lui, et ne la concède aux autres qu'autant qu'elle ne porte aucune atteinte à ses prérogatives. Chacun ayant les mêmes prétentions, il en résulte des conflits perpétuels qui font acheter bien cher les quelques jouissances qu'on parvient à se procurer.

Que l'homme s'identifie avec la vie future, et sa manière de voir change complètement, comme celle de l'individu qui ne doit rester que peu d'heures dans un mauvais logis, et qui sait qu'à sa sortie, il en aura un magnifique pour le reste de ses jours.

L'importance de la vie présente, si triste, si courte, si éphémère, s'efface devant la splendeur de l'avenir infini qui s'ouvre devant lui. La conséquence naturelle, logique de cette certitude, c'est de sacrifier un présent fugitif à un avenir durable, tandis qu'avant il sacrifiait tout au présent. La vie future devenant son but, peu lui importe d'avoir un peu plus ou un peu moins dans celle-ci ; les intérêts mondains sont l'accessoire au lieu d'être le principal ; il travaille dans le présent en vue d'assurer sa position dans l'avenir, et de plus, il sait à quelles conditions il peut être heureux.

Pour les intérêts mondains, les hommes peuvent lui faire obstacle : il faut qu'il les écarte, et il devient égoïste par la force des choses ; s'il porte ses vues plus haut, vers un bonheur qu'aucun homme ne peut entraver, il n'a intérêt à écraser personne, et l'égoïsme n'a plus d'objet ; mais il lui reste toujours le stimulant de l'orgueil.

La cause de l'orgueil est dans la croyance que l'homme a de sa supériorité individuelle ; et c'est ici que se fait encore sentir l'influence de la concentration de la pensée sur la vie terrestre. Chez l'homme qui ne voit rien avant lui, rien après lui, rien au-dessus de lui, le sentiment de la personnalité l'emporte, et l'orgueil n'a point de contre-poids.

L'incrédulité non-seulement ne possède aucun moyen de combattre l'orgueil, mais elle le stimule et lui donne raison en niant l'existence d'une puissance supérieure à l'humanité. L'incrédule ne croit qu'à lui-même ; il est donc naturel qu'il ait de l'orgueil ; tandis que, dans les coups qui le frappent, il ne voit que le hasard et se redresse ; celui qui a la foi, voit la main de Dieu et s'incline. Croire en Dieu et en la vie future est donc la première condition pour tempérer l'orgueil, mais cela ne suffit pas ; à côté de l'avenir, il faut voir le passé pour se faire une idée juste du présent.

Pour que l'orgueilleux cesse de croire à sa supériorité, il faut lui prouver qu'il n'est pas plus que les autres et que les autres sont autant que lui ; que l'égalité est un fait et non simplement une belle théorie philosophique ; vérités qui ressortent de la préexistence de l'âme et de la réincarnation.

Sans la préexistence de l'âme, l'homme est porté à croire que Dieu l'a exceptionnellement avantagé, quand il croit en Dieu ; quand il n'y croit pas, il en rend grâce au hasard et à son propre mérite. La préexistence l'initiant à la vie antérieure de l'âme, lui apprend à distinguer la vie spirituelle infinie, de la vie corporelle temporaire ; il sait par là que les âmes sortent égales des mains du Créateur ; qu'elles ont un même point de départ et un même but que toutes doivent atteindre en plus ou moins de temps selon leurs efforts ; que lui même n'est arrivé à ce qu'il est qu'après avoir longtemps et péniblement végété comme les autres dans les degrés inférieurs : qu'il n'y a entre les plus arriérés et les plus avancés qu'une question de temps ; que les avantages de la naissance sont purement corporels et indépendants de l'Esprit ; que le simple prolétaire peut, dans une autre existence, naître sur un trône, et le plus puissant renaître prolétaire. S'il ne considère que la vie corporelle, il voit les inégalités sociales du moment ; elles le frappent ; mais s'il porte ses regards sur l'ensemble de la vie de l'Esprit, sur le passé et sur l'avenir, depuis le point de départ jusqu'au point d'arrivée, ces inégalités s'effacent, et il reconnaît que Dieu n'a avantagé aucun de ses enfants au préjudice des autres ; qu'il a fait la part égale à chacun et n'a pas aplani la route aux uns plus qu'aux autres ; que celui qui est moins avancé que lui sur la terre, peut arriver avant lui s'il travaille plus que lui à son perfectionnement ; il reconnaît enfin que chacun n'arrivant que par ses efforts personnels, le principe d'*égalité* se trouve être ainsi un principe de justice et une loi de nature, devant lesquels tombe l'orgueil du privilège.

La réincarnation, en prouvant que les Esprits peuvent renaître dans différentes conditions sociales, soit comme expiation, soit comme épreuve, apprend que dans celui qu'on traite avec dédain peut se trouver un homme qui a été notre supérieur ou notre égal dans une autre existence, un ami ou un parent. Si l'homme le savait, il le traiterait avec égards, mais alors il n'aurait aucun mérite ; et par contre, s'il savait que son ami actuel a été son ennemi, son serviteur ou son *esclave*, il le repousserait ; or, Dieu n'a pas voulu qu'il en fut ainsi, c'est pourquoi il a jeté un voile sur le passé ; de cette manière, l'homme est conduit à voir dans tous des frères et des égaux ; de là une base naturelle pour la *fraternité* ; sachant qu'il pourra lui-même être traité comme il aura traité les autres, *la charité* devient un devoir et une nécessité fondés sur la nature elle-même.

Jésus a posé le principe de la charité, de l'égalité et de la fraternité ; il en a fait une condition expresse du salut ; mais il était réservé à la troisième manifestation de la volonté de Dieu, au Spiritisme, par la connaissance qu'il donne de la vie spirituelle, par les horizons nouveaux qu'il découvre et les lois qu'il révèle, de sanctionner ce principe en prouvant que ce n'est pas seulement une doctrine morale, mais une loi de nature, et qu'il va de l'intérêt de l'homme de le pratiquer. Or, il le pratiquera quand, cessant de voir dans le présent le commencement et la fin, il comprendra la solidarité qui existe entre le présent, le passé et l'avenir. Dans le champ immense de l'infini que le Spiritisme lui fait entrevoir, son importance personnelle s'annule ; il comprend que seul il n'est rien et ne peut rien ; que tous ont besoin les uns des autres et ne sont pas plus les uns que les autres : double échec pour son orgueil et son égoïsme.

Mais, pour cela, il lui faut la foi, sans laquelle il restera forcément dans l'ornière du présent ; non la foi aveugle qui fuit la lumière, restreint les idées, et par cela même entretient l'égoïsme, mais la foi intelligente, raisonnée, qui veut la clarté et non les ténèbres, qui déchire hardiment le voile des mystères et élargit l'horizon ; c'est cette foi, premier élément de tout progrès, que le Spiritisme lui apporte, foi robuste parce qu'elle est fondée sur l'expérience et les faits, parce qu'elle lui donne des preuves palpables de l'immortalité de son âme, lui apprend d'où il vient, où il va, et pourquoi il est sur la terre ; parce qu'enfin elle fixe ses idées incertaines sur son passé et sur son avenir.

Une fois entré largement dans cette voie, l'égoïsme et l'orgueil n'ayant plus les mêmes causes de surexcitation, s'éteindront peu à peu faute de but et d'aliment, et toutes les relations sociales se modifieront sous l'empire de la charité et de la fraternité bien comprises.

Cela peut-il arriver par un brusque changement ? Non, cela est impossible : rien n'est brusque dans la nature ; jamais la santé ne revient subitement à un malade ; entre la maladie et la santé, il y a toujours la convalescence. L'homme ne peut donc instantanément changer son point de vue, et porter son regard de la terre au ciel ; l'infini le confond et l'éblouit ; il lui faut le temps de s'assimiler les idées nouvelles. Le Spiritisme est, sans contredit, le plus puissant élément moralisateur, parce qu'il sape l'égoïsme et l'orgueil par la base, en donnant un point d'appui à la morale : il a fait des miracles de conversion ; ce ne sont encore, il est vrai, que des cures individuelles, et souvent partielles ; mais ce qu'il a produit sur des individus, est le gage de ce qu'il produira un jour sur les masses. Il ne peut arracher les mauvaises herbes tout d'un coup ; il donne la foi ; la foi est la bonne semence, mais il faut à cette semence le temps de germer et de donner des fruits ; voilà pourquoi tous les spirites ne sont pas encore parfaits. Il a pris l'homme au milieu de la vie, dans le feu des passions, dans la force des préjugés, et si, dans de telles circonstances, il a opéré des prodiges, que sera-ce quand il le prendra à la naissance, vierge de toutes les impressions malsaines ; quand celui-ci sucera la charité avec le lait, et sera bercé par la fraternité ; quand enfin toute une génération sera élevée et nourrie dans des idées que la raison grandissant fortifiera au lieu de désunir ? Sous l'empire de ces idées devenues la foi de tous, le progrès ne rencontrant plus d'obstacle dans l'égoïsme et l'orgueil, les institutions se reformeront d'elles-mêmes et l'humanité avancera rapidement vers les destinées qui lui sont promises sur la terre en attendant celles du ciel.

LIBERTÉ, ÉGALITÉ, FRATERNITÉ

Liberté, égalité, fraternité, ces trois mots sont à eux seuls le programme de tout un ordre social qui réaliserait le progrès le plus absolu de l'humanité, si les principes qu'ils représentent pouvaient recevoir leur entière application. Voyons les obstacles qui, dans l'état actuel de la société, peuvent s'y opposer, et à côté du mal cherchons le remède.

La fraternité, dans la rigoureuse acception du mot, résume tous les devoirs des hommes à l'égard les uns des autres ; elle signifie : dévouement, abnégation, tolérance, bienveillance, indulgence ; c'est la charité évangélique par excellence et l'application de la maxime : « Agir envers les autres comme nous voudrions que les autres agissent envers nous. » La contre-partie est *l'Egoïsme*. La fraternité dit : « Chacun pour tous et tous pour chacun. » L'égoïsme dit : « Chacun pour soi. » Ces deux qualités étant la négation l'une de l'autre, il est aussi impossible à un égoïste d'agir fraternellement envers ses semblables qu'il l'est à un avare d'être généreux, à un homme petit d'atteindre à la hauteur d'un homme grand. Or, l'égoïsme étant la plaie dominante de la société, tant qu'il régnera en maître, le règne de la véritable fraternité sera impossible ; chacun voudra de la fraternité à son profit, mais n'en voudra pas faire au profit des autres ; ou s'il en fait, ce sera après s'être assuré qu'il n'y perdra rien.

Considérée au point de vue de son importance pour la réalisation du bonheur social, la fraternité est en première ligne : c'est la base ; sans elle il ne saurait exister ni égalité ni liberté sérieuse ; l'égalité découle de la fraternité, et la liberté est la conséquence des deux autres.

En effet, supposons une société d'hommes assez désintéressés, bons et bienveillants pour vivre entre eux fraternellement, il n'y aura parmi eux ni privilèges ni droits exceptionnels, sans quoi il n'y aurait pas fraternité. Traiter quelqu'un en frère, c'est le traiter d'égal à égal ; c'est lui vouloir ce que l'on voudrait pour soi-même ; chez un peuple de frères, l'égalité sera la conséquence de leurs sentiments, de leur manière d'agir et s'établira par la force des choses. Mais quel est l'ennemi de l'égalité ? C'est l'orgueil. L'orgueil qui partout veut primer et dominer, qui vit de privilèges et d'exceptions, peut subir l'égalité sociale, mais ne le fondera jamais et la brisera à la première occasion. Or, l'orgueil étant, lui aussi, une des plaies de la société, tant qu'il ne sera pas détruit, il opposera une barrière à la véritable égalité.

La liberté, avons-nous dit, est fille de la fraternité et de l'égalité ; nous parlons de la liberté légale et non de la liberté naturelle qui est, de droit, imprescriptible pour toute créature humaine depuis le sauvage jusqu'à l'homme civilisé. Les hommes vivant en frères, avec des droits égaux, animés d'un sentiment de bienveillance réciproque, pratiqueront entre eux la justice, ne chercheront point à se faire de tort, et n'auront, pas conséquent, rien à craindre les uns des autres. La liberté sera sans danger, parce que nul ne songera à en abuser au préjudice de ses semblables. Mais comment l'égoïsme qui veut tout pour lui, l'orgueil qui veut sans cesse dominer, donneraient-ils la main à la liberté qui les détrônerait ? Les ennemis de la liberté sont donc à la fois l'égoïsme et l'orgueil, comme ils le sont de l'égalité et de la fraternité.

La liberté suppose la confiance mutuelle ; or, il ne saurait y avoir confiance entre gens mus par le sentiment exclusif de la personnalité ; ne pouvant se satisfaire qu'aux dépens d'autrui, ils sont sans cesse en garde les uns contre les autres. Toujours dans la crainte de perdre ce qu'ils appellent leurs droits, la domination est la condition même de leur existence, c'est pourquoi ils dresseront toujours des embûches à la liberté, et l'étoufferont aussi longtemps qu'ils le pourront.

Ces trois principes sont donc, comme nous l'avons dit, solidaires les uns des autres et se servent mutuellement d'appui ; sans leur réunion, l'édifice social ne saurait être complet. La fraternité pratiquée dans sa pureté ne peut l'être seule, car sans l'égalité et la liberté il n'y a pas de véritable fraternité. La liberté sans la fraternité, c'est la bride mise sur le cou de toutes les mauvaises passions qui n'ont plus de frein ; avec la fraternité, l'homme ne fait aucun mauvais usage de sa liberté : c'est l'ordre ; sans la fraternité, il en use pour donner cours à toutes ses turpitudes : c'est l'anarchie, la licence. C'est pour cela que les nations les plus libres sont forcées d'apporter des restrictions à la liberté. L'égalité sans la fraternité conduit aux mêmes résultats, car l'égalité veut la liberté ; sous prétexte d'égalité, le petit abaisse le grand, pour se substituer à lui, et devient tyran à son tour ; ce n'est qu'un déplacement de despotisme.

S'ensuit-il que, jusqu'à ce que les hommes soient imbus du sentiment de la véritable fraternité, il faille les tenir en servitude ? Qu'ils soient impropres aux institutions fondées sur les principes d'égalité et de liberté ? Une telle opinion serait plus qu'une erreur ; elle serait absurde. On n'attend pas qu'un enfant ait fait toute sa croissance pour le faire marcher. Qui, d'ailleurs, le tient le plus souvent en tutelle ? Sont-ce des hommes aux idées grandes et généreuses, guidés par l'amour du progrès ? Profitant de la soumission de leurs inférieurs pour développer en eux le sens moral, et les élever peu à peu à la condition d'hommes libres ? Non ; ce sont, pour la plupart, des hommes jaloux de leur pouvoir, à l'ambition et à la cupidité desquels d'autres hommes servent d'instruments plus intelligents que des animaux, et qui, à cet effet, au lieu de les émanciper les tiennent le plus longtemps possible sous le joug et dans l'ignorance. Mais cet ordre de choses change de lui-même par la puissance irrésistible du progrès. La réaction est parfois violente et d'autant plus terrible que le sentiment de la fraternité, imprudemment étouffé, ne vient point interposer son pouvoir modérateur ; la lutte s'engage entre ceux qui veulent saisir et ceux qui veulent retenir ; de là un conflit qui se prolonge souvent pendant des siècles. Un équilibre factice s'établit enfin ; il y a du mieux ; mais on sent que les bases sociales ne sont pas solides ; le sol tremble à chaque instant sous les pas, car ce n'est point encore le règne de la liberté et de l'égalité sous l'égide de la fraternité, parce que l'orgueil et l'égoïsme sont toujours là qui tiennent en échec les efforts des hommes de bien.

Vous tous qui rêvez cet âge d'or pour l'humanité, travaillez avant tout à la base de l'édifice avant d'en vouloir couronner le faîte ; donnez lui pour assise la fraternité dans sa plus pure acception ; mais pour cela il ne suffit pas de la décréter et de l'inscrire sur un drapeau ; il faut quelle soit dans le cœur, et l'on ne change pas le cœur des hommes par des ordonnances. De même que pour faire fructifier un champ il faut en arracher les pierres et les ronces, travaillez sans relâche à extirper le virus de l'orgueil et de l'égoïsme, car là est la source de tout mal, l'obstacle réel au règne du bien ; détruisez dans les lois, dans les institutions, dans les religions, dans l'éducation jusqu'aux derniers vestiges des temps de barbarie et de privilèges, et toutes les causes qui entretiennent et développent ces éternels obstacles au véritable progrès, qu'on suce pour ainsi dire avec le lait et qu'on aspire par tous les pores dans l'atmosphère sociale ; alors seulement les hommes comprendront les devoirs et les bienfaits de la fraternité ; alors aussi s'établiront d'eux-mêmes, sans secousse et danger, les principes complémentaires d'égalité et de liberté.

La destruction de l'égoïsme et de l'orgueil est-elle possible ? Nous disons hautement et carrément OUI, autrement il faudrait poser un point d'arrêt au progrès de l'humanité. L'homme grandit en intelligence, c'est un fait incontestable ; est-il arrivé au point culminant qu'il ne saurait dépasser ? Qui oserait soutenir cette thèse absurde ? Progresse-t-il en moralité ? Il suffit pour répondre à cette question de comparer les époques d'un même pays. Pourquoi donc aurait-il plutôt atteint la limite du progrès moral que celle du progrès intellectuel ? Son aspiration vers un ordre de choses meilleur est un indice de la possibilité d'y arriver. Aux hommes du progrès il appartient d'activer ce mouvement par l'étude et la mise en pratique des moyens les plus efficaces.

LES ARISTOCRATIES

Aristocratie vient du grec *aristos*, le meilleur, et *Kratos*, puissance : l'aristocratie dans son acception littérale, signifie donc : *Puissance des meilleurs*. On conviendra que le sens primitif a parfois singulièrement dévié ; mais voyons quelle influence le Spiritisme peut exercer sur son application. Pour cela prenons les choses au point de départ et suivons-les à travers les âges pour en déduire ce qui arrivera plus tard.

Dans aucun temps, ni chez aucun peuple, les hommes en société n'ont pu se passer de chefs ; on en trouve chez les plus sauvages. Cela tient à ce que, en raison de la diversité des aptitudes et des caractères inhérents à l'espèce humaine, il y a partout des hommes incapables qu'il a fallu diriger, des faibles qu'il a fallu protéger, des passions qu'il a fallu comprimer ; de là, le besoin d'une autorité. On sait que dans les sociétés primitives, cette autorité fut déférée aux chefs de famille, aux anciens, aux vieillards, en un mot, aux patriarches ; ce fut la première de toutes les aristocraties.

Les sociétés devenant plus nombreuses, l'autorité patriarcale fut impuissante dans certaines circonstances.

Les querelles entre peuplades voisines amenèrent des combats ; il fallut pour les diriger, non des vieillards, mais des hommes forts, vigoureux et intelligents ; de là les chefs militaires. Ces chefs victorieux, on leur conféra l'autorité espérant trouver dans leur valeur une garantie contre les attaques des ennemis ; beaucoup, abusant de leur position, s'en emparèrent eux-mêmes ; puis, les vainqueurs s'imposèrent aux vaincus, ou les réduisirent en servitude ; de là, l'autorité de la force brutale qui fut la seconde aristocratie.

Les forts, avec leurs biens, transmirent tout naturellement leur autorité à leurs enfants, et les faibles, comprimés, n'osant rien dire, s'habituèrent peu à peu à considérer ceux-ci comme les héritiers des droits conquis par leurs pères, et comme leurs supérieurs ; de là, la division de la société en deux classes : les supérieurs et les inférieurs, ceux qui commandent et ceux qui obéissent ; de là, par conséquent l'aristocratie de la naissance qui devint tout aussi puissante et tout aussi prépondérante que celle de la force, parce que si elle n'avait pas la force par elle-même, comme aux premiers temps où il fallait payer de sa personne, elle disposait d'une force mercenaire. Ayant tout pouvoir, elle se donna tout naturellement des privilèges.

Pour la conservation de ces privilèges, il fallait leur donner le prestige de la légalité, et elle fit les lois à son profit, ce qui lui était facile, puisque seule elle les faisait. Cela n'était pas toujours suffisant ; elle y donna le prestige du droit divin, pour les rendre respectables et inviolables. Pour assurer ce respect de la part de la classe soumise qui devenait de plus en plus nombreuse et plus difficile à contenir, même par la force, il n'y avait qu'un moyen, l'empêcher de voir clair, c'est-à-dire la maintenir dans l'ignorance.

Si la classe supérieure avait pu nourrir la classe inférieure sans rien faire, elle en aurait eu bon marché pendant longtemps encore ; mais comme celle-ci était obligée de travailler pour vivre, et de travailler d'autant plus qu'elle était plus pressurée, il en est résulté que la nécessité de trouver sans cesse de nouvelles ressources, de lutter contre une concurrence envahissante, de chercher de nouveaux débouchés pour les produits, a développé son intelligence, et qu'elle s'est éclairée par les causes mêmes dont on se servait pour l'assujettir. Ne voit-on pas là le doigt de la Providence ?

La classe soumise a donc vu clair ; elle a vu le peu de consistance du prestige qu'on lui opposait et se sentant forte par le nombre, elle a aboli les privilèges et proclamé l'égalité devant la loi. Ce principe a marqué chez certains peuples, la fin du règne de l'aristocratie de naissance, qui n'est plus que nominale et honorifique, puisqu'elle ne confère plus de droits légaux.

Alors s'est élevée une nouvelle puissance, celle de l'argent, parce qu'avec de l'argent on dispose des hommes et des choses. C'était un soleil levant devant lequel on s'est incliné, comme jadis on s'inclinait devant un blason, et plus bas encore. Ce qu'on n'accordait plus au titre, on l'accordait à la fortune, et la fortune a eu ses privilèges égaux. Mais alors on s'est aperçu que, si pour faire fortune, il faut une certaine dose d'intelligence, il n'en fallait pas tant pour en hériter, et que les enfants sont souvent plus habiles à la manger qu'à la gagner, que les moyens mêmes de s'enrichir ne sont pas toujours irréprochables ; il en résulte que l'argent perd peu à peu son prestige moral, et qu'à cette puissance tend à se substituer une autre puissance, une autre aristocratie plus juste : celle de l'intelligence devant laquelle chacun peut s'incliner sans s'avilir, parce qu'elle appartient au pauvre comme au riche.

Sera-ce la dernière ? Est-elle la plus haute expression de l'humanité civilisée ? Non.

L'intelligence n'est pas toujours un gage de moralité, et l'homme le plus intelligent peut faire un très mauvais emploi de ses facultés. D'un autre côté, la moralité seule, peut souvent être incapable. L'union de ces deux facultés, *intelligence* et *moralité*, est donc nécessaire pour créer une prépondérance légitime, et à laquelle la masse se soumettra aveuglément, parce qu'elle lui inspirera toute confiance par ses lumières et par sa justice. Ce sera la dernière aristocratie, celle qui sera la conséquence, où plutôt le signal de l'avènement du règne du bien sur la terre. Elle arrivera tout naturellement par la force des choses ; lorsque les hommes de cette catégorie seront assez nombreux pour former une majorité imposante, c'est à eux que la masse confiera ses intérêts.

Comme nous l'avons vu, toutes les aristocraties ont eu leur raison d'être ; elles sont nées de l'état de l'humanité ; il en sera de même de celle qui deviendra un besoin ; toutes ont fait ou feront leur temps suivant les contrées, parce qu'aucune n'a eu pour base le principe moral ; ce principe seul peut constituer une suprématie durable, parce qu'elle sera animée des sentiments de justice et de charité ; suprématie que nous appellerons : *aristocratie intellecto-morale*.

Un tel état de choses est-il possible avec l'égoïsme,

l'orgueil, la cupidité qui règnent en maîtres sur la terre!
A cela nous répondrons carrément : oui, non-seulement
il est possible, mais il arrivera, car il est inévitable.

Aujourd'hui l'intelligence domine ; elle est souveraine,
personne ne saurait le contester ; et cela est si vrai,
que vous voyez l'homme du peuple arriver aux premiers emplois. Cette aristocratie n'est-elle pas plus juste,
plus logique, plus rationnelle que celle de la force brutale de la naissance ou de l'argent? Pourquoi donc serait-il impossible d'y joindre la moralité? — Parce que
disent les pessimistes, le mal domine sur la terre. —
Est-il dit que le bien ne l'emportera jamais? Les mœurs,
et par suite les institutions sociales, ne valent-elles pas
cent fois mieux aujourd'hui qu'au moyen âge? Chaque
siècle n'a-t-il pas été marqué par un progrès? Pourquoi donc l'humanité s'arrêterait-elle quand elle a encore tant à faire? Les hommes, par un instinct naturel,
cherchent leur bien-être ; s'ils ne le trouvent pas complet
dans le règne de l'intelligence, ils le chercheront
ailleurs ; et où pourront-ils le trouver, si ce n'est dans
le règne de la moralité? Pour cela, il faut que la moralité
l'emporte numériquement. Il y a fort à faire, c'est incontestable, mais, encore une fois, il y aurait sotte présomption à dire que l'humanité est arrivée à son apogée,
quand on la voit marcher sans cesse dans la voie du
progrès.

Disons d'abord que les bons, sur la terre, ne sont
pas tout à fait aussi rares qu'on le croit ; les mauvais
sont nombreux cela est malheureusement vrai : mais
ce qui les fait paraître encore plus nombreux, c'est
qu'ils ont plus d'audace et qu'ils sentent que cette audace même leur est nécessaire pour réussir ; et pour-

tant ils comprennent tellement la prépondérance du bien que ne pouvant le pratiquer, ils en prennent le masque.

Les bons, au contraire, ne font pas parade de leurs bonnes qualités; ils ne se mettent pas en évidence et voilà pourquoi ils paraissent si peu nombreux; mais sondez les actes intimes accomplis sans ostentation, et, dans tous les rangs de la société, vous trouverez encore assez de bonnes et loyales natures pour vous rasséréner le cœur et ne pas désespérer de l'humanité. Et puis, il faut le dire aussi, parmi les mauvais il y en a beaucoup qui ne le sont que par entraînement, et qui deviendraient bons s'ils étaient soumis à une bonne influence. Nous posons en fait que sur 100 individus, il y a 25 bons et 75 mauvais; sur ces derniers, il y en a 50 qui le sont par faiblesse, et qui seraient bons s'ils avaient de bons exemples sous les yeux, et si surtout ils avaient eu une bonne direction dès l'enfance; et que sur les 25 franchement mauvais, tous ne sont pas incorrigibles.

Dans l'état actuel des choses, les mauvais sont en majorité et ils font la loi aux bons; supposons qu'une circonstance amène la conversion des 50 moyens, les bons seront en majorité et feront la loi à leur tour; sur les 25 autres franchement mauvais, plusieurs subiront l'influence, et il ne restera que quelques incorrigibles sans prépondérance.

Prenons un exemple pour comparaison : Il y a des peuples chez lesquels le meurtre et le vol sont l'état normal; le bien y fait exception. Chez les peuples les plus avancés et les mieux gouvernés de l'Europe, le crime est l'exception ; traqué par les lois, il est sans influence sur la société. Ce qui y domine encore, ce sont les vices de caractère : l'orgueil, l'égoïsme, la cupidité et leur cortège.

Pourquoi donc, ces peuples progressant, les vices n'y deviendraient-ils par l'exception, comme le sont aujourd'hui les crimes, tandis que les peuples inférieurs atteindraient notre niveau ? Nier la possibilité de cette marche ascendante serait nier le progrès.

Assurément, un tel état de choses ne peut être l'œuvre d'un jour, mais s'il est une cause qui doive en hâter l'avènement, c'est sans aucun doute le Spiritisme. Agent par excellence de la solidarité humaine, montrant les épreuves de la vie actuelle comme la conséquence logique et rationnelle des actes accomplis dans les existences antérieures, faisant de chaque homme l'artisan volontaire de son propre bonheur, de sa vulgarisation universelle résultera nécessairement une élévation sensible du niveau moral actuel.

Les principes généraux de notre philosophie sont à peine élaborés et coordonnés, et déjà ils ont réuni, dans une imposante communion de pensées, des millions d'adhérents disséminés sur toute la terre. Les progrès accomplis sous leur influence, les transformations individuelles et locales qu'ils ont provoquées en moins de quinze ans, nous permettent d'apprécier les immenses modifications fondamentales qu'ils sont appelés à déterminer dans l'avenir.

Mais si, grâce au développement et à l'acceptation générale des enseignements des Esprits, le niveau moral de l'humanité tend constamment à s'élever, on s'abuserait étrangement en supposant que la moralité deviendra prépondérante par rapport à l'intelligence. Le Spiritisme, en effet, ne demande pas à être accepté aveuglément. Il fait appel à la discussion et à la lumière.

« Au lieu de la foi aveugle qui annihile la liberté de penser, il dit : *Il n'y a de foi inébranlable que celle qui peut regarder la raison face à face à tous les âges de l'humanité. A la foi, il faut une base, et cette base c'est l'intelligence parfaite de ce qu'on doit croire ; pour croire, il ne suffit pas de voir, il faut surtout comprendre.* » (Evangile selon le Spiritisme). C'est donc à bon droit que nous pouvons considérer le Spiritisme comme l'un des plus puissants précurseurs de l'aristocratie de l'avenir, c'est-à-dire de *l'aristocratie intellecto-morale*.

LES DÉSERTEURS

Si toutes les grandes idées ont eu leurs apôtres fervents et dévoués, les meilleures mêmes ont eu aussi leurs déserteurs. Le Spiritisme ne pouvait échapper aux conséquences de la faiblesse humaine ; il a eu les siens, et à ce sujet quelques remarques ne seront pas inutiles.

Au commencement, beaucoup se sont mépris sur la nature et le but du Spiritisme, et n'en ont pas entrevu la portée. Il a tout d'abord excité la curiosité ; beaucoup n'ont vu dans les manifestations qu'un sujet de distraction ; ils se sont amusés des Esprits, tant que ceux-ci ont bien voulu les amuser ; c'était un passe temps, souvent un accessoire de soirée.

Cette manière de présenter la chose au début, était une adroite tactique de la part des Esprits ; sous la forme d'amusement, l'idée a pénétré partout et semé des germes sans effaroucher les consciences timorées ; on a joué avec l'enfant, mais l'enfant devait grandir.

Quand, aux Esprits facétieux, ont succédé les Esprits sérieux, moralisateurs ; quand le Spiritisme fut devenu science, philosophie, les gens superficiels ne l'ont plus trouvé amusant ; pour ceux qui prisent avant tout la vie matérielle, c'était un censeur importun et gênant que plus d'un a mis de côté. Il n'y a pas à regretter ces déserteurs, car les gens frivoles sont partout de pauvres auxiliaires. Cependant cette première phase n'a pas été du temps perdu, bien loin de là. A la faveur de ce déguisement, l'idée s'est cent fois plus popularisée que si elle eût revêtu, dès l'origine, une forme sévère ; mais de ces milieux légers et insouciants sont sortis des penseurs sérieux.

Ces phénomènes, mis à la mode par l'attrait de la curiosité, devenus un engouement, ont tenté la cupidité des gens à l'affût de ce qui est nouveau, dans l'espoir d'y trouver une porte ouverte. Des manifestations semblaient une matière merveilleusement exploitable, et plus d'un songea à s'en faire un auxiliaire de son industrie ; d'autres y virent une variante de l'art de la divination, un moyen peut-être plus sûr que la cartomancie, le marc de café, etc., etc., pour connaître l'avenir et découvrir les choses cachées, car, selon l'opinion d'alors, les Esprits devaient tout savoir.

Dès que ces gens-là virent que la spéculation glissait dans leurs mains et tournait à la mystification, que les Esprits ne venaient pas les aider à faire fortune, leur donner de bons numéros à la loterie, leur dire la bonne aventure vraie, leur faire découvrir des trésors ou recueillir des héritages, leur donner quelque bonne invention fructueuse et brevetable, suppléer à leur ignorance et les dispenser du travail intellectuel et matériel, les Esprits n'étaient bons à rien, et leurs manifestations n'étaient que des illusions. Autant ils avaient prôné le Spiritisme tant qu'ils ont eu l'espoir d'en tirer un profit quelconque, autant ils le dénigrèrent quand vint le désappointement. Plus d'un critique qui le bafoue, le porterait aux nues s'il lui avait fait découvrir un oncle d'Amérique ou gagner à la Bourse. C'est la plus nombreuse catégorie des déserteurs, mais on conçoit qu'on ne peut consciencieusement les qualifier de spirites.

Cette phase a également eu son utilité ; en montrant ce que l'on ne devait pas attendre du concours des Esprits, elle a fait connaître le but sérieux du Spiritisme, elle a épuré la doctrine. Les Esprits savent que les leçons de l'expérience sont les plus profitables ; si, dès le principe ils avaient dit : Ne demandez pas telle ou telle chose parce que vous ne réusirez pas, on ne les aurait peut-être pas crus ; c'est pourquoi ils ont laissé faire, afin que la vérité sortît de l'observation. Ces déceptions ont découragé les exploiteurs et contribué à en diminuer le nombre ; ce sont des parasites qu'elles ont enlevés au Spiritisme, et non des adeptes sincères.

Certaines gens, plus perspicaces que d'autres, ont entrevu l'homme dans l'enfant qui venait de naître et en ont eu peur, comme Hérode eut peur de l'enfant Jésus. N'osant attaquer le Spiritisme de front, ils ont eu des agents qui l'ont embrassé pour l'étouffer ; qui en prennent le masque afin de s'introduire partout, souffler adroitement la désaffection dans les centres, y répandre par dessous main le venin de la calomnie, y jeter des brandons de discorde, pousser aux actes compromettants, tenter de faire dévoyer la doctrine pour la rendre ridicule ou odieuse, et simuler ensuite des défections. D'autres sont encore plus habiles ; tout en prêchant l'union ils sèment la division ; ils jettent adroitement sur le tapis des questions irritantes et blessantes ; ils excitent une jalousie de prépondérance entre les différents centres ; ils seraient enchantés de les voir se jeter la pierre et élever drapeau contre drapeau à propos de quelques divergences d'opinions sur certaines questions de forme ou de fond, le plus souvent provoquées. Toutes les doctrines ont eu leurs Judas ; le Spiritisme ne pouvait manquer d'avoir les siens et ils ne lui ont pas fait défaut.

Ce sont là des spirites de contrebande, mais qui ont eu aussi leur utilité ; ils ont appris au vrai spirite à être prudent, circonspect, et à ne pas se fier aux apparences.

En principe, il faut se méfier des ardeurs trop fiévreuses qui sont presque toujours des feux de paille, ou des simulacres, des enthousiasmes de circonstance qui suppléent aux actes par l'abondance des paroles. La véritable conviction est calme, réfléchie, motivée ; elle se révèle, comme le vrai courage, par les faits, c'est-à-dire par la fermeté, la persévérance, et surtout l'abnégation. Le désintéressement moral et matériel est la véritable pierre de touche de la sincérité.

La sincérité a un cachet *suis generis* ; elle se reflète par des nuances souvent plus faciles à comprendre qu'à définir ; on la sent par cet effet de la transmission de la pensée dont le Spiritisme vient nous révéler la loi, et que la fausseté ne parvient jamais à simuler complètement, attendu qu'elle ne peut changer la nature des courants fluidiques qu'elle projette. Elle croit à tort donner le change par une basse et servile flatterie qui ne peut séduire que les âmes orgueilleuses, mais c'est par cette flatterie même qu'elle se trahit auprès des âmes élevées.

Jamais la glace n'a pu imiter la chaleur.

Si nous passons à la catégorie des spirites proprement dits, là encore nous nous trouvons aux prises avec certaines faiblesses humaines, dont la doctrine ne triomphe pas toujours immédiatement. Les plus difficiles à vaincre sont l'égoïsme et l'orgueil, ces deux passions originelles de l'homme. Parmi les adeptes convaincus, il n'y a pas de désertions dans l'acception du mot, car celui qui déserterait par un motif d'intérêt où tout autre, n'aurait jamais été sincèrement spirite ; mais il peut y avoir des défaillances. Le courage et la persévérance peuvent fléchir devant une déception, une ambition déçue, une prééminence non obtenue, un amour-propre froissé, une épreuve difficile. On recule devant le sacrifice du bien-être, la crainte de compromettre ses intérêts matériels, la peur du qu'en dira-t-on ; on est désarçonné par une mystification ; on ne renonce pas, mais on se refroidit ; on vit pour soi et non pour les autres ; on veut bien bénéficier de la croyance, mais à condition qu'il n'en coûtera rien. Certes, ceux qui agissent ainsi peuvent être croyants, mais à coup sûr ce sont des croyants égoïstes, en qui la foi n'a pas mis le feu sacré du dévouement et de l'abnégation ; leur âme a peine à se détacher de la matière. Ils font nombre nominalement, mais on ne peut compter sur eux.

Tous les autres sont les spirites qui méritent véritablement ce nom : ils acceptent pour eux-mêmes toutes les conséquences de la doctrine; et on les reconnait aux efforts qu'ils font pour s'améliorer. Sans négliger plus que de raison les intérêts matériels, c'es pour eux l'accessoire et non le principal ; la vie terrestre n'est qu'une traversée plus ou moins pénible ; de son emploi utile ou inutile dépend l'avenir ; ses joies sont mesquines auprès du but splendide qu'ils entrevoient au-delà ; ils ne se rebutent point des obstacles qu'ils rencontrent sur la route, les vicissitudes, les déceptions sont des épreuves devant lesquelles ils ne se découragent point, parce que le repos est le prix du travail ; c'est pourquoi on ne voit parmi eux, ni désertions ni défaillances.

Aussi les bons Esprits protègent-ils visiblement ceux qui luttent avec courage et persévérance, dont le dévouement est sincère et sans arrière-pensée ; ils les aident à triompher des obstacles et allègent les épreuves qu'ils ne peuvent leur éviter, tandis qu'ils abandonnent non moins visiblement ceux qui les abandonnent et sacrifient la cause de la vérité à leur ambition personnelle.

Devons-nous ranger parmi les déserteurs du Spiritisme ceux qui se retirent parce que notre manière de voir ne les satisfait pas ; ceux qui, trouvant notre méthode trop lente ou trop rapide, prétendent atteindre plus tôt et dans de meilleures conditions, le but que nous nous proposons ? Non certes, si la sincérité et le désir de propager la vérité sont leurs seuls guides. — Oui, si leurs efforts tendent uniquement à se mettre en vue et à capter l'attention publique pour satisfaire leur amour-propre et leur intérêt personnel !

Vous avez une manière de voir qui n'est pas la nôtre ; vous ne sympathisez pas avec les principes que nous admettons ! Rien ne prouve que vous soyez dans le vrai plus que nous. On peut différer d'opinion en matière de science ; cherchez de votre côté comme nous cherchons du nôtre ; l'avenir fera bien voir qui de nous a tort ou raison. Nous ne prétendons pas être seuls dans les conditions sans lesquelles on ne peut faire d'études sérieuses et utiles ; ce que nous avons fait, d'autres peuvent assurément le faire. Que les hommes intelligents se réunissent avec nous ou en dehors de nous, qu'importe !... Que les centres d'études se multiplient, tant mieux, car ce sera un signe de progrès incontestable, auquel nous applaudirons de toutes nos forces.

Quant aux rivalités, aux tentatives pour nous supplanter, nous avons un moyen infaillible de ne pas les craindre. Travaillons à comprendre, à agrandir notre intelligence et notre cœur ; luttons avec les autres, mais luttons de charité et d'abnégation. Que l'amour du prochain inscrit sur notre drapeau soit notre devise ; la recherche de la vérité de quelque part qu'elle vienne, notre unique but ! Avec de tels sentiments, nous braverons la raillerie de nos adversaires et les tentatives de nos compétiteurs. Si nous nous trompons, nous n'aurons pas le sot amour-propre de nous entêter dans des idées fausses ; mais il est des principes sur lesquels on est certain de ne jamais se tromper : c'est l'amour du bien, l'abnégation, l'abjuration de tout sentiment d'envie et de jalousie. Ces principes sont les nôtres ; nous voyons en eux le lien qui doit unir tous les hommes de bien, quelle que soit la divergence de leur opinion ; l'égoïsme et la mauvaise foi mettent seuls entre eux des barrières infranchissables.

Mais quelle sera la conséquence de cet état de choses ? Sans contredit, les menées des faux frères pourront apporter momentanément quelques perturbations partielles. C'est pourquoi il faut faire tous ses efforts pour les déjouer autant que possible ; mais elles n'auront nécessairement qu'un temps et ne sauraient être préjudiciables pour l'avenir : d'abord parce qu'elles sont une manœuvre d'opposition qui tombera par la force des choses ; en outre, quoi qu'on dise ou qu'on fasse, on ne saurait ôter à la doctrine son caractère distinctif, sa philosophie rationnelle et logique, sa morale consolante et régénératrice. Aujourd'hui, les bases du Spiritisme sont posées d'une manière inébranlable ; les livres écrits sans équivoque et mis à la portée de toutes les intelligences, seront toujours l'expression claire et exacte de l'enseignement des Esprits et le transmettront intact à ceux qui viendront après nous.

Il ne faut pas perdre de vue que nous sommes dans un moment de transition, et que nulle transition ne s'opère sans conflit. Il ne faut donc pas s'étonner de voir s'agiter certaines passions : les ambitions compromises, les intérêts froissés, les prétentions déçues ; mais peu à peu tout cela s'éteint, la fièvre se calme, les hommes passent et les idées nouvelles restent. Spirites, si vous voulez être invincibles, soyez bienveillants et charitables ; le bien est une cuirasse contre laquelle viendront toujours se briser les manœuvres de la malveillance !..,

Soyons donc sans crainte : l'avenir est à nous ; laissons nos adversaires se débattre sous l'étreinte de la vérité qui les offusque ; toute opposition est impuissante contre l'évidence, qui triomphe inévitablement par la force même des choses. La vulgarisation universelle du Spiritisme est une question de temps et dans ce siècle-ci, le temps marche à pas de géant sous l'impulsion du progrès.

Allan Kardec

Remarque. Nous publions comme complément de cet article, une instruction donnée sur le même sujet par Allan Kardec, depuis son entrée dans le monde des Esprits. Il nous a paru intéressant pour nos lecteurs, de joindre aux pages éloquentes et viriles qui précèdent, l'opinion actuelle de l'organisateur par excellence de notre philosophie.

(Paris, novembre 1869).

Lorsque j'étais corporellement parmi vous, je disais souvent qu'il y aurait à faire une histoire du Spiritisme qui ne manquerait pas d'intérêt ; c'est encore mon avis aujourd'hui, et les éléments que j'avais rassemblés dans ce but pourront servir un jour à réaliser ma pensée. C'est qu'en effet, j'étais placé mieux que tout autre pour apprécier le curieux spectacle provoqué par la découverte et la vulgarisation d'une grande vérité. Je pressentais jadis, je sais aujourd'hui quel ordre merveilleux, quelle harmonie inconcevable président à la concentration de tous les documents destinés à enfanter l'œuvre nouvelle. La bienveillance, la bonne volonté, le dévouement absolu des uns ; la mauvaise foi, l'hypocrisie, les manœuvres malveillantes des autres, tout cela concourt à assurer la stabilité de l'édifice qui s'élève. Entre les mains des puissances supérieures qui président à tous les progrès, les résistances inconscientes ou simulées, les attaques ayant pour objet de semer le discrédit et le ridicule, deviennent des instruments d'élaboration.

Que n'a-t-on pas fait ! quels mobiles n'a-t-on pas mis en mouvement pour étouffer l'enfant au berceau !

Le charlatanisme et la superstition ont voulu tour à

tour s'emparer de nos principes pour les exploiter à leur profit ; toutes les foudres de la presse ont tonné contre nous ; on a tourné en dérision les choses les plus respectables : on a attribué à l'Esprit du mal les enseignements des Esprits les plus dignes de l'admiration et de la vénération universelles ; et cependant tous ces efforts accumulés, cette coalition de tous les intérêts froissés, n'ont réussi qu'à proclamer l'impuissance de nos adversaires.

C'est au milieu de cette lutte incessante contre les préjugés établis, contre les erreurs accréditées, qu'on apprend à connaître les hommes. Je savais, en me consacrant à mon œuvre de prédilection, que je m'exposais à la haine, à l'envie et à la jalousie des autres. La route était semée de difficultés sans cesse renaissantes. Ne pouvant rien contre la doctrine, on s'attaquait à l'homme ; mais de ce côté, j'étais fort, car j'avais fait abnégation de ma personnalité. Que m'importaient les tentatives de la calomnie ; ma conscience et la grandeur du but me faisaient volontiers oublier les ronces et les épines du chemin. Les témoignages de sympathie et d'estime que j'ai reçus de ceux qui ont su m'apprécier, ont été la plus douce récompense que j'aie jamais ambitionnée ; mais hélas ! que de fois j'eusse succombé sous le poids de ma tâche, si l'affection et la reconnaissance du plus grand nombre ne m'eussent fait oublier l'ingratitude et l'injustice de quelques-uns ; car, si les attaques dirigées contre moi m'ont toujours trouvé insensible, je dois dire que j'ai été péniblement affecté toutes les fois que j'ai rencontré de faux amis parmis ceux en qui j'espérais le plus.

S'il est juste de jeter un blâme sur ceux qui ont tenté

d'exploiter le Spiritisme ou de le dénaturer dans leurs écrits, sans en avoir fait une étude préalable, combien sont coupables ceux qui, après s'en être assimilé tous les principes, non contents de se retirer à l'écart, ont tourné leurs efforts contre lui ! C'est surtout sur les déserteurs de cette catégorie qu'il faut appeler la miséricorde divine, car ils ont volontairement éteint le flambeau qui les éclairait, et à l'aide duquel ils pouvaient éclairer les autres. Ils ne tardent pas à perdre la protection des bons Esprits, et, nous en avons fait la triste expérience, on les voit bientôt tomber de chute en chute dans les situations les plus critiques !

Depuis mon retour dans le monde des Esprits, j'ai revu un certain nombre de ces malheureux ! Il se repentent maintenant ; ils regrettent leur inaction et leur mauvais vouloir, mais il ne peuvent réparer le temps perdu !... Ils reviendront bientôt sur la terre, avec la fe e résolution de concourir activement au progrès et seront encore en lutte avec leurs anciennes tendances jusqu'à ce qu'ils en aient définitivement triomphé.

On pourrait croire que les spirites d'aujourd'hui, éclairés par ces exemples, éviteront de tomber dans les mêmes erreurs. Il n'en est rien. Longtemps encore, il y aura des faux frères et des amis maladroits ; mais, pas plus que leurs aînés, ils ne réussiront à faire sortir le Spiritisme de sa voie. S'ils causent quelques perturbations momentanées et purement locales, la doctrine ne périclitera pas pour cela ; bientôt au contraire, les spirites dévoyés reconnaîtront leur erreur ; ils viendront concourir avec une nouvelle ardeur à l'œuvre un instant méconnue, et, agissant de concert avec les Esprits supérieurs qui dirigent les transformations humanitaires, ils s'avanceront à pas rapides vers les temps heureux promis à l'humanité régénérée.

Courte réponse aux détracteurs du Spiritisme

Le droit d'examen et de critique est un droit imprescriptible auquel le Spiritisme n'a pas plus la prétention de se soustraire, qu'il n'a celle de satisfaire tout le monde. Chacun est donc libre de l'approuver ou de le rejeter ; mais encore faudrait-il le discuter en connaissance de cause : or, la critique n'a que trop souvent prouvé son ignorance de ses principes les plus élémentaires, en lui faisant dire précisément le contraire de ce ce qu'il dit, en lui attribuant ce qu'il désavoue, en le confondant avec les imitations grossières et burlesques du charlatanisme, en donnant, enfin, comme la règle de tous, les excentricités de quelques individus. Trop souvent aussi, la malveillance a voulu le rendre responsable d'actes répréhensibles ou ridicules où son nom s'est trouvé mêlé incidemment, et s'en est fait une arme contre lui.

Avant d'imputer à une doctrine l'incitation à un acte répréhensible quelconque, la raison et l'équité veulent qu'on examine si cette doctrine contient des maximes propres à justifier cet acte.

Pour connaître la part de responsabilité qui incombe au Spiritisme dans une circonstance donnée, il est un moyen bien simple, c'est de s'enquérir *de bonne foi*, non chez les adversaires, mais à la source même, de ce qu'il approuve et de ce qu'il condamne. La chose est d'autant plus facile, qu'il n'a rien de secret; ses enseignements sont au grand jour, et chacun peut les contrôler.

Si donc les livres de la doctrine spirite condamnent d'une manière explicite et formelle un acte justement réprouvé; s'ils ne renferment, au contraire, que des instructions de nature à porter au bien, c'est que l'individu coupable du méfait n'y a pas puisé ses inspirations, eût-il même ces livres en sa possession.

Le Spiritisme n'est pas plus solidaire de ceux à qui il plaît de se dire spirites, que la médecine ne l'est des charlatans qui l'exploitent, ni la saine religion des abus ou même des crimes commis en son nom. Il ne reconnaît pour ses adeptes que ceux qui mettent en pratique ses enseignements, c'est-à-dire qui travaillent à leur propre amélioration morale, en s'efforçant de vaincre leurs mauvaises inclinations, d'être moins égoïstes et moins orgueilleux, plus doux, plus humbles, plus patients, plus bienveillants, plus charitables envers le prochain, plus modérés en toutes choses, parce que c'est le signe caractéristique du vrai spirite.

L'objet de cette courte notice n'est pas de réfuter toutes les fausses allégations dirigées contre le Spiritisme, ni d'en développer ou d'en prouver tous les principes, et encore moins de chercher à convertir à ses idées ceux qui professent des opinions contraires, mais de dire, en quelques mots, ce qu'il est et ce qu'il n'est pas, ce qu'il admet et ce qu'il désavoue.

Ses croyances, ses tendances et son but se résument dans les propositions suivantes :

1° *L'élément spirituel* et *l'élément matériel* sont les deux principes, les deux forces vives de la nature se complétant l'une par l'autre et réagissant incessamment l'une sur l'autre, indispensables toutes deux au fonctionnement du mécanisme de l'univers.

De l'action réciproque de ces deux principes naissent des phénomènes que chacun d'eux, isolément, est impuissant à expliquer.

La science proprement dite, a pour mission spéciale l'étude des lois de la matière.

Le Spiritisme a pour objet l'étude de *l'élément spirituel* dans ses rapports avec l'élément matériel, et trouve dans l'union de ces deux principes la raison d'une foule de faits jusqu'alors inexpliqués.

Le Spiritisme marche de concert avec la science sur le terrain de la matière : il admet toutes les vérités qu'elle constate ; mais où s'arrêtent les investigations de celle-ci, il poursuit les siennes sur le terrain de la spiritualité.

2° L'élément spirituel étant un état actif de la nature, les phénomènes qui s'y rattachent sont soumis à des lois, et par cela même tout aussi naturels que ceux qui ont leur source dans la matière neutre.

Certains phénomènes n'ont été réputés *surnaturels* que par l'ignorance des lois qui les régissent. En conséquence de ce principe, le Spiritisme n'admet pas le caractère miraculeux attribué à certains faits, tout en constatant la réalité ou la possibilité. Pour lui, il n'y a pas de *miracles*, en tant que dérogations aux lois naturelles ; d'où il suit que les spirites ne font point de miracles, et que la qualification de thaumaturges que quelques-uns leur donnent est impropre.

La connaissance des lois qui régissent le principe spirituel, se rattache d'une manière directe à la question du passé et de l'avenir de l'homme. Sa vie est-elle bornée à l'existence actuelle ? En entrant dans ce monde, sort-il du néant, et y rentre-t-il en le quittant ? A-t-il déjà vécu et vivra-t-il encore ? *Comment vivra-t-il et dans quelles conditions ?* En un mot, d'où vient-il et où va-t-il ? Pourquoi est-il sur la terre, et pourquoi y souffre-t-il ? Telles sont les questions que chacun se pose, parce qu'elles sont pour tout le monde d'un intérêt capital, et qu'aucune doctrine n'en a encore donné de solution rationnelle. Celle qu'en donne le Spiritisme, appuyée sur des faits, satisfaisant aux exigences de la logique et de la justice la plus rigoureuse, est une des principales causes de la rapidité de sa propagation.

Le Spiritisme n'est ni une conception personnelle, ni le résultat d'un système préconçu. Il est la résultante de milliers d'observations faites sur tous les points du globe, et qui ont convergé vers le centre qui les a colligées et coordonnées. Tous ses principes constituants, sans exceptions, sont déduits de l'expérience. L'expérience a toujours précédé la théorie.

Le Spiritisme s'est ainsi trouvé, dès le début, avoir des racines partout ; l'histoire n'offre aucun exemple d'une doctrine philosophique ou religieuse qui ait, en dix ans, réuni un aussi grand nombre d'adeptes ; et cependant il n'a employé pour se faire connaître, aucun des moyens vulgairement en usage ; il s'est propagé de lui-même, par les sympathies qu'il a rencontrées.

Un fait non moins constant, c'est que dans aucun pays, la doctrine n'a pris naissance dans les bas-fonds de la société ; partout elle s'est propagée du haut en bas de l'échelle sociale ; c'est dans les classes éclairées qu'elle est encore à peu près exclusivement répandue, et les personnes illettrées y sont en infime minorité.

Il est encore avéré que la propagation du Spiritisme a suivi, depuis l'origine, une marche constamment ascendante, malgré tout ce qu'on a fait pour l'entraver et en dénaturer le caractère, en vue de le discréditer dans l'opinion publique. Il est même à remarquer que tout ce qu'on a fait dans ce but en a favorisé la diffusion ; le bruit qu'on a fait à son occasion l'a porté à la connaissance de gens qui n'en avaient jamais entendu parler ; plus on l'a noirci ou ridiculisé, plus les déclamations ont été violentes, plus on a piqué la curiosité ; et comme il ne peut que gagner à l'examen, il en est résulté que ses adversaires s'en sont faits, sans le vouloir, les ardents propagateurs ; si les diatribes ne lui ont porté aucun préjudice, c'est qu'en l'étudiant à sa source vraie, on l'a trouvé tout autre qu'il n'avait été représenté.

Dans les luttes qu'il a eu à soutenir, les gens impartiaux lui ont tenu compte de sa modération ; il n'a jamais usé de représailles envers ses adversaires, ni rendu injure pour injure.

Le Spiritisme est une doctrine philosophique qui a des conséquences religieuses comme toute philosophie spiritualiste ; par cela même il touche forcément aux bases fondamentales de toutes les religions : Dieu, l'âme et la vie future ; mais ce n'est point une religion constituée, attendu qu'il n'a ni culte, ni rite, ni temple, et que, parmi ses adeptes, aucun n'a pris ni reçu le titre de prêtre ou de grand prêtre. Ces qualifications sont une pure invention de la critique.

On est spirite par cela seul qu'on sympathise avec les principes de la doctrine, et qu'on y conforme sa conduite. C'est une opinion comme une autre, que chacun doit avoir le droit de professer, comme on a celui d'être juif, catholique, protestant, fouriériste, saint-simonien, voltairien, cartésien, déiste et même matérialiste.

Le Spiritisme proclame la liberté de conscience comme un droit naturel ; il la réclame pour les siens, comme pour tout le monde. Il respecte toutes les convictions sincères, et demande pour lui la réciprocité.

De la liberté de conscience découle le droit au *libre examen* en matière de foi. Le Spiritisme combat le principe de la foi aveugle, comme imposant à l'homme l'abdication de son propre jugement ; il dit que toute foi imposée est sans racine. C'est pourquoi il inscrit au nombre de ses maximes : « *Il n'y a de foi inébranlable que celle qui peut regarder la raison face à face à tous les âges de l'humanité.* »

Conséquent avec ses principes, le Spiritisme ne s'impose à personne ; il veut être accepté librement et par conviction. Il expose ses doctrines et reçoit ceux qui viennent à lui volontairement.

Il ne cherche à détourner personne de ses convictions religieuses ; il ne s'adresse pas à ceux qui ont une foi et à qui cette foi suffit, mais à ceux qui, n'étant pas satisfaits de ce qu'on leur a donné, cherchent quelque chose de mieux.

DEUXIÈME PARTIE

EXTRAITS IN-EXTENSO, TIRÉS DU LIVRE DES

PRÉVISIONS
CONCERNANT LE SPIRITISME

manuscrit écrit avec un soin tout spécial

par ALLAN KARDEC

ET DONT AUCUN CHAPITRE N'A ÉTÉ PUBLIÉ JUSQU'A CE JOUR

Ma première Initiation au Spiritisme.

C'est en 1854 que j'entendis parler pour la première fois des tables tournantes. Un jour je rencontrai M. Fortier, le magnétiseur, que je connaissais depuis longtemps ; il me dit : Savez-vous la singulière propriété qu'on vient de découvrir dans le magnétisme ? Il paraît que ce ne sont plus seulement les individus qu'on magnétise, mais les tables qu'on fait tourner et marcher à volonté. — « C'est fort singulier, en effet, répondis-je ; mais à la rigueur cela ne me paraît pas radicalement impossible. Le fluide magnétique, qui est une sorte d'électricité, peut très bien agir sur les corps inertes et les faire mouvoir. » Les récits que publièrent les journaux d'expériences faites à Nantes, à Marseille et dans quelques autres villes, ne pouvaient laisser de doute sur la réalité du phénomène.

A quelque temps de là je revis M. Fortier, et il me dit : Voici qui est bien plus extraordinaire ; non-seulement on fait tourner une table en la magnétisant, mais on la fait parler ; on l'interroge et elle répond. — Ceci, répliquai-je, est une autre question ; j'y croirai quand je le verrai, et quand on m'aura prouvé qu'une table a un cerveau pour penser, des nerfs pour sentir, et qu'elle peut devenir somnambule ; jusque-là permettez-moi de n'y voir qu'un conte à dormir debout.

Ce raisonnement était logique ; je concevais la possibilité du mouvement par une force mécanique, mais ignorant la cause et la loi du phénomène, il me paraissait absurde d'attribuer l'intelligence à une chose purement matérielle. J'étais dans la position des incrédules de nos jours qui nient parce qu'ils ne voient qu'un fait dont ils ne se rendent pas compte. Il y a 50 ans, si l'on eût dit purement et simplement à quelqu'un qu'on pouvait transmettre une dépêche à 500 lieues et en recevoir la réponse dans une heure, il vous eût ri au nez, il n'aurait pas manqué d'excellentes raisons scientifiques pour prouver que la chose était matériellement impossible. Aujourd'hui que la loi d'électricité est connue, cela n'étonne personne, pas même le paysan. Il en est de même de tous les phénomènes spirites ; pour quiconque ne connaît pas la loi qui les régit, ils semblent surnaturels, merveilleux, et par conséquent impossibles et ridicules ; la loi une fois connue, le merveilleux disparaît ; la chose n'a plus rien qui répugne à la raison, parce qu'on en comprend la possibilité.

J'en étais donc à la période d'un fait inexpliqué, en apparence contraire aux lois de la nature, et que ma raison repoussait. Je n'avais encore rien vu ni rien observé ; les expériences, faites en présence de personnes honorables et dignes de foi, me confirmaient dans la possibilité de l'effet purement matériel, mais l'idée d'une table *parlante* n'entrait pas encore dans mon cerveau.

L'année suivante, c'était au commencement de 1855,

je rencontrai M. Carlotti, un ami de vingt-cinq ans, qui m'entretint de ces phénomènes pendant près d'une heure avec l'enthousiasme qu'il apportait à toutes les idées nouvelles. M. Carlotti était Corse, d'une nature ardente et énergique ; j'avais toujours estimé en lui les qualités qui distinguent une grande et belle âme, mais je me défiais de son exaltation. Le premier, il me parla de l'intervention des Esprits, et me raconta tant de choses surprenantes que, loin de me convaincre, il augmenta mes doutes. Vous serez un jour des nôtres, me dit-il. Je ne dis pas non, lui répondis-je ; nous verrons cela plus tard.

A quelque temps de là, vers le mois de mai 1855, je me trouvai chez la somnambule, Mme Roger, avec M. Fortier son magnétiseur ; j'y rencontrai M. Pâtier et Mme de Plainemaison qui me parlèrent de ces phénomènes dans le même sens que M. Carlotti, mais sur un tout autre ton. M. Pâtier était un fonctionnaire public, d'un certain âge, homme très instruit, d'un caractère grave, froid et calme ; son langage posé, exempt de tout enthousiasme, fit sur moi une vive impression, et quand il m'offrit d'assister aux expériences qui avaient lieu chez Mme de Plainemaison, [rue Grange-Batelière n° 18, j'acceptai avec empressement. Rendez-vous fut pris pour le mardi mais à huit heures du soir.

Ce fut là, pour la première fois, que je fus témoin du phénomène des tables tournantes, sautantes et courantes, et cela dans des conditions telles que le doute n'était pas possible. J'y vis aussi quelques essais très imparfaits, d'écriture médianimique sur une ardoise à l'aide d'une corbeille. Mes idées étaient loin d'être arrêtées, mais il y avait là un fait qui devait avoir une cause. J'entrevis sous ces futilités apparentes et l'espèce de jeu que l'on se faisait de ces phénomènes, quelque chose de sérieux, et comme la révélation d'une nouvelle loi que je me promis d'approfondir.

L'occasion s'offrit bientôt d'observer plus attentivement que je n'avais pu le faire encore. A l'une des soirées de Mme de Plainemaison, je fis connaissance de la famille Baudin qui demeurait alors rue Rochechouart. M. Baudin m'offrit d'assister aux séances hebdomadaires qui avaient lieu chez lui, et auxquelles je fûs, dès ce moment, très assidu.

Ces réunions étaient assez nombreuses ; outre les habitués on y admettait sans difficulté quiconque en faisait la demande. Les deux médiums étaient Mlles Baudin, qui écrivaient sur une ardoise à l'aide de la corbeille, dite *toupie*, décrite dans le *livre des médiums*. Ce mode, qui exige le concours de deux personnes, exclut toute possibilité de participation des idées du médium. Là, je vis des communications suivies, et des réponses faites à des questions proposées, quelquefois même à des questions mentales qui accusaient d'une manière évidente l'intervention d'une intelligence étrangère.

Les sujets traités étaient généralement frivoles ; on s'y occupait surtout de toutes choses tenant à la vie matérielle, à l'avenir, en un mot à rien de véritablement sérieux ; la curiosité et l'amusement étaient le principal mobile des assistants. L'Esprit qui se manifestait d'habitude, prenait le nom de *Zéphyr*, nom parfaitement en rapport avec son caractère et celui de la réunion ; néanmoins, il était très bon, et s'était déclaré le protecteur de la famille ; s'il avait souvent le mot pour rire, il savait aussi au besoin donner de sages conseils, et manier, à l'occasion, l'épigramme mordante et spirituelle. Nous eûmes bientôt fait connaissance, et il me donna constamment des preuves d'une grande sympathie. Ce n'était pas un Esprit très avancé, mais, plus tard, assisté par des Esprits supérieurs, il m'aida dans mes premiers travaux. Il a dit depuis qu'il devait se réincarner, et je n'en entendis plus parler.

C'est là que je fis mes premières études sérieuses en spiritisme, moins encore par révélations que par observations. J'appliquai à cette nouvelle science, comme je l'avais fait jusqu'alors, la méthode de l'expérimentation ; je ne fis jamais de théories préconçues : j'observais attentivement, je comparais, je déduisais les conséquences ; des effets je cherchais à remonter aux causes, par la déduction et l'enchaînement logique des faits, n'admettant une explication comme valable que lorsqu'elle pouvait résoudre toutes les difficultés de la question. C'est ainsi que j'ai toujours procédé dans mes travaux antérieurs depuis l'âge de 15 à 16 ans. Je compris tout d'abord la gravité de l'exploration que j'allais entreprendre ; j'entrevis dans ces phénomènes la clef du problème si obscur et si controversé du passé et de l'avenir de l'humanité, la solution de ce que j'avais cherché toute ma vie ; c'était, en un mot, toute une révolution dans les idées et dans les croyances ; il fallait donc agir avec circonspection, et non légèrement ; être positiviste et non idéaliste, pour ne pas se laisser aller aux illusions.

Un des premiers résultats de mes observations fut que les Esprits, n'étant autres que les âmes des hommes n'avaient ni la souveraine sagesse, ni la souveraine science ; que leur savoir était borné au degré de leur avancement, et que leur opinion n'avait que la valeur d'une opinion personnelle. Cette vérité reconnue dès le principe, me préserva du grave écueil de croire à leur infaillibilité, et m'empêcha de formuler des théories prématurées sur le dire d'un seul ou de quelques-uns.

Le seul fait de la communication avec les Esprits, quoi que ce soit qu'ils puissent dire, prouvait l'existence du monde invisible ambiant ; c'était déjà un point capital, un champ immense ouvert à nos explorations, la clef d'une foule de phénomènes inexpliqués ; le second point, non moins important, était de connaître l'état de ce monde, ses mœurs, si l'on peut s'exprimer ainsi ; je vis bientôt que chaque Esprit, en raison de sa position personnelle et de ses connaissances, m'en dévoilait une phase, absolument comme on arrive à connaître l'état d'un pays, en interrogeant les habitants de toutes les classes et de toutes les conditions, chacun pouvant nous apprendre quelque chose, et aucun, individuellement, ne pouvant nous apprendre tout ; c'est à l'observateur de former l'ensemble à l'aide de documents recueillis de différents côtés, collationnés, coordonnés, et contrôlés les uns par les autres. J'agis donc avec les Esprits comme je l'aurais fait avec des hommes ; ils furent pour moi, depuis le plus petit jusqu'au plus grand, des moyens de me renseigner, et non des *révélateurs prédestinés*.

Telles sont les dispositions avec lesquelles j'ai entrepris, et toujours poursuivi mes études spirites ; observer, comparer et juger, telle a été la règle constante que j'ai suivie.

Jusqu'alors les séances chez M. Baudin, n'avaient eu aucun but déterminé ; j'entrepris d'y faire résoudre les problèmes qui m'intéressaient au point de vue de la philosophie, de la psychologie et de la nature du monde invisible ; j'arrivais à chaque séance avec une série de questions préparées, et méthodiquement arrangées ; il y était toujours répondu avec précision, profondeur, et d'une manière logique. Dès ce moment les réunions eurent un tout autre caractère ; parmi les assistants se trouvaient des personnes sérieuses qui y prirent un vif intérêt et s'il m'arrivait d'y manquer, on était comme désœuvré ; les questions futiles avaient perdu leur attrait pour le plus grand nombre. Je n'avais d'abord en vue que ma propre instruction ; plus tard quand je vis que cela formait un ensemble et prenait les proportions d'une doctrine, j'eus la pensée de les publier pour l'instruction de tout le monde. Ce sont ces mêmes questions qui, successivement développées et complétées, ont fait la base du *Livre des Esprits*.

L'année suivante, en 1856, je suivis en même temps les réunions spirites qui se tenaient rue Tiquetone, chez M. Roustan et Melle Japhet, somnambule. Ces réunions étaient sérieuses et tenues avec ordre. Les communications avaient lieu par l'intermédiaire de Melle Japhet, médium, à l'aide de la corbeille à bec.

Mon travail était en grande partie terminé, et prenait les proportions d'un livre, mais je tenais à le faire contrôler par d'autres Esprits, à l'aide de différents médiums. J'eus la pensée d'en faire un sujet d'études pour les réunions de M. Roustan ; au bout de quelques séances les Esprits dirent qu'ils préféraient le revoir dans l'intimité, et m'assignèrent à cet effet certains jours pour travailler en particulier avec Melle Japhet, afin de le faire avec plus de calme, et aussi pour éviter les indiscrétions et les commentaires prématurés du public.

Je ne me contentai pas de cette vérification ; les Esprits m'en avaient fait la recommandation. Les circonstances m'ayant mis en rapport avec d'autres médiums, chaque fois que l'occasion se présentait, j'en profitais pour proposer quelques-unes des questions qui me semblaient les plus épineuses. C'est ainsi que plus de dix médiums ont prêté leur assistance pour ce travail. C'est de la comparaison et de la fusion de toutes ces réponses coordonnées, classées, et maintes fois remaniées dans le silence de la méditation, que je formai la première édition du Livre des Esprits qui parut le 18 avril 1857.

Vers la fin de cette même année, les deux demoiselles Baudin se marièrent ; les réunions n'eurent plus lieu, et la famille se dispersa. Mais alors mes relations commençaient à s'étendre, et les Esprits multiplièrent pour moi les moyens d'instruction pour mes travaux ultérieurs.

11 Décembre 1855

(*Chez M. Baudin, Méd. Mme Baudin*).

Mon Esprit protecteur.

Demande à l'Esprit Z. — Dans le monde des Esprits, y en a-t-il un qui soit pour moi un bon génie? — *Réponse.* Oui : — *Dem.* Est-ce l'Esprit d'un parent ou d'un ami ? — *Rép.* Ni l'un ni l'autre. — *Dem.* Qu'était-il sur la terre ? — Un homme juste et sage. — *Dem.* Que dois-je faire pour me concilier sa bienveillance ? — *Rép*. Le plus de bien possible. — *Dem*. A quels signes puis-je reconnaître son intervention ? — *Rép*. A la satisfaction que tu éprouveras. — *Dem*. Y a-t-il un moyen de l'invoquer, et lequel ? — *Rép*. Avoir une foi vive et le demander avec instance. — *Dem*. Après ma mort le reconnaîtrai-je dans le monde des Esprits ? — *Rép*. Cela n'est pas douteux ; c'est lui qui viendra te féliciter si tu as bien rempli ta tâche.

Remarque. — On voit, par ces questions, que j'étais encore bien novice sur les choses du monde spirituel.

Dem. — L'Esprit de ma mère vient-il quelquefois me visiter? — *Rép*. Oui, et elle te protège autant que cela lui est possible. — *Dem*. Souvent je la vois en rêve ; est-ce un souvenir et un effet de mon imagination ? *Rép*. — Non ; c'est bien elle qui t'apparaît, tu dois le comprendre à l'émotion que tu éprouves.

Remarque. — Ceci est parfaitement exact; lorsque ma mère m'apparaissait en rêve, j'éprouvais une émotion indescriptible, ce que le médium ne pouvait savoir.

Dem. Lorsque, il y a quelque temps, nous avons évoqué S, et que nous lui avons demandé s'il pourrait être le génie protecteur de l'un de nous, il a répondu : « Que l'un de vous se montre digne et je serai avec lui : Z. vous le dira ; » me crois-tu capable de cette faveur? — *Rép*. Si tu le veux. — *Dem*. Que faut-il faire pour cela ? — *Rép*. Faire tout le bien que tu trouveras à faire et supporter les peines de la vie avec courage.

Dem — Suis-je apte par la nature de mon intelligence à pénétrer, autant qu'il est permis à l'homme de le faire les grandes vérités de notre destinée future ? — *Rép.* Oui, tu as l'aptitude nécessaire, mais le résultat dépendra de ta persévérance dans le travail. — *Dem.* Puis-je concourir à la propagation de ces vérités ? — *Rép.* Sans doute. — *Dem.* Par quels moyens ? — *Rép.* Tu le sauras plus tard ; en attendant, travaille.

25 Mars 1856

(*Chez M. Baudin Méd., Melle Baudin*).

Mon guide spirituel.

J'habitais à cette époque rue des Martyrs n° 8 au 2me étage, au fond de la cour. Un soir, étant dans mon cabinet à travailler, de petits coups réitérés se firent entendre contre la cloison qui me séparait de la pièce voisine. Je n'y prêtai d'abord aucune attention ; mais comme ces coups persistaient avec plus de force, en changeant de place je fis une exploration minutieuse des deux côtés de la cloison, j'écoutai s'ils provenaient d'un autre étage et ne découvris rien. Ce qu'il y avait de particulier, c'est que chaque fois que je faisais des recherches, le bruit cessait, et recommençait aussitôt que je me remettais à travailler. Ma femme rentra vers dix heures ; elle vint dans mon cabinet, et entendant ces coups, me demanda ce que c'était. Je n'en sais rien, lui-dis-je, voilà une heure que cela dure. Nous cherchâmes ensemble sans plus de succès, et le bruit continua jusqu'à minuit, heure à laquelle j'allai me coucher.

Le lendemain étant un jour de séance chez M. Baudin, je racontai le fait, et en demandai l'explication.

Dem. — Vous avez sans doute entendu le fait que je viens de citer ; pourriez-vous me dire la cause de ces coups qui se sont fait entendre avec tant de persistance ? — *Rép.* C'était ton Esprit familier ? — *Dem.* Dans quel but venait-il frapper ainsi ? — *Rép.* Il voulait se communiquer à toi. — *Dem.* Pourriez-vous me dire qui il est et ce qu'il me voulait ? — *Rép.* Tu peux le lui demander à lui-même, car il est ici.

Remarque. — A cette époque on ne faisait pas de distinctions entre les diverses catégories d'Esprits sympathiques; on les confondait sous la dénomination générale d'Esprits familiers.

Dem. — Mon Esprit familier, qui que vous soyez, je vous remercie d'être venu me visiter ; voudriez-vous me dire qui vous êtes ? — *Rép.* Pour toi, je m'appellerai *La Vérité*, et tous les mois, ici, pendant un quart d'heure, je serai à ta disposition.

Dem. — Hier, quand vous avez frappé pendant que je travaillais, aviez-vous quelque chose de particulier à me dire ? — *Rép.* Ce que j'avais à te dire était sur le travail que tu faisais, ce que tu écrivais me déplaisait, et je voulais te faire cesser.

Remarque. — Ce que j'écrivais était précisément relatif aux études que je faisais sur les Esprits, et leurs manifestations.

Dem. — Votre désaprobation portait-elle sur le chapitre que j'écrivais, ou sur l'ensemble du travail ? — *Rép.* Sur le chapitre d'hier; je t'en fais juge ; relis-le ce soir, tu reconnaîtras tes fautes et tu les corrigeras. — *Dem.* Je n'étais pas moi-même très satisfait de ce chapitre et je l'ai refait aujourd'hui ; est-ce mieux ? — *Rép.* c'est mieux, mais pas assez bien. Lis de la 3e à la 30^e

ligne et tu reconnaîtras une grave erreur. — *Dem.* J'ai déchiré ce que j'avais fait hier. — *Rep.* N'importe! Cette déchirure n'empêche pas la faute de subsister; relis et tu verras.

Dem. — Le nom de *Vérité* que vous prenez est-il une allusion à la vérité que je cherche ? — *Rép.* Peut-être ; ou du moins c'est un guide qui te protègera et t'aidera. — *Dem.* Puis-je vous évoquer chez moi ? — *Rép.* Oui, pour t'assister par la pensée ; mais pour des réponses écrites chez toi, ce n'est pas de longtemps que tu pourras en obtenir.

Remarque. — En effet pendant environ un an, je ne pus obtenir chez moi aucune communication écrite, et chaque fois qu'il s'y trouvait un médium dont j'espérais obtenir quelque chose, une circonstance imprévue venait s'y opposer. Je n'obtenais des communications que hors de chez moi.

Dem. — Pourriez-vous venir plus souvent que tous les mois ? — *Rep.* Oui, mais je ne promets qu'une fois par mois jusqu'à nouvel ordre. — *Dem.* Avez-vous animé quelque personnage connu sur la terre ? — *Rép.* Je t'ai dit que *pour toi*, j'étais la *Vérité* ; ce *pour toi* voulait dire discrétion : tu n'en sauras pas davantage.

Remarque. — Le soir, en rentrant chez moi, je m'empressai de relire ce que j'avais écrit, et, soit dans la copie jetée au panier, soit dans la nouvelle à la 30ᵉ ligne je reconnus une erreur grave que je m'étonnai d'avoir commise. Depuis ce moment aucune manifestation du même genre n'eût lieu ; les rapports avec mon Esprit protecteur se trouvant établis, ces manifestations n'étaient plus nécessaires, c'est pourquoi elles cessèrent.

Le délai d'un mois qu'il avait assigné pour ses communications ne fut que rarement observé dans le principe : plus tard, il ne le fut pas du tout, c'était sans doute un avertissement d'avoir à travailler par moi-même et de ne pas avoir sans cesse recours à lui pour la moindre difficulté.

9 Avril 1856.

(*Chez M. Baudin, Méd. M*^{elle} *Baudin*).

Demande. — (à la Vérité). Vous avez critiqué le travail que je faisais l'autre jour, et vous avez eu raison. Je l'ai relu, et j'ai reconnu à la 30° ligne une erreur contre laquelle vos coups étaient une protestation. Cela m'a conduit à reconnaître d'autres défauts et à refaire le travail. En êtes-vous plus satisfait maintenant ?
Rép. — Je le trouve mieux, mais je t'engage à attendre un mois avant de le mettre au jour. — *Dem.* Qu'entendez-vous par mettre au jour ? Je n'ai certainement pas l'intention de le publier encore, si jamais je dois le faire. — *Rép.* J'entends le montrer à des étrangers. Trouve un prétexte pour le refuser à ceux qui te le demanderont ; d'ici là tu amélioreras ce travail. Je te fais cette recommandation pour éviter la critique ; c'est ton amour-propre que je soigne.

Dem. — Vous m'avez dit que vous seriez pour moi un guide qui m'aidera et me protégera ; je conçois cette protection et son but dans un certain ordre de choses, mais voudriez-vous me dire si cette protection s'étend aussi aux choses matérielles de la vie ? — *Rép.* Ici-bas la vie matérielle est pour beaucoup ; ne pas t'aider à vivre, serait ne pas t'aimer.

Remarque. — La protection de cet Esprit, dont j'étais alors loin de soupçonner la supériorité, ne m'a en effet jamais fait défaut. Sa sollicitude et celle des bons Esprits sous ses ordres, s'est étendue sur toutes les circonstances de ma vie, soit pour m'en aplanir les difficultés matérielles, soit pour me faciliter l'accomplissement de mes travaux, soit enfin pour me préserver des effets de la malveillance de mes antagonistes, toujours réduits à l'impuissance. Si les tribulations inhérentes à la mission que j'avais à remplir n'ont pu m'être épargnées, elles ont toujours été adoucies et largement compensées par de bien douces satisfactions morales.

30 Avril 1856.

(*Chez M. Roustan, Méd. Melle Japhet*).

Première révélation de ma Mission.

Je suivais depuis quelque temps les séances qui avaient lieu chez M. Roustan, et j'y avais commencé la vérification de mon travail qui devait plus tard former le livre des esprits. Dans une séance intime, à laquelle n'assistaient que sept à huit personnes, on s'entretenait de différentes choses, relatives aux événements qui pouvaient amener une transformation sociale, lorsque le médium, saisissant la corbeille, écrivit spontanément ce qui suit :

« Quand le bourdon sonnera, vous le laisserez ; seuleent vous soulagerez votre semblable ; individuellement vous le magnétiserez afin de le guérir. Puis, chacun à son poste préparé, car il faudra de tout, puisque tout sera détruit, surtout pour un instant. Il n'y aura plus de religion, et il en faudra une, mais vraie, grande, belle et digne du Créateur... Les premiers fondements en sont déjà posés... Toi, Rivail, ta mission est là. (Libre, la corbeille se retourna vivement de mon côté, comme l'aurait fait une personnne qui m'aurait désigné du doigt) A toi M... l'épée qui ne blesse pas, mais qui tue ; contre tout ce qui est, c'est toi qui viendras le premier. Lui, Rivail, viendra en second : c'est l'ouvrier qui reconstruit ce qui a été démoli. »

Nota. Ce fut la première révélation positive sur ma mission, et j'avoue que lorsque je vis la corbeille se diriger brusquement vers moi, et me désigner nominativement, je ne pus me défendre d'une certaine émotion.

M. M... qui assistait à cette réunion, était un jeune homme aux opinions les plus radicales, compromis dans les affaires politiques, et qui était obligé de ne pas se mettre trop en évidence. Croyant à un bouleversement prochain, il s'apprêtait à y prendre part, et combinait ses plans de réforme ; c'était du reste un homme doux et inoffensif.

7 Mai 1856.

(*Chez M. Roustan. Méd. Melle Japhet*).

Ma Mission.

Dem. (A Hahnemann) — L'autre jour les Esprits m'ont dit que j'avais une mission importante à remplir, et m'en ont indiqué l'objet ; je désirerais savoir si vous la confirmez.

Rép. — Oui, et si tu interroges tes aspirations, tes tendances, et l'objet presque constant de tes méditations, cela ne doit pas te surprendre. Tu dois accomplir ce que tu as rêvé depuis longtemps ; il faut que tu y travailles activement pour être prêt, car le jour est plus proche que vous ne pensez.

Dem. — Pour accomplir cette mission telle que je la conçois, il faut des moyens d'exécution qui sont encore loin de moi.

Rép. — Laisse la Providence faire son œuvre, et tu seras satisfait.

Événements.

Dem. — La communication donnée l'autre jour semble faire présumer des événements très graves : pourriez-vous nous donner quelques explications à ce sujet ?

Rép — Nous ne pouvons préciser les faits ; ce que nous pouvons dire, c'est qu'il y aura beaucoup de ruines et de désolations, car les temps prédits pour une rénovation de l'humanité sont arrivés.

Dem. — Qui causera ces ruines ? Sera-ce un cataclysme ?

Rép. — Il n'y aura point de cataclysme matériel comme vous l'entendez, mais des fléaux de toutes sortes désoleront les nations ; la guerre décimera les peuples ; les institutions surannées s'engloutiront dans des flots de sang. Il faut que le vieux monde s'écroule pour ouvrir une ère nouvelle au progrès.

Dem. — La guerre ne serait donc pas circonscrite à une contrée ?

Rép. — Non ; elle embrasera la terre.

Dem. — Rien cependant, en ce moment, ne semble présager une tempête prochaine.

Rép — Les choses tiennent à un fil d'araignée à moitié rompu.

Dem. — Peut-on, sans indiscrétion, demander d'où partira la première étincelle ?

Rép. — De l'Italie.

12 Mai 1856.

(*Séance personnelle chez M. Baudin.*)

Événements.

Demande (à la Vérité). — Que pensez-vous de M. M. ? Est-ce un homme qui aura de l'influence dans les événements ?

Réponse. — Beaucoup de bruit. Il a de bonnes idées ; c'est un homme d'action, mais ce n'est pas une tête.

Dem. — Faut-il prendre à la lettre ce qui a été dit, qu'à lui appartenait le rôle de détruire ce qui existe ?

Rép. — Non, on a voulu personnifier en lui le parti dont il représente les idées.

Dem. — Puis-je entretenir des relations d'intimité avec lui ?

Rép. — Pas pour le moment ; tu courrais des dangers inutiles.

Dem. — M. M... qui a un médium, dit qu'on lui a

précisé la marche des événements pour ainsi dire à jour fixe ; cela est-il vrai ?

Rép. — Oui, on lui a fixé des époques, mais ce sont des Esprits légers qui n'en savent pas plus que lui, et qui exploitent son exaltation. Tu sais que nous ne devons point préciser les choses futures. Les événements pressentis auront certainement lieu dans un temps prochain, mais qui ne peut être précisé.

Dem. — Les Esprits ont dit que les temps sont arrivés où ces choses doivent s'accomplir ; quel sens faut-il attacher à ces paroles ?

Rép. — Pour des choses de cette gravité, que sont quelques années de plus ou de moins ? Elles n'arrivent jamais brusquement et comme un coup de foudre, mais elles sont, de longue main, préparées par des événements partiels qui en sont comme les précurseurs et comme les bruits sourds qui précèdent l'éruption d'un volcan. On peut donc vous dire que les temps sont arrivés, sans que cela signifie que les choses arriveront demain. Cela veut dire que vous êtes dans la période où elles auront lieu.

Dem. — Confirmez-vous ce qui a été dit qu'il n'y aura pas de cataclysme ?

Rép. — Certainement vous n'avez à redouter ni déluge, ni embrasement de votre planète, ni autres choses de ce genre, car on ne peut donner le nom de cataclysme à des perturbations locales qui se sont produites à toutes les époques. Il n'y aura qu'un cataclysme moral dont les hommes seront les instruments.

10 Juin 1856.

(*Chez M. Roustan. Méd. Melle Japhet.*)

Le Livre des Esprits.

Demande. (à Hahnemann) — J'ai pensé que, puisque nous avons bientôt fini la première partie du livre, pour aller plus vite, je pourrais prier B... de m'aider comme médium ; qu'en pensez-vous ?

Réponse. — Je pense qu'il vaudrait mieux ne pas t'en servir. — Pourquoi ? — Parce que la vérité ne peut être interprétée par le mensonge.

Dem. — Si l'esprit familier de B... est le mensonge, cela n'empêcherait pas un bon Esprit de se communiquer par le médium, du moment qu'on n'évoquerait pas l'autre Esprit.

Rép. — Oui, mais ici le médium aide l'Esprit, et lorsque l'Esprit est fourbe, il s'y prête. Aristo son interprète et B... finirent mal.

Nota. B... était un jeune homme médium écrivain très facile, mais assisté par un Esprit orgueilleux, despote et arrogant qui prenait le nom d'Aristo ; il flattait en lui un penchant naturel à l'amour-propre. Les prévisions d'Hahnemann se sont réalisées. Ce jeune homme ayant cru trouver dans sa faculté une source de fortune, soit par des consultations médicales, soit par des inventions et découvertes fructueuses, n'en recueillit que des déceptions et des mystifications. Quelque temps après on n'en entendit plus parler.

12 Juin 1856.

(*Chez M. C... Méd. Melle Aline C...*)

Ma Mission.

Demande. (A la Vérité) — Bon Esprit, je désirerais savoir ce que vous pensez de la mission qui m'a été assignée par quelques Esprits ; veuillez me dire, je vous prie, si c'est une épreuve pour mon amour-propre. J'ai sans doute, vous le savez, le plus grand désir de contribuer à la propagation de la vérité, mais, du rôle de simple travailleur à celui de missionnaire en chef, la distance est grande, et je ne comprendrais pas ce qui pourrait justifier en moi une telle faveur, de préférence à tant d'autres qui possèdent des talents et des qualités que je n'ai pas.

Réponse. — Je confirme ce qui t'a été dit, mais je t'engage à beaucoup de discrétion si tu veux réussir. Tu sauras plus tard des choses qui t'expliqueront ce qui te surprend aujourd'hui. N'oublies pas que tu peux réussir, comme tu peux faiblir ; dans ce dernier cas un autre te remplacerait, car les desseins de Dieu ne reposent pas sur la tête d'un homme. Ne parle donc jamais de ta mission : ce serait le moyen de la faire échouer. Elle ne peut être justifiée que par l'œuvre accomplie, et tu n'as encore rien fait. Si tu l'accomplis, les hommes sauront le reconnaître tôt ou tard eux-mêmes, car c'est aux fruits qu'on reconnaît la qualité de l'arbre.

Demande. — Je n'ai certes nulle envie de me targuer

d'une mission à laquelle je crois à peine moi-même. Si je suis destiné à servir d'instrument pour les vues de la Providence, qu'elle dispose de moi ; dans ce cas, je réclame votre assistance et celle des bons Esprits pour m'aider et me soutenir dans ma tâche.

Rép. — Notre assistance ne te fera pas défaut, mais elle serait inutile si, de ton côté, tu ne faisais pas ce qui est nécessaire. Tu as ton libre arbitre ; c'est à toi d'en user comme tu l'entends ; aucun homme n'est fatalement contraint de faire une chose.

Dem. — Quelles sont les causes qui pourraient me faire échouer ? Serait-ce l'insuffisance de mes capacités ?

Rép. — Non ; mais la mission des réformateurs est pleine d'écueils et de périls ; la tienne est rude, je t'en préviens, car c'est le monde entier qu'il s'agit de remuer et de transformer. Ne crains pas qu'il te suffise de publier un livre, deux livres, dix livres, et de rester tranquillement chez toi ; non, il te faudra payer de la personne : tu soulèveras contre toi des haines terribles ; des ennemis acharnés conjureront ta perte ; tu seras en butte à la malveillance, à la calomnie, à la trahison même de ceux qui te sembleront les plus dévoués ; tes meilleures instructions seront méconnues et dénaturées ; plus d'une fois tu succomberas sous le poids de la fatigue ; en un mot c'est une lutte presque constante que tu auras à soutenir, et le sacrifice de ton repos, de ta tranquillité, de ta santé, et même de ta vie, car sans cela tu vivrais plus longtemps. Eh bien ! plus d'un recule quand, au lieu d'une route fleurie, il ne trouve sous ses pas que des ronces, des pierres aiguës et des serpents. Pour de telles missions, l'intelligence ne suffit pas. Il faut d'abord, pour plaire à Dieu, de l'humilité, de la modestie, et du désintéressement, car il abat les orgueilleux, les présomptueux et les ambitieux. Pour lutter contre les hommes il faut du courage, de la persévérance et une fermeté inébranlable ; il faut aussi de la prudence et du tact pour conduire les choses à propos, et ne pas en compromettre le succès par des mesures ou des paroles intempestives ; il faut enfin du dévouement, de l'abnégation, et être prêt à tous les sacrifices.

Tu vois que ta mission est subordonnée à des conditions qui dépendent de toi.

Esprit Vérité

Moi. — Esprit vérité, je vous remercie de vos sages conseils. J'accepte tout sans restriction et sans arrière-pensée.

Seigneur ! Si vous avez daigné jeter les yeux sur moi pour l'accomplissement de vos desseins, que votre volonté soit faite ! Ma vie est entre vos mains, disposez de votre serviteur. En présence d'une aussi grande tâche, je reconnais ma faiblesse ; ma bonne volonté ne faillira pas, mais peut-être mes forces me trahiront-elles. Suppléez à mon insuffisance ; donnez-moi les forces physiques et morales qui me seront nécessaires. Soutenez-moi dans les moments difficiles, et avec votre aide et celle de vos célestes messagers, je m'efforcerai de répondre à vos vues.

Remarque. — J'écris cette note au 1er janvier 1867, dix ans et demi après que cette communication m'a été donnée, et je constate qu'elle s'est réalisée de tous points, car j'ai éprouvé toutes les vicissitudes qui m'y sont annoncées. J'ai été en butte à la haine d'ennemis acharnés, à l'injure, à la calomnie, à l'envie et à la jalousie ; des libelles infâmes ont été publiés contre moi ; mes meilleures instructions ont été dénaturées ; j'ai été trahi par ceux en qui j'avais mis ma confiance, payé d'ingratitude par ceux à qui j'avais rendu service. La société de Paris a été un foyer continuel d'intrigues ourdies par ceux-mêmes qui se disaient pour moi, et qui, tout en me faisant bonne mine par devant, me déchiraient par derrière. Ils ont dit que ceux qui prenaient mon parti étaient soudoyés par moi avec l'argent que je recueillais du spiritisme. Je n'ai plus connu le repos ; plus d'une fois j'ai succombé sous l'excès du travail, ma santé a été altérée et ma vie compromise.

Cependant, grâce à la protection et à l'assistance des bons Esprits qui m'ont sans cesse donné des preuves manifestes de leur sollicitude, je suis heureux de reconnaître que je n'ai pas éprouvé un seul instant de défaillance ni de découragement, et que j'ai constamment poursuivi ma tâche avec la même ardeur, sans me préoccuper de la malveillance dont j'étais l'objet. D'après la communication de l'Esprit Vérité, je devais m'attendre à tout cela, et tout s'est vérifié.

Mais aussi, à côté de ces vicissitudes, quelle satisfaction n'ai-je pas éprouvée en voyant l'œuvre grandir d'une façon si prodigieuse ! De combien de douces compensations mes tribulations n'ont-elles pas été payées ! Que de bénédictions, que de témoignages de réelle sympathie, n'ai-je pas reçus de la part des nombreux affligés que la doctrine a consolés ! Ce résultat ne m'avait pas été annoncé par l'Esprit Vérité qui, sans doute à dessein, ne m'avait montré que les difficultés de la route. Quelle ne serait donc pas mon ingratitude si je me plaignais ! Si je disais qu'il y a une compensation entre le bien et le mal, je ne serais pas dans le vrai, car le bien, j'entends les satisfactions morales, l'ont emporté de beaucoup sur le mal. Lorsque m'arrivait une déception, une contrariété quelconque, je m'élevais par la pensée au-dessus de l'humanité ; je me plaçais par anticipation dans la région des Esprits, et de ce point culminant, d'où je découvrais mon point d'arrivée, les misères de la vie glissaient sur moi sans m'atteindre. Je m'en étais fait une telle habitude que les cris des méchants ne m'ont jamais troublé.

17 juin 1856.

(Chez M. Baudin. Méd. Mlle Baudin)

Le Livre des Esprits.

Demande. (à la Vérité). — Une partie de l'ouvrage a été revue, seriez-vous assez bon pour me dire ce que vous en pensez ?

Réponse. — Ce qui a été revu est bien ; mais quand tout sera fini, il te faudra le revoir encore afin de l'étendre sur certains points, et de l'abréger sur d'autres.

Demande. — Pensez-vous qu'il devra être publié avant que les événements annoncés soient accomplis ?

Réponse. — Une partie, oui ; mais tout, non ; car je t'assure que nous aurons des chapitres très épineux. Quelqu'important que soit ce premier travail, *ce n'est en quelque sorte qu'une introduction*; il prendra des proportions que tu es loin de soupçonner aujourd'hui, et tu comprendras toi-même que certaines parties ne pourront être mises au jour que beaucoup plus tard et graduellement, à mesure que les idés nouvelles se développeront et prendront racine. Donner tout à la fois, serait une imprudence; il faut laisser à l'opinion le temps de se former. Tu trouveras des impatients qui te pousseront en avant : ne les écoute pas ; vois, observe, sonde le terrain, sache attendre, et fais comme le général prudent qui n'attaque que lorsque le moment favorable est venu.

Remarque. (écrite en janvier 1867). — A l'époque où fut donnée cette communication, je n'avais en vue que *le Livre des Esprits*, et j'étais loin, comme le dit l'Esprit, de me douter des proportions que prendrait l'ensemble du travail. Les événements annoncés ne devaient pas s'accomplir avant plusieurs années, puisqu'ils ne le sont pas encore à ce moment. Les ouvrages parus jusqu'à ce jour n'ont été publiés que successivement, et je me suis trouvé porté à les faire, *à mesure que les idées nouvelles se développaient*. De ceux qui restent à faire, le plus important, celui qui peut être considéré comme le couronnement de l'édifice, et contient en effet les chapitres *les plus épineux*, ne pourrait être mis au jour sans préjudice avant la période des désastres. Je ne voyais alors qu'un seul livre, et je ne comprenais pas qu'il pût être scindé, tandis que l'Esprit faisait allusion à ceux qui devaient suivre, et qu'il y aurait eu des inconvénients à publier prématurément.

« Sache attendre, dit l'Esprit ; n'écoute pas les impatients qui te pousseront en avant. » Les impatients n'ont pas manqué, et si je les avais écoutés, je conduisais en plein le navire sur les écueils. Chose bizarre ! tandis que les uns me criaient d'aller plus vite, d'autres m'accusaient de ne pas aller doucement. Je n'ai écouté ni les uns ni les autres, j'ai constamment pris pour boussole la marche des idées.

De quelle confiance en l'avenir ne devais-je pas être animé à mesure que je voyais s'accomplir les choses prévues, et que je reconnaissais la profondeur et la sagesse des instructions de mes protecteurs invisibles.

11 septembre 1856.

(Chez M. Baudin. Méd. Melle Baudin)

Le Livre des Esprits.

Après avoir donné lecture de quelques chapitres du Livre des Esprits concernant les lois morales, le médium écrit spontanément :

« Tu as bien compris le but de ton travail ; le plan est bien conçu ; nous sommes contents de toi. Continue ; mais surtout, quand l'ouvrage sera terminé, rappelle-toi que nous te recommandons de le faire imprimer et de le propager : c'est d'une utilité générale. Nous sommes satisfaits, et ne te quitterons jamais. Crois en Dieu, et marche. »

Plusieurs Esprits

6 Mai 1857.

(*Chez Madame de Cardone.*)

La tiare spirituelle.

J'avais eu occasion de voir aux séances de M. Roustan Mme de Cardone. Quelqu'un me dit, je crois que c'est M. Carlotti, qu'elle avait un talent remarquable pour lire dans la main. Je n'ai jamais cru à la signification les lignes de la main, mais j'ai toujours pensé que ce pouvait être, pour certaines personnes douées d'une sorte de seconde vue, un moyen d'établir un rapport qui leur permettait, comme aux somnambules, de dire parfois des choses vraies. Les signes de la main ne sont qu'un prétexte, un moyen de fixer l'attention, de développer la lucidité, comme le sont les cartes, le marc de café, les miroirs dits magiques, pour les individus qui jouissent de cette faculté. L'expérience m'a plus d'une fois confirmé la vérité de cette opinion. Quoi qu'il en soit, cette dame m'ayant engagé à aller la voir, je me rendis à son invitation, et voici un résumé de ce qu'elle me dit :

« Vous êtes né avec une grande abondance de ressources et de moyens intellectuels... force extraordinaire de jugement... Votre goût s'est formé; gouverné par la tête, vous modérez l'inspiration par le jugement ; vous assujettissez l'instinct, la passion, l'intuition à la méthode, à la théorie. Vous avez toujours eu le goût des sciences morales... Amour du vrai absolu... Amour de l'art défini.

« Votre style a du nombre, de la mesure, de la cadence ; mais parfois vous échangeriez un peu de votre précision pour de la poésie.

« Comme philosophe idéaliste, vous avez été assujetti aux opinions d'autrui ; comme philosophe croyant, vous éprouvez maintenant le besoin de faire secte.

« Bienveillance judicieuse ; besoin impérieux de soulager, de secourir, de consoler ; besoin d'indépendance.

« Vous vous corrigez bien doucement de la promptitude de l'emportement de votre humeur.

« Vous étiez singulièrement propre à la mission qui vous est confiée, car vous êtes plus fait pour devenir le centre de développements immenses, que capable de travaux isolés... vos yeux ont le regard de la pensée.

« Je vois ici le signe de la *tiare spirituelle*... il est très prononcé... regardez. » (Je regardai, et ne vis rien de particulier.)

Qu'entendez-vous, lui dis-je, par *tiare spirituelle*? Voulez-vous dire que je serai pape? Si cela devait être, ce ne serait certainement pas dans cette existence.

Réponse. — « Remarquez que j'ai dit tiare *spirituelle*, ce qui veut dire *autorité morale et religieuse*, et non pas souveraineté effective. »

J'ai rapporté purement et simplement les paroles de cette dame qu'elle m'a transcrites elle-même ; il ne m'appartient pas de juger si elles sont de tous points exactes ; j'en reconnais quelques-unes pour vraies, parce qu'elles sont en rapport avec mon caractère et les dispositions de mon esprit ; mais il est un passage évidemment erroné, c'est celui où elle dit, à propos du style, que j'échangerais parfois un peu de ma précision pour de la poésie. Je n'ai aucun instinct poétique ; ce que je recherche par dessus tout, ce qui me plaît, ce que j'estime, dans les autres, c'est la clarté, la netteté, la précision, et loin de sacrifier celle-ci à la poésie, on pourrait plutôt me reprocher de sacrifier le sentiment poétique à la sécheresse de la forme positive. J'ai toujours préféré ce qui parle à l'intelligence, à ce qui ne parle qu'à l'imagination.

Quant à la *tiare spirituelle*, le livre des Esprits venait de paraître : la doctrine était à son début, et l'on ne pouvait encore préjuger de ses résultats ultérieurs ; je n'attachai que peu d'importance à cette révélation, et je me bornai à en prendre note à titre de renseignement.

Cette dame quitta Paris l'année suivante, et je ne la revis que huit ans plus tard, en 1866 les choses avaient fait bien du chemin dans cet intervalle. Elle me dit : Vous rappelez-vous ma prédiction de la *tiare spirituelle* ? La voilà réalisée. — Comment réalisée ? Je ne suis pas, que je sache, sur le trône de Saint Pierre. — Non, aussi n'est-ce pas, ce que je vous ai annoncé. Mais n'êtes-vous pas, de fait, le chef de la doctrine, reconnu par les spirites du monde entier ? Ne sont-ce pas vos écrits qui font loi ? Vos adeptes ne se comptent-ils pas par millions ? Est-il un homme dont le nom ait plus d'autorité que le vôtre en fait de Spiritisme ? Les titres de grand-prêtre, de pontife, de pape même ne vous sont-ils pas spontanément donnés ? C'est surtout par vos adversaires et par ironie, je le sais, mais ce n'en est pas moins l'indice du genre d'influence qu'ils vous reconnaissent : ils préssentent votre rôle et ces titres vous resteront.

En somme, vous avez conquis, sans la chercher, une position morale que personne ne peut vous enlever, car, quelques travaux que l'on puisse faire après vous ou concurremment avec vous, vous n'en serez pas moins le fondateur reconnu de la doctrine. Dès ce moment vous possédez donc en réalité la *tiare spirituelle*, c'est-à-dire la suprématie morale. Vous voyez donc que je suis dans le vrai.

Croyez-vous maintenant un peu plus aux signes de la main ? — Moins que jamais, et je suis convaincu que si vous avez vu quelque chose, ce n'est pas dans la main, mais dans votre propre esprit, et je vais vous le prouver.

J'admets dans la main, comme dans le pied, les bras et les autres parties du corps, certains signes physiognomoniques ; mais chaque organe présente des signes spéciaux selon l'usage auquel il est affecté et sur ses rapports avec la pensée ; les signes de la main ne peuvent être les mêmes que ceux des pieds, des bras, de la bouche des yeux, etc.

Quant aux plis intérieurs de la main, leur plus ou moins d'accentuation tient à la nature de la peau et au plus ou moins d'abondance du tissu cellulaire, et comme ces parties n'ont aucune corrélation physiologique avec les organes des facultés intellectuelles et morales, elles ne peuvent en être l'expression. En admettant même cette corrélation, elles pourraient fournir des indices sur l'état présent de l'individu, mais ne sauraient être des signes de présages des choses futures, ni d'évènements passés indépendants de sa volonté. Dans la première hypothèse, je comprendrais à la rigueur qu'à l'aide de ces linéaments on pût dire qu'une personne possède telle ou telle aptitude, tel ou tel penchant, mais le plus vulgaire bon sens repousse l'idée qu'on puisse y voir si elle a été mariée ou non, combien de fois, et combien elle a eu d'enfants, si elle est veuve ou non, et autres choses semblables, comme le prétendent la plupart des chiromanciens.

Parmi les plis de la main, il en est un bien connu de tout le monde, et qui figure assez bien une M : s'il est fortement marqué, c'est, dit-on, le présage d'une vie malheureuse ; mais le mot *malheur* est français, et l'on oublie que le mot équivalent ne commence pas dans toutes les langues par la même lettre : d'où il suit que ce pli devrait affecter une forme différente selon la langue des peuples.

Quand à la *tiare spirituelle*, c'est évidemment une chose spéciale, exceptionnelle, et en quelque sorte individuelle, et je suis convaincu que vous n'avez trouvé ce mot dans le vocabulaire d'aucun traité de chiromancie. Comment donc vous est-il venu à la pensée ? Par l'intuition, par l'inspiration, par cette sorte de prescience inhérente à la double vue que beaucoup de personnes possèdent sans s'en douter. Votre attention était concentrée sur les linéaments de la main, vous avez appliqué l'idée à un signe dans lequel une autre personne aurait vu toute autre chose, ou auquel vous auriez attribué une signification différente chez un autre individu.

17 Janvier 1857.

(*Chez M. Baudin; Méd. M*ᵉˡˡᵉ *Baudin.*)

Première annonce d'une nouvelle incarnation.

L'Esprit avait promis de m'écrire une lettre à l'occasion de la nouvelle année ; il avait, disait-il quelque chose de particulier à me dire. La lui ayant demandée dans une des réunions ordinaires, il dit qu'il la donnerait dans l'intimité au médium qui me la transmettrait. Voici la lettre.

Cher ami, je n'ai pas voulu t'écrire mardi dernier devant tout le monde, parce qu'il est certaines choses qui ne peuvent se dire qu'entre nous.

Je voulais d'abord te parler de ton ouvrage, celui que tu fais imprimer, (Le livre des Esprits venait d'être mis sous presse.) Ne te donne pas tant de mal soir et matin ; tu t'en porteras mieux, et l'ouvrage ne perdra pas pour attendre.

D'après ce que je vois, tu es très capable de mener ton entreprise à bonne fin, et appelé à faire de grandes choses ; mais n'exagère rien ; vois et apprécie tout sainement et froidement ; mais ne te laisse pas entraîner par les enthousiastes et les trop pressés ; calcule tous tes pas et toutes tes démarches afin d'arriver à coup sûr. Ne crois pas plus que tu ne vois ; ne te tourne pas la tête de ce qui te paraît incompréhensible ; tu en sauras plus qu'un autre, parce qu'on te mettra les sujets d'étude sous les yeux.

Mais, hélas! la vérité ne sera pas encore connue ni crue de tous avant bien longtemps! Tu ne verras, dans cette existence, que l'aurore du succès de ton œuvre ; il faut que tu reviennes, *réincarné dans un autre corps* compléter ce que tu auras commencé, et alors tu auras la satisfaction de voir en pleine fructification la semence que tu auras répandue sur la terre.

Tu auras des envieux et des jaloux qui chercheront à te dénigrer et à te contrecarrer ; ne te décourage pas ; ne t'inquiète pas de ce qu'on dira ou fera contre toi ; poursuis ton œuvre; travaille toujours au progrès de l'humanité, et tu seras soutenu par les bons Esprits, tant que tu persévèreras dans la bonne voie.

Te souviens-tu qu'il y a un an j'ai promis mon amitié à ceux qui, pendant l'année, auraient été convenables dans toute leur conduite ? Eh bien! je t'annonce que tu es un de ceux que j'ai choisis entre tous.

Ton ami qui t'aime et te protège, Z.

Remarque. — J'ai dit que Z n'était pas un Esprit supérieur, mais très bon et très bienveillant. Peut-être était-il plus avancé que ne pourrait le faire supposer le nom qu'il avait pris ; on peut le supposer à en juger par le caractère sérieux et la sagesse de ses communications selon les circonstances. A la faveur de ce nom, il pouvait se permettre un langage familier approprié au milieu où il se manifestait, et dire ce qui lui arrivait souvent, de dures vérités sous la forme légère de l'épigramme. Quoi qu'il en soit j'ai toujours conservé de lui un bon souvenir et de la reconnaissance pour les bons avis qu'il m'a donnés et l'attachement qu'il m'a témoigné. Il a disparu avec la dispersion de la famille Baudin, et avait dit qu'il devait bientôt se réincarner.

15 Novembre 1857.

(*Chez M. Dufaux. Méd. M*ᵐᵉ *E. Dufaux.*)

La Revue Spirite.

Dem. — J'ai l'intention de publier un journal spirite, pensez-vous que je parvienne à le faire, et me le conseillez-vous ? La personne à laquelle je me suis adressé, M. Tiedeman, ne paraît pas décidé à donner son concours pécuniaire.

Rép. — Oui, tu y parviendras avec de la persévérance. L'idée est bonne, il faut la mûrir davantage.

Dem. — Je crains que d'autres ne me devancent.

Rép. — Il faut se dépêcher.

Dem. — Je ne demande pas mieux mais le temps me manque. J'ai deux emplois qui me sont nécessaires, vous le savez ; je voudrais pouvoir y renoncer afin de me consacrer tout entier à la chose, sans préoccupation étrangère.

Rép. — Il ne faut rien abandonner pour le moment ; on trouve toujours du temps pour tout ; remue-toi et tu parviendras.

Dem. — Dois-je agir sans le concours de M. Tiedeman ?

Rép. — Agis avec ou sans son concours ; ne t'inquiète pas de lui : tu peux t'en passer.

Dem. — J'avais l'intention de faire un premier numéro d'essai afin de poser le journal et de prendre date, sauf à continuer plus tard, s'il y a lieu ; qu'en pensez-vous ?

Rép. — L'idée est bonne, mais un premier numéro ne suffira pas ; cependant il est utile et même nécessaire en ce qu'il ouvrira la voie au reste. Il faudra y apporter beaucoup de soin, de manière à jeter les bases d'un succès durable ; s'il est défectueux, mieux vaudrait rien, car la première impression peut décider de son avenir. Il faut s'attacher, en commençant surtout, à satisfaire la curiosité ; il doit renfermer à la fois le sérieux et l'agréable ; le sérieux qui attachera les hommes de science, et l'agréable qui amusera le vulgaire ; cette partie est essentielle, mais l'autre est la plus importante, car sans elle le journal n'aurait pas de fondement solide. En un mot, il faut éviter la monotonie par la variété, réunir l'instruction solide à l'intérêt, et ce sera pour tes travaux ultérieurs un puissant auxiliaire.

Remarque. — Je me hâtai de rédiger le premier numéro, et je le fis paraître le premier Janvier 1858, sans en avoir rien dit à personne. Je n'avais pas un seul abonné, et aucun bailleur de fonds. Je le fis donc entièrement à mes risques et périls, et n'eus pas lieu de m'en repentir, car le succès dépassa mon attente. A partir du 1er janvier, les numéros se succédèrent sans interruption, et, comme l'avait prévu l'Esprit, ce journal devint pour moi un puissant auxiliaire. Je reconnus plus tard qu'il était heureux pour moi de n'avoir pas eu de bailleur de fonds, car j'étais plus libre, tandis qu'un étranger intéressé aurait pu vouloir m'imposer ses idées et sa volonté, et entraver ma marche ; seul, je n'avais de compte à rendre à personne, quelque lourde que fut ma tâche comme travail.

1ᵉʳ avril 1858.

Fondation de la Société Spirite de Paris.

Bien qu'il n'y ait ici aucun fait de prévisions, je mentionne, pour mémoire, la fondation de la société, à cause du rôle qu'elle a joué dans la marche du spiritisme, et des communications ultérieures auxquelles elle a donné lieu.

Depuis environ six mois, j'avais chez moi, rue des Martyrs, une réunion de quelques adeptes tous les mardis. Le principal médium était Mlle E. Dufaux. Bien que le local ne pût contenir que 15 à 20 personnes, il s'en trouvait parfois jusqu'à 30. Ces réunions offraient un grand intérêt par leur caractère sérieux, et la haute portée des questions qui y étaient traitées ; on y voyait souvent des princes étrangers et autres personnages de distinction.

Le local, peu commode par sa disposition, devint évidemment trop exigu. Quelques-uns, des habitués proposèrent de se cotiser pour en louer un plus convenable. Mais alors il devenait nécessaire d'avoir une autorisation légale pour éviter d'être tracassé par l'autorité. M. Dufaux, qui connaissait personnellement le Préfet de police se chargea de la demande. L'autorisation dépendait aussi du Ministre de l'intérieur, c'était alors le général X... qui était, sans qu'on le sût, sympathique à nos idées, sans les connaître complétement, et à l'influence duquel l'autorisation, qui, en suivant la filière ordinaire, eut demandé trois mois dût d'être obtenue en quinze jours.

La société fut alors régulièrement constituée et se réunit tous les mardis, dans le local qu'elle avait loué au Palais Royal, galerie de Valois. Elle y resta un an, du 1er avril 1858 au 1er avril 1859. N'ayant pu y demeurer plus longtemps, elle se réunit tous les vendredis dans un des salons du restaurant Douix, au Palais Royal, galerie Montpensier, du 1er Avril 1859 au 1er avril 1860, époque où elle s'installa dans un local à elle, rue et passage Sainte Anne, 59.

La société formée, dans le principe, d'éléments peu homogènes et de personnes de bonne volonté que l'on acceptait un peu trop facilement, eût à subir d'assez nombreuses vicissitudes qui ne furent pas un des moins pénibles embarras de ma tâche.

24 Janvier 1860.

(Chez Mad. Forbes. Méd. Mme Forbes.)

Durée de mes travaux.

Selon mon appréciation, j'estimais qu'il me fallait encore environ dix ans pour terminer mes travaux, mais je n'avais fait part de cette idée à personne. Je fus donc très surpris de recevoir d'un de mes correspondants de Limoges une communication obtenue spontanément dans laquelle l'Esprit, parlant de mes travaux, disait que j'en avais bien encore pour dix ans avant de les terminer.

Dem. (à la Vérité) — Comment se fait-il qu'un Esprit se communiquant à Limoges, où je ne suis jamais allé, ait dit précisément ce que je pensais sur la durée de mes travaux ?

Rép. — Nous savons ce qu'il te reste à faire et, par conséquent, le temps approximatif qu'il te faut pour l'achever. Il est donc tout naturel que des Esprits l'aient dit à Limoges et ailleurs pour donner une idée de la portée de la chose par le travail qu'elle exige.

Cependant le terme de dix ans n'est pas absolu ; il peut être prolongé de quelques années par des circonstances imprévues et indépendantes de ta volonté.

Remarque. (écrite en décembre 1866) — J'ai publié quatre volumes de fonds sans parler des choses accessoires. Les Esprits me pressent de publier la Genèse en 1867, avant les troubles. Pendant la période de grande pertubation je devrai travailler aux livres complémentaires de la doctrine qui ne pourront paraître qu'après la grande tourmente, et pour lesquels il me faut bien de trois à quatre ans. Cela nous porte au plus tôt en 1870, c'est à dire à environ 10 ans.

28 Janvier 1860.

(*Chez M. Solichon. Méd. M*^{lle} *Solichon.*)

Évènements. Papauté.

Demande. — (à l'esprit Ch.) Vous avez été ambassadeur à Rome, et dans ce temps-là vous avez prédit la chute du gouvernement papal ; que pensez-vous aujourd'hui à ce sujet ?

Réponse. — Je crois que le temps approche où ma prophétie va s'accomplir : mais ce ne sera pas sans déchirements. Tout se complique ; les passions s'échauffent, et d'une chose qui aurait pu se faire sans commotion, on s'y est pris de telle façon que toute la chrétienté en sera ébranlée.

Dem. — Voudriez-vous nous dire votre opinion sur la puissance temporelle du Pape ?

Rép. — Je pense que la puissance temporelle du Pape n'est pas nécessaire à sa grandeur, ni à sa puissance morale, au contraire, moins il aura de sujets, plus il sera vénéré. Celui qui est le représentant de Dieu sur la terre, est assez haut placé pour n'avoir pas besoin du relief de la puissance terrestre. La terre à diriger spirituellement, voilà la mission du père des chrétiens.

Dem. — Pensez-vous que le Pape et le sacré collège, mieux éclairés, ne fassent pas le nécessaire pour éviter le schisme et la guerre intestine, ne fût-elle que morale ?

Rép. — Je ne le crois pas ; tous ces hommes sont entêtés, ignorants, habitués à toutes les jouissances profanes ; ils ont besoin d'argent pour les satisfaire, et ils auraient peur que le nouvel ordre de choses ne leur en laissât pas assez. Aussi il poussent tout à l'extrême, s'inquiétant peu de ce qui arrivera, étant trop aveugles pour comprendre la conséquence de leur manière d'agir.

Dem. — Dans ce conflit n'est-il pas à craindre que la malheureuse Italie ne succombe, et ne soit ramenée sous le sceptre de l'Autriche ?

Rép. — Non, c'est impossible ; l'Italie sortira victorieuse de la lutte, et la liberté rayonnera sur cette terre glorieuse. L'Italie nous a sauvés de la barbarie, fût notre maître dans tout ce que l'intelligence a de plus noble et de plus élevé. Elle ne retombera point sous le joug de ceux qui l'ont abaissée.

12 Avril 1860.

(*chez M. Dehau; Méd. M. Crozet.*)

(Communication spontanée obtenue en mon absence.

Ma Mission.

Par sa fermeté et sa persévérance, votre Président a déjoué les projets de ceux qui cherchaient à détruire son crédit et à ruiner la société, dans l'espoir de porter un coup fatal à la doctrine. Honneur à lui ! qu'il sache bien que nous sommes avec lui, et que les Esprits sages seront heureux de pouvoir l'assister dans sa mission. Combien y en a-t-il qui voudraient remplir l'ombre de cette mission, car ils recevraient l'ombre des bienfaits dont elle est cause !

Mais cette mission est périlleuse, et pour l'accomplir il faut une foi et une volonté inébranlables ; il faut aussi de l'abnégation et du courage pour braver les injures, les sarcasmes, les déceptions, et ne pas s'émouvoir de la boue jetée par l'envie et la calomnie. Dans cette position, le moins qui puisse arriver, c'est d'être traité de fou et de charlatan. Laissez dire, laissez penser à l'aise : tout n'a qu'un temps, excepté la félicité éternelle. Tout vous sera compté, et sachez bien qu'il est nécessaire, pour être heureux, d'avoir contribué au bonheur des pauvres êtres dont Dieu a peuplé votre terre. Que votre conscience reste donc dans le repos et la sérénité : c'est l'avant-coureur du bonheur céleste.

15 Avril 1860,

(*Marseille. Méd. M. Georges Genouillat.*)

(Communication transmise par M. Brion Dorgeval.)

Avenir du Spiritisme.

Le Spiritisme est appelé à jouer un rôle immense sur la terre ; c'est lui qui réformera la législation si souvent contraire aux lois divines ; c'est lui qui rectifiera les erreurs de l'histoire ; c'est lui qui ramènera la religion du Christ devenue, dans les mains des prêtres, un commerce et un vil trafic ; il instituera la véritable religion, la religion naturelle, celle qui part du cœur et va droit à Dieu, sans s'arrêter aux franges d'une soutane, ou au marchepied d'un autel. Il éteindra à jamais l'athéisme et le matérialisme auxquels certains hommes ont été poussés par les abus incessants de ceux qui se disent les ministres de Dieu, prêchent la charité avec une épée dans chaque main, sacrifient à leur ambition, et à l'esprit de domination les droits les plus sacrés de l'humanité.

Un Esprit

10 Juin 1860.

(*Chez moi. Médium*, Mme *Schmidt.*)

Mon Retour.

Dem (à la Vérité). Je viens de recevoir une lettre de Marseille par laquelle on me dit qu'au séminaire de cette ville on s'occupe sérieusement de l'étude du Spiritisme et du livre des Esprits. Qu'en faut-il augurer ? Est-ce que le clergé prendrait la chose à cœur ?

Rép. — Tu ne peux en douter : il prend la chose très à cœur, car il en prévoit les conséquences pour lui, et ses appréhensions sont grandes. Le clergé, surtout la partie éclairée du clergé, étudie le Spiritisme plus que tu ne le crois ; mais ne pense pas que ce soit par sympathie ; il y cherche au contraire les moyens de le combattre, et je t'assure qu'il lui fera une rude guerre. Ne t'en inquiète pas ; continue d'agir avec prudence et circonspection ; tiens-toi en garde contre les pièges qui te seront tendus ; évite soigneusement dans tes paroles et dans tes écrits, tout ce qui pourrait fournir des armes contre toi.

Poursuis ta route sans crainte, et si elle est semée d'épines, je t'assure que tu auras de grandes satisfactions avant de revenir « un peu » parmi nous.

Dem. — Qu'entendez-vous par ces mots « un peu » ?

Rép. — Tu ne resteras pas longtemps parmi nous ; il faut bien que tu reviennes terminer ta mission qui ne peut être achevée dans cette existence. Si c'était possible, tu ne t'en irais pas du tout, mais il faut subir la loi de la nature. Tu seras absent pendant quelques années, et quand tu reviendras, ce sera dans des conditions qui te permettront de travailler de bonne heure. Cependant il y a des travaux qu'il est utile que tu termines avant de partir ; c'est pourquoi nous te laisserons le temps nécessaire pour les achever.

Remarque. — En supposant approximativement la durée des travaux qui me restent à faire, et en tenant compte du temps de mon absence et des années de l'enfance et de la jeunesse, jusqu'à l'âge où un homme peut jouer un rôle dans le monde, cela nous reporte forcément à la fin de ce siècle ou au commencement de l'autre.

21 Septembre 1861.

(*Auto-da-fé de Barcelonne. Saisie des livres*).

Chez moi. Méd. M. d'A.

Sur la demande de M. Lachâtre, alors établi à Barcelone, je lui avais expédié en nombre le Livre des Esprits, le Livre des médiums, les collections de la Revue spirite et divers ouvrages et brochures spirites, formant un total de 300 volumes environ. L'expédition avait été faite régulièrement par son correspondant de Paris, dans une caisse contenant d'autres marchandises, et sans la moindre infraction à la légalité. A l'arrivée des livres, on fit payer au destinataire les droits d'entrée, mais avant de les délivrer, on dut en référer à l'Évêque, l'autorité ecclésiastique ayant, dans ce pays, la police de la librairie. Celui-ci était alors à Madrid ; à son retour, sur le rapport qu'il s'en fit faire, il ordonna que les dits ouvrages seraient saisis et brûlés en place publique par la main du bourreau. L'exécution de la sentence fut fixée au 9 octobre 1861.

Si l'on avait cherché à introduire ces ouvrages en contrebande, l'autorité espagnole eut été dans son droit d'en disposer à sa guise ; mais dès l'instant qu'il n'y avait point fraude ni surprise, ce que prouvaient les droits volontairement acquittés, il était de rigoureuse ustice qu'elle en ordonnât la réexportation, s'il ne lui convenait pas de les admettre. Les réclamations faites auprès du consul français à Barcelone furent sans résultat. M. Lachâtre me demanda s'il fallait en référer à l'autorité supérieure ; mon avis était de laisser consommer cet acte arbitraire ; néanmoins, je crus devoir prendre celui de mon guide spirituel.

Demande. (à la Vérité). — Vous n'ignorez pas, sans doute, ce qui vient de se passer à Barcelonne au sujet des ouvrages spirites ; auriez-vous la bonté de me dire s'il convient d'en poursuivre la restitution ?

Réponse. — En droit tu peux réclamer ces ouvrages, et tu en obtiendrais certainement la restitution en t'adressant au Ministre des affaires étrangères de France. Mais mon avis est qu'il résultera de cet auto-da-fé un plus grand bien que ne produirait la lecture de quelques volumes. La perte matérielle n'est rien auprès du retentissement qu'un pareil fait donnera à la doctrine. Tu comprends combien une persécution aussi ridicule et aussi arriérée pourra faire progresser le Spiritisme en Espagne. Les idées s'en répandront avec d'autant plus de rapidité, et les ouvrages seront recherchés avec d'autant plus d'empressement qu'on les aura brûlés. Tout est bien.

Demande. — Convient-il de faire à ce sujet un article ans le prochain n° de la Revue ?
Réponse. — Attends l'auto-da-fé.

9 Octobre 1861.

Auto-da-fé de Barcelone.

Cette date marquera dans les annales du spiritisme par l'auto-da-fé des livres spirites à Barcelone. Voici l'extrait du procès-verbal de l'exécution :

« Ce jour, neuf octobre, mil huit cent-soixante-et-un, à dix heures et demie du matin, sur l'esplanade de la ville de Barcelone, au lieu où sont exécutés les criminels condamnés au dernier supplice, et par ordre de l'Évêque de cette ville, ont été brûlés trois cents volumes et brochures sur le Spiritisme, savoir : *Le Livre des Esprits*, par Allan Kardec... etc »

Les principaux journaux d'Espagne ont rendu un compte détaillé de ce fait, que les organes de la presse libérale de ce pays ont justement flétri. Il est à remarquer qu'en France les journaux libéraux se sont bornés à le mentionner sans commentaires. Le *Siècle* lui-même, i ardent à stigmatiser les abus de pouvoir et les oindres actes d'intolérance du clergé, n'a pas trouvé n mot de réprobation pour cet acte digne du moyen- ⸲e. Quelques journaux de la petite presse y ont même ʳᵒᵘvé le mot pour rire, Toute croyance à part, il y avait à une question de principe, de droit international intéessant tout le monde, sur laquelle ils n'auraient pas ssé si légèrement s'il se fut agi de certains autres ouvrages. Ils ne tarissent pas de blâme quand il s'agit d'un simple refus d'estampille pour le colportage d'un livre matérialiste ; or, l'inquisition relevant ses buchers avec l'antique solennité, à la porte de la France, avait une bien autre gravité. Pourquoi donc cette indifférence? C'est qu'il s'agissait d'une doctrine dont l'incrédulité voit avec effroi les progrès ; revendiquer la justice en sa faveur, c'était consacrer son droit à la protection de l'autorité, et augmenter son crédit. Quoi qu'il en soit, l'auto-da-fé de Barcelone n'en a pas moins produit l'effet attendu, par le retentissement qu'il a eu en Espagne, où il a puissamment contribué à propager les idées spirites. (Voir la Revue spirite de novembre 1861, page 321)

Cet événement a donné lieu à de nombreuses communications de la part des Esprits. Celle qui suit a été obtenue spontanément à la société de Paris le 19 octobre à mon retour de Bordeaux.

« Il fallait quelque chose qui frappât d'un coup violent certains Esprits incarnés pour qu'ils se décidassent à s'occuper de cette grande doctrine qui doit régénérer le monde. Rien n'est inutilement fait sur votre terre pour cela et nous qui avons inspiré l'auto-da-fé de Barcelone, nous savions bien qu'en agissant ainsi nous ferions faire un pas immense en avant. Ce fait brutal, inouï dans les temps actuels, a été consommé à l'effet d'attirer l'attention des journalistes qui restaient indifférents devant l'agitation profonde qui remuait les villes et les centres spirites; ils laissaient dire et ils laissaient faire ; mais ils s'obstinaient à faire la sourde oreille, et répondaient par le mutisme au désir de propagande des adeptes du Spiritisme. Bon gré, mal gré, il faut qu'ils en parlent aujourd'hui ; les uns en constatant l'historique du fait de

Barcelone, les autres en le démentant, ont donné lieu à une polémique qui fera le tour du monde, et dont seul le Spiritisme profitera. Voilà pourquoi aujourd'hui, l'arrière-garde de l'inquisition a fait son dernier auto-da-fé, que nous l'avons ainsi voulu. ».

Un Esprit

Nota. — Il m'a été envoyé de Barcelone, un dessin à l'aquarelle fait sur les lieux par un artiste distingué, et représentant la scène de l'auto-da-fé. J'en ai fait faire une photographie réduite. Je possède également des cendres recueillies sur le bûcher, parmi lesquelles se trouvent des fragments encore lisibles de feuilles brûlées. Je les ai conservées dans une urne de cristal. (1)

22 Décembre 1861.

(*Chez moi*; *communication particulière.*
Méd. M. d'A.)

Mon successeur.

Une conversation avec les Esprits ayant amené à parler de mon successeur dans la direction du Spiritisme, je posai la question suivante :

Demande. — Parmi les adeptes, beaucoup s'inquiètent de ce que deviendra le Spiritisme après moi, et se demandent qui me remplacera quand je partirai, attendu qu'on ne voit personne se dessiner d'une manière notoire pour en prendre les rênes.

---

(1) La Librairie spirite les possède toujours.

Je réponds que je n'ai pas la prétention d'être le seul être indispensable ; que Dieu est trop sage pour faire reposer l'avenir d'une doctrine qui doit régénérer le monde sur la vie d'un homme ; que d'ailleurs il m'a toujours été dit que ma tâche est de constituer la doctrine et qu'il me sera donné le temps nécessaire. Celle de mon successeur sera donc plus facile, puisque la route sera toute tracée, et qu'il lui suffira de la suivre. Néanmoins, si les Esprits jugeaient à propos de me dire quelque chose de plus positif à ce sujet, je leur en serais reconnaissant.

Réponse. — Tout cela est rigoureusement vrai ; voici ce qu'il nous est permis de te dire de plus.

Tu as raison de dire que tu n'es pas indispensable : tu l'es aux yeux des hommes parce qu'il était nécessaire que le travail d'organisation fût concentré dans les mains d'un seul pour qu'il y ait unité ; mais tu ne l'es pas aux yeux de Dieu. Tu as été choisi, voilà pourquoi tu es seul ; mais tu n'es pas, comme tu le sais du reste, le seul être capable de remplir cette mission ; si elle était interrompue par une cause quelconque, Dieu ne manquerait pas de sujets pour te remplacer. Ainsi, quoi qu'il arrive, le Spiritisme ne peut péricliter.

Jusqu'à ce que le travail d'élaboration soit achevé, il est donc nécessaire que tu sois seul en évidence, parce qu'il fallait un drapeau autour duquel on pût se rallier ; il fallait qu'on te considérât comme indispensable, pour que l'œuvre sortie de tes mains ait plus d'autorité dans le présent et dans l'avenir ; il fallait même que l'on conçût des craintes pour les suites de ton départ.

Si celui qui doit te remplacer était désigné d'avance, l'œuvre non achevée pourrait être entravée ; il se formerait contre lui des oppositions suscitées par la jalousie ; on le discuterait avant qu'il n'ait fait ses preuves ; les ennemis de la doctrine chercheraient à lui barrer le chemin, et il en résulterait des schismes et des divisions. Il se révèlera donc quand le moment sera venu.

Sa tâche sera rendue plus facile, parce que, comme tu le dis, la route sera toute tracée ; s'il s'en écartait, il se perdrait lui-même, comme se sont déjà perdus ceux qui ont voulu se mettre à la traverse ; mais elle sera plus pénible dans un autre sens, car il aura des luttes plus rudes à soutenir. A toi incombe la charge de la conception, à lui celle de l'exécution ; c'est pourquoi ça devra être un homme d'énergie et d'action. Admire ici la sagesse de Dieu dans le choix de ses mandataires : tu as les qualités qu'il faut pour le travail que tu dois accomplir, mais tu n'as pas celles qui seront nécessaires à ton successeur ; à toi il faut le calme, la tranquillité de l'écrivain qui mûrit les idées dans le silence de la méditation ; à lui, il faudra la force du capitaine qui commande un navire d'après les règles tracées par la science. Déchargé du travail de la création de l'œuvre sous le poids duquel ton corps succombera, il sera plus libre pour appliquer toutes ses facultés au développement et à la consolidation de l'édifice.

Dem. — Pourriez-vous me dire si le choix de mon successeur est arrêté dès ce moment ?

Rép. — Il l'est sans l'être, attendu que l'homme ayant son libre arbitre, peut reculer au dernier moment devant la tâche que lui-même a choisie. Il faut aussi qu'il fasse ses preuves de capacité, de dévouement, de désintéressement et d'abnégation. S'il n'était mû que par l'ambition et le désir de primer, il serait certainement mis de côté.

Dem. — Il a toujours été dit que plusieurs Esprits supérieurs devaient s'incarner pour aider au mouvement.

Rép. — Sans doute plusieurs Esprits auront cette mission, mais chacun aura sa spécialité, et agira par sa position sur telle ou telle partie de la société. Tous se révèleront par leurs œuvres, et aucun par une prétention quelconque à la suprématie.

Imitation de l'Évangile.

(*Ségur, 9 Août 1863. Méd. M. d'A*).

Nota. — Je n'avais communiqué à personne le sujet du livre auquel je travaillais ; j'en avais tenu le titre tellement secret, que l'éditeur, M. Didier, ne le connut que lors de l'impression. Ce titre fut d'abord, pour la première édition : *Imitation de l'Évangile*. Plus tard, sur les observations réitérées de M. Didier et de quelques autres personnes, il fut changé en celui de : *l'Évangile selon le Spiritisme*. Les réflexions contenues dans les communications suivantes ne pouvaient donc être le résultat des idées préconçues du médium.

Dem. — Que pensez-vous du nouvel ouvrage auquel je travaille en ce moment ?

Rép. — Ce livre des doctrines aura une influence considérable ; tu y abordes des questions capitales, et non seulement le monde religieux y trouvera les maximes qui lui sont nécessaires, mais la vie pratique des nations y puisera d'excellentes instructions. Tu as bien fait d'aborder les questions de haute morale pratique au point de vue des intérêts généraux, des intérêts sociaux et des intérêts religieux. Le doute doit être détruit ; la terre et ses populations civilisées sont prêtes ; il y a déjà assez longtemps que tes amis d'outre-tombe l'ont défrichée ; jette donc la semence que nous t'avons confiée, parce qu'il est temps que la terre gravite dans l'ordre rayonnant des sphères, et qu'elle sorte enfin de la pénombre et des brouillards intellectuels. Achève ton œuvre, et compte sur la protection de ton guide, notre guide à tous, et sur le concours dévoué de tes plus fidèles Esprits, au nombre desquels veuille bien toujours me compter.

Dem. — Qu'en dira le clergé ?

Rép. — Le clergé criera à l'hérésie, parce qu'il verra que tu y attaques carrément les peines éternelles et d'autres points sur lesquels il appuie son influence et son crédit. Il criera d'autant plus qu'il se sentira bien autrement blessé que par la publication du *Livre des Esprits*, dont à la rigueur, il pouvait accepter les principales données ; mais à présent tu vas entrer dans une nouvelle voie où il ne pourra pas te suivre. L'anathème secret deviendra officiel, et les Spirites seront rejetés après les Juifs et les Païens par l'Église romaine. Par contre les Spirites verront leur nombre s'augmenter en raison de cette sorte de persécution surtout en voyant les prêtres accuser d'œuvre absolument démoniaque une doctrine dont la moralité éclatera comme un rayon de soleil par la publication même de ton nouveau livre, et de ceux qui suivront.

Voilà que l'heure s'approche où il te faudra ouvertement déclarer le Spiritisme pour ce qu'il est, et montrer à tous où se trouve la véritable doctrine enseignée par le Christ ; l'heure approche où, à la face du ciel et de la terre tu devras proclamer le Spiritisme comme la seule tradition réellement chrétienne, la seule institution véritablement divine et humaine. En te choisissant, les Esprits savaient la solidité de tes convictions, et que ta foi, comme un mur d'airain, résisterait à toutes les attaques.

Néanmoins, ami, si ton courage n'a pas encore failli à la tâche si lourde que tu as acceptée, sache bien que tu as mangé ton pain blanc le premier, et que voilà l'heure des difficultés venues. Oui, cher Maître, la grande bataille s'apprête ; le fanatisme et l'intolérance soulevés par le succès de ta propagande, vont tirer sur toi et les tiens avec des armes empoisonnées. Prépare-toi à la lutte. Mais j'ai foi en toi, comme tu as foi en nous, et parce que ta foi est de celles qui transportent les montagnes et font marcher sur les eaux. Courage donc, et que ton œuvre s'accomplisse. Compte sur nous, et compte surtout sur la grande âme de notre Maître à tous, qui te protège d'une façon toute particulière.

Paris, 14 Septembre 1863.

Nota. — J'avais sollicité pour moi, une communication sur un sujet quelconque, et demandé qu'elle me fût envoyée à ma retraite de Sainte Adresse.

« Je veux bien te parler de Paris, quoique l'utilité ne m'en paraisse pas démontrée, attendu que mes voix intimes se font entendre autour de toi, et que ton cerveau perçoit nos inspirations avec une facilité dont tu ne te doutes pas toi-même. Notre action, celle surtout de l'*Esprit de Vérité*, est constante autour de toi, et telle que tu ne peux la récuser. C'est pourquoi je n'entrerai pas dans d'oiseux détails au sujet du plan de ton œuvre que tu as, suivant mes conseils occultes, si largement et si complètement modifié. Tu comprends maintenant pourquoi nous avions besoin de t'avoir sous la main, dégagé de toute autre préoccupation que celle de la doctrine. Une œuvre comme celle que nous élaborons de concert a besoin de recueillement et de l'isolement sacré. Je suis avec un vif intérêt les progrès de ton travail qui sont un pas considérable en avant, et ouvrent enfin au Spiritisme la large voie des applications utiles au bien de la société. Avec cet ouvrage, l'édifice commence à se dégager de ses échafaudages, et l'on peut déjà entrevoir sa coupole se dessiner à l'horizon. Continue donc sans impatience, comme sans lassitude ; le monument sera achevé à l'heure dite.

Nous t'avons déjà entretenu des questions incidentes du moment, c'est-à-dire des questions religieuses. L'Esprit de Vérité t'a parlé des levées de boucliers qui ont lieu à l'heure qu'il est ; ces hostilités prévues sont nécessaires pour tenir en éveil l'attention des hommes si faciles à se laisser détourner d'un sujet sérieux. Aux soldats qui combattent pour la cause, vont se joindre incessamment de nouveaux combattants dont la parole et les écrits feront sensation, et porteront le trouble et la confusion dans les rangs des adversaires.

Adieu, cher compagnon d'autrefois, disciple fidèle de la vérité, qui continue à travers la vie l'œuvre à laquelle nous avons juré jadis, entre les mains du grand Esprit qui t'aime et que je vénère, de consacrer nos forces et nos existences jusqu'à ce qu'elle soit achevée. Salut à toi. »

Remarque. — Le plan de l'ouvrage avait, en effet, été complètement modifié, ce qu'assurément le médium ne pouvait savoir, puisqu'il était à Paris et moi à Sainte-Adresse ; il ne pouvait savoir non plus que l'Esprit de Vérité m'avait parlé au sujet de la levée des boucliers de l'Evêque d'Alger et autres. Toutes ces circonstances étaient bien faites pour me confirmer la part que les Esprits prenaient à mes travaux.

L'Eglise.

Paris, 30 Septembre 1863.

(*Méd. M. d'A.*)

Te voilà de retour, mon ami, et tu n'as pas perdu ton temps ; à l'œuvre encore, car il ne faut pas laisser chaumer ton enclume. Forge, forge des armes bien trempées ; repose-toi de tes travaux par des travaux plus difficiles ; tous les éléments te seront mis entre les mains au fur à mesure du besoin.

L'heure est venue où l'Église doit rendre compte du dépôt qui lui a été confié, la manière dont elle a pratiqué les enseignements du Christ, de l'usage qu'elle a fait de son autorité, enfin de l'état d'incrédulité où elle a conduit les esprits ; l'heure est venue où elle doit rendre à César ce qui est à César et encourir la responsabilité de tous ses actes. Dieu l'a jugée, et il l'a reconnue impropre désormais à la mission de progrès qui incombe à toute autorité spirituelle. Ce ne serait que par une transformation absolue qu'elle pourrait vivre ; mais à cette transformation se résignera-t-elle ? Non, car alors elle ne serait plus l'Eglise ; pour s'assimiler les vérités et les découvertes de la science, il faudrait renoncer aux dogmes qui lui servent de fondements ; pour revenir à la pratique rigoureuse des préceptes de l'Evangile, il lui faudrait renoncer au pouvoir, à la domination, échanger le faste et la pourpre contre la simplicité et l'humilité apostoliques. Elle est entre deux alternatives ; si elle se transforme, elle se suicide ; si elle reste stationnaire, elle succombe sous les étreintes du progrès.

Déjà, du reste, Rome est dans l'anxiété, et l'on sait, dans la Ville Eternelle, par des révélations irrécusables, que la doctrine spirite est appelée à causer une vive douleur à la papauté, parce que le Schisme se prépare rigoureusement en Italie. Il ne faut donc pas s'étonner de l'acharnement que le clergé met à combattre le Spiritisme, il y est poussé par l'instinct de conservation ; mais déjà il a vu ses armes s'émousser contre cette puissance naissante ; ses arguments n'ont pu tenir l'inflexible logique ; il ne lui reste que le démon ; c'est un pauvre auxiliaire au xixe siècle.

Du reste, la lutte est ouverte entre l'Eglise et le progrès, plus qu'entre elle et le Spiritisme ; c'est le progrès général des idées qui la bat en brèche de tous les côtés, et sous lequel elle succombera, comme tout ce qui ne se met pas à son niveau. La marche rapide des choses doit vous faire pressentir que le dénouement ne se fera pas longtemps attendre ; l'Eglise elle-même semble poussée fatalement à le précipiter. (Esprit d'E.)

Paris, 14 Octobre 1863. — Méd. M. d'A.

(*Sur l'avenir de différentes publications.*)

Vie de Jésus par Renan.

Demande. (à Éraste) — Quel effet produira la vie de Jésus, par M. Renan ?

Rép. — L'effet sera immense ; la rumeur sera grande dans le clergé, parce que ce livre renverse les fondements mêmes de l'édifice sous lequel il s'abrite depuis dix-huit siècles. Ce livre n'est pas irréprochable, loin de là, parce qu'il est le reflet d'une opinion exclusive qui circonscrit sa vue dans le cercle étroit de la vie matérielle. M. Renan n'est cependant pas matérialiste, mais il est de cette école qui, si elle ne nie pas le principe spirituel, ne lui attribue aucun rôle effectif et direct dans la conduite des choses du monde. Il est de ces aveugles intelligents, qui expliquent à leur manière ce qu'ils ne peuvent voir ; qui, ne comprenant pas le mécanisme de la vue à distance, se figurent qu'on ne peut connaître une chose qu'en la touchant. Aussi a-t-il réduit le Christ aux proportions de l'homme le plus vulgaire, lui déniant toutes les facultés qui sont les attributs de l'esprit libre et indépendant de la matière.

Cependant, à côté d'erreurs capitales, surtout en ce qui touche à la spiritualité, ce livre contient des observations fort justes qui avaient jusqu'ici échappé aux commentateurs, et qui lui donnent une haute portée à un certain point de vue. Son auteur appartient à cette légion d'esprits incarnés qu'on peut appeler les démolisseurs du vieux monde ; ils ont pour mission de niveler le terrain sur lequel s'édifiera un monde nouveau plus rationnel. Dieu a voulu qu'un écrivain, justement accrédité près des hommes au point de vue du talent, vint jeter la lumière sur certaines questions obscures et entachées de préjugés séculaires, afin de prédisposer les esprits aux croyances nouvelles. Sans s'en douter, M. Renan a aplani la voie pour le Spiritisme.

30 Janvier 1866.

(*Paris. Groupe de M. Golovine. Méd. M L.*)

Précurseurs de l'Orage.

Permettez à un ancien dignitaire de Tauride de bénir vos deux enfants ; puissent-ils, sous l'égide de leurs deux mères, devenir intelligents en tout et être pour vous la source de satisfactions réelles ! Je leur souhaite d'êtres spirites convaincus, c'est-à-dire d'être tellement saturés de l'idée d'autres vies, des principes de fraternité, de charité et de solidarité, que les évènements qui se précipiteront à leur âge de conscience et de raison, ne puissent les étonner, ni affaiblir leur confiance dans la justice divine au milieu des épreuves que doit subir l'humanité.

Vous vous étonnez parfois de l'âcreté avec laquelle vos adversaires vous attaquent ; selon eux vous êtes des fous, des illuminés ; vous prenez la fiction pour la vérité ; vous ressuscitez le diable et toutes les erreurs du moyen âge.

A toutes ces attaques, vous savez que répondre serait

commencer une polémique sans issue. Votre silence prouve votre force, et en ne leur donnant pas occasion de riposter, ils finiront par se taire.

Ce qui est plus à craindre, c'est l'imprévu. Qu'un changement de gouvernement ait lieu dans le sens ultramontain le plus intolérant, et certes, vous seriez traqués, conspués, combattus, condamnés, expatriés. Mais les évènements, plus forts que les sourdes manœuvres, préparent à l'horizon politique un orage bien noir, et, quand la tempête éclatera, tâchez d'être bien abrités, bien forts, bien désintéressés. Il y aura des ruines, des invasions, des délimitations de frontières, et de ce naufrage immense qui nous viendra de l'Europe, de l'Asie, de l'Amérique, ce qui surnagera, sachez-le, ce sont les âmes bien trempées, les esprits éclairés, tout ce qui est justice, loyauté, honneur, solidarité.

Vos sociétés, telles qu'elles sont organisées, sont-elles parfaites ? Mais vous avez vos parias par millions ; la misère remplit sans cesse vos prisons, vos lupanars, et fournit l'échafaud. L'Allemagne voit, comme de tout temps, émigrer ses habitants par centaines de mille, ce qui n'est pas à l'honneur des gouvernements ; le Pape, prince temporel, répand l'erreur dans le monde au lieu de *l'Esprit de Vérité* dont il est l'artificiel emblème. Partout l'envie ; je vois des intérêts qui se combattent et non des efforts pour relever l'ignorant. Les gouvernements, minés par des principes égoïstes, pensent à s'étayer contre le flot qui monte, et ce flot, c'est la conscience humaine qui s'insurge enfin, après des siècles d'attente, contre la minorité qui exploite les forces vives des nationalités.

Nationalités ! Puisse la Russie ne pas avoir trouvé un

écueil terrible, un Cap des Tempêtes, dans ce mot !
Bien-aimé pays, puissent tes hommes d'Etat ne pas oublier que la grandeur d'un pays ne consiste pas à avoir des frontières indéfinies, beaucoup de provinces et pas de villages, quelques grandes villes dans un océan d'ignorance, des plaines immenses, désertes, stériles, inclémentes comme l'envie, comme tout ce qui est faux et frappe faux. Le soleil aura beau ne pas se coucher sur vos conquêtes, il n'y aura pas moins des déshérités, des grincements de dents, tout un enfer menaçant et béant comme l'immensité.

Et pourtant les nations, comme les gouvernements, ont leur libre arbitre ; comme les simples individualités, elles savent se diriger par l'amour, l'union, la concorde ; elles fourniront à l'orage annoncé des éléments électriques propres à mieux les détruire et les désagréger.

INNOCENT

En son vivant archevêque de Tauride.

30 Janvier 1866.

(*Lyon. Groupe Villon. — Méd. M. G.*)

La nouvelle génération.

La terre tressaille d'allégresse ; le jour du Seigneur approche ; tout ce qui est tête parmi nous brigue à l'envie d'entrer dans la lice. Déjà l'Esprit de quelques vaillantes âmes incarnées secoue leur corps à le briser ; la chair interdite ne sait que penser, un feu inconnu la dévore ; elles seront délivrées, car les temps sont échus : une éternité est sur le point d'expirer, une éternité glorieuse va bientôt poindre, et Dieu compte ses enfants.

Le règne de l'or fera la place à un règne plus pur ; la pensée sera bientôt souveraine, et les Esprits d'élite qui sont venus depuis des époques reculées illuminer leur siècle, et servir de jalons aux siècles futurs, vont prendre chair parmi vous. Que dis-je ? Beaucoup sont incarnés. Leur parole savante va porter une flamme destructive qui fera des ravages irréparables au sein des vieux abus. Que de préjugés antiques vont crouler d'une seule pièce, lorsque l'Esprit, comme une hache à double tranchant, viendra les saper jusque dans leurs fondements.

Oui, les pères du progrès de l'esprit humain ont quitté, les uns les demeures radieuses, d'autres de grands travaux où la félicité se joint au plaisir de s'instruire, pour venir reprendre le bâton de pèlerin qu'ils n'avaient que déposé au seuil du temple de la science, et des quatre coins du globe bientôt les savants officiels vont entendre avec effroi des jeunes gens imberbes, qui viendront, dans un langage profond, rétorquer leurs arguments qu'ils croyaient irréfutables. Le sourire railleur ne pourra plus être un bouclier sûr, et, sous peine de déchéance, il faudra répondre. C'est alors que le cercle vicieux dans lequel s'enferment les maîtres de la vaine philosophie sera montré à découvert, car les nouveaux champions portent avec eux, non seulement un flambeau qui est l'intelligence débarrassée des voiles grossiers, mais encore beaucoup d'entre eux jouiront de cet état particulier, privilège des grandes âmes, comme Jésus, qui donne le pouvoir de guérir et de faire les merveilles réputées miracles. Devant des faits matériels, où l'esprit se montre si supérieur à la matière, comment nier les esprits ? Le matérialiste sera refoulé dans ses discours, et par la parole plus éloquente que la sienne, et par le fait patent, positif, et avéré par tous, car, grands et petits, nouveaux Saint-Thomas, pourront toucher du doigt.

Oui, le vieux monde vermoulu craque de partout ; le vieux monde finit, et avec lui tous ces vieux dogmes qui ne reluisent encore que par la dorure dont on les couvre. Esprits vaillants, à vous la tâche de gratter cet or faux ; arrière, vous qui voulez en vain étayer cette idole ; frappée de partout, elle va crouler, et vous entraînera dans sa chûte.

Arrière, vous tous négateurs du progrès ; arrière, avec vos croyances d'un autre âge. Pourquoi niez-vous le progrès et voulez-vous l'enrayer ? C'est que voulant primer, primer encore et toujours, vous avez condensé votre pensée en articles de foi, en disant à l'humanité : « Tu seras toujours enfant, et nous qui avons l'illumination d'en haut, nous sommes destinés à te conduire. »

Mais vous avez vu les lisières de l'enfant vous rester dans les mains ; et l'enfant saute devant vous, et vous niez encore qu'il puisse marcher seul ! Sera-ce en le frappant avec les lisières qui devaient le soutenir que vous lui prouverez l'autorité de vos arguments ? Non ; et vous le sentez bien ; mais il est si doux, lorsqu'on se dit infaillible, de croire que les autres ont encore foi dans cette infaillibilité, à laquelle vous ne croyez plus vous-mêmes.

Ah ! quels gémissements ne se pousse-t-il pas dans le sanctuaire ! C'est là qu'en prêtant une oreille attentive on entend des chuchotements douloureux. Que dites-vous donc, pauvres obstinés ? Que la main de Dieu s'appesantit sur son Eglise ? Que partout la presse libre vous attaque et bat en brèche vos arguments ? Où sera le Chrisostôme nouveau dont la parole puissante réduira à néant ce déluge de raisonneurs ? En vain l'attendez-vous ; vos plumes les plus vigoureuses et les plus accréditées ne peuvent plus rien ; elles s'obstinent à se cramponner au passé qui s'en va, lorsque la génération nouvelle, dans son essor irrésistible qui la pousse en avant, s'écrie : Non, plus de passé ; à nous l'avenir ; une nouvelle aurore se lève, et c'est là où tendent nos aspirations !

En avant ! dit-elle ; élargissez la route, nos frères nous suivent ; suivez le flot qui nous entraîne ; nous avons besoin du mouvement qui est la vie, tandis que vous nous présentez l'immobilité qui est la mort.

Ouvrez vos tombeaux, vos catacombes ; rassasiez votre vue avec les vieux débris d'un passé qui n'est plus. Vos saints martyrs ne sont point morts pour immobiliser le présent. Ils ont entrevu notre époque, et se sont élancés dans la mort comme sur la route qui devait y conduire. A chaque époque son génie ; nous voulons nous élancer dans la vie, car les siècles futurs qui nous apparaissent ont horreur de la mort.

Voilà, mes amis, ce que les vaillants Esprits qui s'incarnent présentement vont faire comprendre. Ce siècle ne s'achèvera pas sans que bien des débris ne jonchent le sol. La guerre meurtrière et fratricide s'effacera bientôt devant la discussion ; l'esprit remplacera la force brutale. Et après que toutes ces âmes généreuses auront combattu, elles rentreront dans notre monde spirituel pour recevoir la couronne du vainqueur.

Voilà le but, mes amis ; les champions sont trop aguerris pour que le succès soit douteux. Dieu a choisi l'élite de ses combattants, et la victoire est acquise à l'humanité.

Réjouissez-vous donc, vous tous qui aspirez au bonheur, et qui voulez que vos frères y participent comme vous, le jour est venu ! La terre bondit de joie, car elle va voir commencer le règne de paix promis par le Christ, le divin messie, règne dont il est venu poser les fondements.

Un Esprit

23 avril 1866.

(Paris. Communication particulière. Méd. M. D.)

Instruction
pour la santé de M. Allan Kardec.

La santé de M. Allan Kardec s'affaiblissant de jour en jour par suite de travaux excessifs auxquels il ne peut suffire, je me vois dans la nécessité de lui répéter de nouveau ce que je lui ai déjà dit maintes fois : Vous avez besoin de repos ; les forces humaines ont des bornes que votre désir de voir progresser l'enseignement vous porte souvent à enfreindre ; vous avez tort, car, en agissant ainsi, vous ne hâterez pas la marche de la doctrine, mais vous ruinerez votre santé et vous vous mettrez dans l'impossibilité matérielle d'achever la tâche que vous êtes venu remplir ici-bas. Votre maladie actuelle n'est que le résultat d'une dépense incessante de forces vitales qui ne laisse pas à la réparation le temps de se faire, et d'un échauffement du sang produit par le manque absolu de repos. Nous vous soutenons, sans doute, mais à la condition que vous ne déferez pas ce que nous faisons. Que sert-il de courir ? Ne vous a-t-on pas dit maintes fois que chaque chose viendrait en son temps et que les Esprits préposés au mouvement des idées sauraient faire surgir des circonstances favorables quand le moment d'agir serait venu ?

Lorsque chaque spirite recueille ses forces pour la lutte, pensez-vous qu'il soit de votre devoir d'épuiser les vôtres ? Non ; en tout, vous devez donner l'exemple et votre place sera sur la brèche au moment du danger. Qu'y feriez-vous si votre corps affaibli ne permettait plus à votre esprit de se servir des armes que l'expérience et la révélation vous ont mises entre les mains ?

— Croyez-moi, remettez à plus tard les grands ouvrages destinés à compléter l'œuvre ébauchée dans vos premières publications ; vos travaux courants et quelques petites brochures urgentes ont de quoi absorber votre temps, et doivent être les seuls objets de vos préoccupations actuelles.

Je ne vous parle pas seulement en mon propre nom, je suis ici le délégué de tous ces Esprits qui ont contribué si puissamment à la propagation de l'enseignement par leurs sages instructions. Ils vous disent par mon intermédiaire que ce retard que vous pensez nuisible à l'avenir de la doctrine, est une mesure nécessaire à plus d'un point de vue, soit parce que certaines questions ne sont pas encore complètement élucidées, soit pour préparer les Esprits à se les mieux assimiler. Il faut que d'autres aient déblayé le terrain, que certaines théories aient prouvé leur insuffisance et fait un plus grand vide. En un mot, le moment n'est pas opportun ; ménagez-vous donc, car lorsqu'il en sera temps toute votre vigueur de corps et d'esprit vous sera nécessaire. Le Spiritisme a été jusqu'ici l'objet de bien des diatribes, il a soulevé bien des tempêtes ? croyez-vous que tout mouvement soit apaisé, que toutes les haines soient calmées et réduites à l'impuissance ? Détrompez-vous, le creuset épurateur n'a pas encore rejeté toutes les impuretés ; l'avenir vous garde d'autres épreuves et les dernières crises ne seront pas les moins pénibles à supporter.

Je sais que votre position particulière vous suscite une foule de travaux secondaires qui emploient la meilleure partie de votre temps. Les demandes de toutes sortes vous accablent, et vous vous faites un devoir d'y satisfaire autant que possible. Je ferai ici ce que vous n'oseriez sans doute faire vous-même, et, m'adressant à la généralité des Spirites, je les prierai, dans l'intérêt du Spiritisme lui-même, de vous épargner toute surcharge de travail de nature à absorber des instants que vous devez consacrer presque exclusivement à l'achèvement de l'œuvre. Si votre correspondance en souffre un peu, l'enseignement y gagnera.

Il est quelquefois nécessaire de sacrifier les satisfactions particulières à l'intérêt général. C'est une mesure urgente que tous les adeptes sincères sauront comprendre et approuver.

L'immense correspondance que vous recevez est pour vous une source précieuse de documents et de renseignements ; elle vous éclaire sur la marche vraie et les progrès réels de la doctrine ; c'est un thermomètre impartial ; vous y puisez en outre des satisfactions morales qui ont plus d'une fois soutenu votre courage en voyant l'adhésion que rencontrent vos idées sur tous les points du globe ; sous ce rapport, la surabondance est un bien et non un inconvénient, mais à la condition de seconder vos travaux et non de les entraver en vous créant un surcroît d'occupations.

Doct. Demeure

Bon monsieur Demeure, je vous remercie de vos sages conseils. Grâce à la résolution que j'ai prise de me faire suppléer, sauf les cas exceptionnels, la correspondance courante souffre peu maintenant, et ne souffrira plus à l'avenir ; mais que faire de cet arriéré de plus de cinq cents lettres que, malgré toute ma bonne volonté, je ne puis parvenir à mettre à jour ?

Rép. — Il faut, comme on dit en terme de commerce, les passer en bloc par compte de profits et pertes. En annonçant cette mesure dans la *Revue*, vos correspondants sauront à quoi s'en tenir ; ils en comprendront la nécessité, et ils la trouveront surtout justifiée par les conseils qui précèdent. Je le répète, il serait impossible que les choses allassent longtemps comme cela ; tout en souffrirait, et votre santé et la doctrine. Il faut, au besoin, savoir faire les sacrifices nécessaires. Tranquille désormais sur ce point, vous pourrez vaquer plus librement à vos travaux obligatoires. Voilà ce que vous conseille celui qui sera toujours votre ami dévoué.

Demeure

Déférant à ce sage conseil, nous avons prié ceux de nos correspondants avec lesquels nous étions depuis si longtemps en retard d'agréer nos excuses et nos regrets de n'avoir pu répondre en détail, et comme nous l'aurions désiré, à leurs bienveillantes lettres et de bien vouloir accepter collectivement l'expression de nos sentiments fraternels.

25 Avril 1866.

(Paris, Résumé des communications données par Mrs M. et T. en somnambulisme.)

Régénération de l'humanité.

Les événements se précipitent avec rapidité, aussi ne vous disons-nous plus, comme autrefois : « Les temps sont proches »; nous vous disons maintenant : « Les temps sont arrivés. »

Par ces mots n'entendez pas un nouveau déluge, ni un cataclysme, ni un bouleversement général. Des convulsions partielles du globe ont eu lieu à toutes les époques et se produisent encore, parce qu'elles tiennent à sa constitution, mais ce ne sont pas là les signes des temps.

Et cependant tout ce qui est prédit dans l'Évangile doit s'accomplir et s'accomplit en ce moment, ainsi que vous le connaîtrez plus tard ; mais ne prenez les signes annoncés que comme des figures dont il faut saisir l'esprit et non la lettre. Toutes les *Écritures* renferment de grandes vérités sous le voile de l'allégorie, et c'est parce que les commentateurs se sont attachés à la lettre qu'ils se sont fourvoyés. Il leur a manqué la clef pour en comprendre le sens véritable. Cette clef est dans les découvertes de la science et dans les lois du monde invisible que vient vous révéler le Spiritisme. Désormais, à l'aide de ces nouvelles connaissances, ce qui était obscur, devient clair et intelligible.

Tout suit l'ordre naturel des choses, et les lois immuables de Dieu ne seront point interverties. Vous ne verrez donc ni miracles, ni prodiges, ni rien de surnaturel dans le sens vulgaire attaché à ces mots.

Ne regardez pas au ciel pour y chercher des signes précurseurs, car vous n'en verrez point, et ceux qui vous en annonceront vous abuseront ; mais regardez autour de vous, parmi les hommes, c'est là que vous les trouverez.

Ne sentez-vous pas comme un vent qui souffle sur la terre et agite tous les Esprits ? Le monde est dans l'attente et comme saisi d'un vague pressentiment à l'approche de l'orage.

Ne croyez cependant pas à la fin du monde matériel ; la terre a progressé depuis sa transformation ; elle doit progresser encore, et non point être détruite. Mais l'humanité est arrivée à l'une de ses périodes de transformation, et la terre va s'élever dans la hiérarchie des mondes.

Ce n'est donc pas la fin du monde matériel qui se prépare, mais la fin du monde moral : c'est le vieux monde, le monde des préjugés, de l'égoïsme, de l'orgueil et du fanatisme qui s'écroule ; chaque jour en emporte quelques débris. Tout finira par lui avec la génération qui s'en va, et la génération nouvelle élèvera le nouvel édifice que les générations suivantes consolideront et compléteront.

De monde d'expiation, la terre est appelée à devenir un jour un monde heureux, et son habitation sera une récompense au lieu d'être une punition. Le règne du bien doit y succéder au règne du mal.

Pour que les hommes soient heureux sur la terre, il faut qu'elle ne soit peuplée que de bons Esprits incarnés et désincarnés qui ne voudront que le bien. Ce temps étant arrivé, une grande émigration s'accomplit en ce moment parmi ceux qui l'habitent ; ceux qui font le mal pour le mal, et que le sentiment du bien *ne touche pas*, n'étant plus dignes de la terre transformée, en seront exclus, parce qu'ils y porteraient de nouveau le trouble et la confusion et seraient un obstacle au progrès. Ils iront expier leur endurcissement dans des mondes inférieurs, où ils porteront leurs connaissances acquises, et qu'ils auront pour mission de faire avancer. Ils seront remplacés sur la terre par des Esprits meilleurs qui feront régner entre eux la justice la paix, la fraternité.

La terre, nous l'avons dit, ne doit point être transformée par un cataclysme qui anéantirait subitement une génération. La génération actuelle disparaîtra graduellement, et la nouvelle lui succédera de même sans que rien soit changé à l'ordre naturel des choses. Tout se passera donc extérieurement comme d'habitude, avec cette seule différence, mais cette différence est capitale, qu'une partie des Esprits qui s'y incarnaient ne s'y incarneront plus. Dans un enfant qui naîtra, au lieu d'un Esprit arriéré et porté au mal qui s'y serait incarné, ce sera un Esprit plus avancé et *porté au bien*. Il s'agit donc bien moins d'une nouvelle génération corporelle que d'une nouvelle génération d'Esprits. Ainsi, ceux qui s'attendaient à voir la transformation s'opérer par des effets surnaturels et merveilleux seront déçus.

L'époque actuelle est celle de la transition ; les éléments des deux générations se confondent. Placés au point intermédiaire, vous assistez au départ de l'une et à l'arrivée de l'autre, et chacun se signale déjà dans le monde par les caractères qui lui sont propres.

Les deux générations qui succèdent l'une à l'autre ont des idées et des vues tout opposées. A la nature des dispositions morales, mais surtout des dispositions *intuitives et innées*, il est facile de distinguer à laquelle des deux appartient chaque individu.

La nouvelle génération, devant fonder l'ère du progrès moral, se distingue par une intelligence et une raison généralement précoces, jointes au sentiment *inné* du bien et des croyances spiritualistes, ce qui est le signe indubitable d'un certain degré d'avancement antérieur. Elle ne sera point composée exclusivement d'Esprits éminemment supérieurs, mais de ceux qui, ayant déjà progressé, sont prédisposés à s'assimiler toutes les idées progressives et aptes à seconder le mouvement régénérateur.

Ce qui distingue, au contraire, les Esprits arriérés, c'est d'abord la révolte contre Dieu par la négation de la Providence et de toute puissance supérieure à l'humanité ; puis la propension *instinctive* aux passions dégradantes, aux sentiments anti-fraternels de l'orgueil, de la haine, de la jalousie, de la cupidité, enfin la prédominance de l'attachement pour tout ce qui est matériel.

Ce sont ces vices dont la terre doit être purgée par l'éloignement de ceux qui refusent de s'amender, parce qu'ils sont incompatibles avec le règne de la fraternité et que les hommes de bien souffriront toujours de leur contact. La terre en sera délivrée, et les hommes marcheront sans entraves vers l'avenir meilleur qui leur est réservé ici-bas pour prix de leurs efforts et de leur persévérance, en attendant qu'une épuration encore plus complète leur ouvre l'entrée des mondes supérieurs.

Par cette émigration des Esprits, il ne faut pas entendre que tous les Esprits retardataires seront expulsés de la terre et relégués dans les mondes inférieurs. Beaucoup ont cédé à l'entraînement des circonstances et de l'exemple ; l'écorce était chez eux plus mauvaise que le fond. Une fois soustraits à l'influence de la matière et des préjugés du monde corporel, la plupart verront les choses d'une manière toute différente que de leur vivant, ainsi que vous en avez de nombreux exemples. En cela, ils sont aidés par les Esprits bienveillants qui s'intéressent à eux et qui s'empressent de les éclairer et de leur montrer la fausse route qu'ils ont suivie. Par vos prières et vos exhortations, vous pouvez vous-mêmes contribuer à leur amélioration, parce qu'il y a solidarité perpétuelle entre les morts et les vivants.

Ceux-là pourront donc revenir, et ils en seront heureux, car ce sera une récompense. Qu'importe ce qu'ils auront été et ce qu'ils auront fait, s'ils sont animés de meilleurs sentiments ! Loin d'être hostiles à la société et au progrès, ce seront des auxiliaires utiles, car ils appartiendront à la nouvelle génération.

Il n'y aura donc d'exclusion définitive que pour les Esprits foncièrement rebelles, ceux que l'orgueil et l'égoïsme, plus que l'ignorance, rendent sourds à la voix du bien et de la raison. Mais ceux-là mêmes ne sont pas voués à une infériorité perpétuelle, et un jour viendra où ils répudieront leur passé et ouvriront les yeux à la lumière.

Priez donc pour ces endurcis afin qu'ils s'amendent pendant qu'il en est temps encore, car le jour de l'expiation approche.

Malheureusement la plupart, méconnaissant la voix de Dieu, persisteront dans leur aveuglement, et leur résistance marquera la fin de leur règne par des luttes terribles. Dans leur égarement, ils courront eux-mêmes à leur perte ; ils pousseront à la destruction qui engendrera une multitude de fléaux et de calamités, de sorte que, sans le vouloir, ils hâteront l'avènement de l'ère de la rénovation.

Et comme si la destruction ne marchait pas assez vite, on verra les suicides se multiplier dans une proportion inouïe, jusque parmi les enfants. La folie n'aura jamais frappé un plus grand nombre d'hommes qui seront, avant la mort, rayés du nombre des vivants. Ce sont là les véritables signes du temps. Et tout cela s'accomplira par l'enchaînement des circonstances, ainsi que nous l'avons dit, sans qu'il soit en rien dérogé aux lois de la nature.

Cependant, à travers le nuage sombre qui vous enveloppe, et au sein duquel gronde la tempête, voyez déjà poindre les premiers rayons de l'ère nouvelle ! La fraternité pose ses fondements sur tous les points du globe et les peuples se tendent la main ; la barbarie se familiarise au contact de la civilisation ; les préjugés de races et de sectes, qui ont fait verser des flots de sang, s'éteignent ; le fanatisme, l'intolérance perdent du terrrain, tandis que la liberté de conscience s'introduit dans les mœurs et devient un droit. Partout les idées fermentent; on voit le mal et l'on essaye des remèdes, mais beaucoup marchent sans boussole et s'égarent dans les utopies. Le monde est dans un immense travail d'enfantement qui aura duré un siècle ; dans ce travail, encore confus, on voit cependant dominer une tendance vers un but : celui de l'unité et de l'uniformité qui prédisposent à la fraternisation.

Ce sont encore là des signes du temps ; mais tandis que les autres sont ceux de l'agonie du passé, ces derniers sont les premiers vagissements de l'enfant qui naît, les précurseurs de l'aurore qui verra se lever le siècle prochain, car alors la nouvelle génération sera dans toute sa force. Autant la physionomie du dix-neuvième siècle diffère de celle du dix-huitième à certains points de vue, autant celle du vingtième siècle sera différente du dix-neuvième à d'autres points de vue.

Un des caractères distinctifs de la nouvelle génération sera la foi *innée* ; non la foi exclusive et aveugle qui divise les hommes, mais la foi raisonnée qui éclaire et fortifie, qui les unit et les confond dans un commun sentiment d'amour de Dieu et du prochain. Avec la génération qui s'éteint disparaîtront les derniers vestiges de l'incrédulité et du fanatisme, également contraires au progrès moral et social.

Le Spiritisme est la voie qui conduit à la rénovation, parce qu'il ruine les deux plus grands obstacles qui s'y opposent : l'incrédulité et le fanatisme. Il donne une foi solide et éclairée ; il développe tous les sentiments et toutes les idées qui correspondent aux vues de la nouvelle génération ; c'est pourquoi il est comme inné et à l'état d'intuition dans le cœur de ses représentants.

L'ère nouvelle le verra donc grandir et prospérer par la force même des choses. Il deviendra la base de toutes les croyances, le point d'appui de toutes les institutions.

Mais d'ici là, que de luttes il aura encore à soutenir contre ses deux plus grands ennemis : l'incrédulité et le fanatisme qui, chose bizarre, se donnent la main pour l'abattre ! Ils pressentent son avenir et leur ruine : c'est pourquoi ils le redoutent, car ils le voient déjà planter, sur les ruines du vieux monde égoïste, le drapeau qui doit rallier tous les peuples. Dans la divine maxime : *Hors la charité point de salut*, ils lisent leur propre condamnation, car c'est le symbole de la nouvelle alliance fraternelle proclamée par le Christ. Elle se montre à eux comme les mots fatals du festin de Balthazar. Et pourtant, cette maxime, ils devraient la bénir, car elle les garantit de toutes représailles de la part de ceux qu'ils persécutent. Mais non, une force aveugle les pousse à rejeter ce qui seul pourrait les sauver !

Que pourront-ils contre l'ascendant de l'opinion qui les répudie ? Le Spiritisme sortira triomphant de la lutte n'en doutez pas, car il est dans les lois de la nature, et par cela même impérissable. Voyez par quelle multitude de moyens l'idée se répand et pénètre partout ; croyez-bien que ces moyens ne sont pas fortuits, mais providentiels ; ce qui, au premier abord, semblerait devoir lui nuire, est précisément ce qui aide à sa propagation.

Bientôt il verra surgir des champions hautement avoués parmi les plus considérables et les plus accrédités, qui l'appuieront de l'autorité de leur nom et de leur exemple, et imposeront silence à ses détracteurs, car on n'osera pas les traiter de fous. Ces hommes l'étudient dans le silence et se montreront quand le moment propice sera venu. Jusque-là, il est utile qu'ils se tiennent à l'écart.

Bientôt aussi vous verrez les arts y puiser comme à une mine féconde, et traduire ses pensées et les horizons qu'il découvre par la peinture, la musique, la poésie et la littérature. Il vous a été dit qu'il y aurait un jour l'art spirite, comme il y a eu l'art païen et l'art chrétien, et c'est une grande vérité, car les plus grands génies s'en inspireront. Bientôt vous en verrez les premières ébauches, et plus tard il prendra le rang qu'il doit avoir.

Spirites, l'avenir est à vous et à tous les hommes de cœur et de dévouement. Ne vous effrayez pas des obstacles, car il n'en est aucun qui puisse entraver les desseins de la Providence. Travaillez sans relâche, et remerciez Dieu de vous avoir placés à l'avant garde de la nouvelle phalange. C'est un poste d'honneur que vous avez vous-mêmes demandé, et dont il faut vous rendre digne par votre courage, votre persévérance et votre dévouement. Heureux ceux qui succomberont dans cette lutte contre la force ; mais la honte sera, dans le monde des Esprits, pour ceux qui succomberaient par faiblesse ou pusillanimité. Les luttes, d'ailleurs, sont nécessaires pour fortifier l'âme ; le contact du mal fait mieux apprécier les avantages du bien. Sans les luttes qui stimulent les facultés, l'Esprit se laisserait aller à une insouciance funeste à son avancement. Les luttes contre les éléments développent les forces physiques et l'intelligence ; les luttes contre le mal développent les forces morales.

27 Avril 1866.

(*Paris, chez M. Leymarie. Méd. M. L.*)

**Marche graduelle du Spiritisme.
Dissidences et entraves.**

Chers condisciples, ce qui est vrai doit être ; rien ne peut s'opposer au rayonnement d'une vérité ; parfois, on peut la voiler, la torturer, et faire sur elle ce que font les tarets sur les digues hollandaises ; mais une vérité n'est pas bâtie sur pilotis : elle court l'espace ; elle est dans l'air ambiant, et si l'on a pu aveugler une génération, il y a toujours des incarnations nouvelles, des recrues de l'erraticité qui viennent apporter des germes féconds, d'autres éléments, et qui savent attirer à elles toutes les grandes choses méconnues.

Ne vous pressez pas trop, amis ; beaucoup parmi vous voudraient aller à la vapeur, et dans ce temps d'électricité, courir comme elle. Oublieux des lois de la nature, vous voudriez aller plus vite que le temps. Réfléchissez pourtant combien Dieu est sage en tout. Les éléments qui constituent votre planète, ont subi un long et laborieux enfantement ; avant que vous pussiez exister, il a fallu que tout se constituât selon l'aptitude de vos organes. La matière, les minéraux, fondus et refondus, les gaz, les végétaux, se sont peu à peu harmonisés et condensés afin de permettre votre éclosion sur la terre. C'est l'éternelle loi du travail qui n'a pas cessé de régir les êtres inorganisés, comme les êtres intelligents.

Le spiritisme ne peut échapper à cette loi, à la loi de l'enfantement. Implanté sur un sol ingrat, il faut qu'il ait ses mauvaises herbes, ses mauvais fruits. Mais aussi, chaque jour on défriche, on arrache, on coupe les mauvaises branches ; le terrain s'ameublit insensiblement, et lorsque le voyageur, fatigué des luttes de la vie, verra l'abondance et la paix à l'ombre d'une fraîche oasis, il viendra étancher sa soif, essuyer ses sueurs, dans ce royaume lentement et sagement préparé ; là le roi est Dieu, ce dispensateur généreux, cet égalitaire judicieux, qui sait bien que le trajet à suivre est douloureux, mais fécond ; pénible, mais nécessaire ; l'Esprit formé à l'école du travail, en sort plus fort et plus apte aux grandes choses. Aux défaillants il dit : courage ; et comme espoir suprême, il laisse entrevoir, même aux plus ingrats, un point d'arrivée, point salutaire, chemin jalonné par les réincarnations.

Riez des vaines déclamations : laissez parler les dissidents, criailler ceux qui ne peuvent se consoler de ne pas être les premiers ; tout ce petit bruit n'empêchera pas le Spiritisme de faire invariablement son chemin ; il est une vérité, et comme un fleuve toute vérité doit suivre son cours.

16 Août 1867.

Société de Paris.

(*Médium. M. M. en somnambulisme.*)

Publications spirites.

Nota. — M. L. venait d'annoncer qu'il se proposait de faire faire des ouvrages spirites qu'il vendrait à des prix fabuleusement réduits. C'est à ce sujet que M. Morin dit ce qui suit pendant son sommeil.

Les spirites sont nombreux aujourd'hui, mais beaucoup ne comprennent pas encore la portée éminemment moralisatrice et émancipatrice du Spiritisme. Le noyau qui a toujours suivi la bonne route continue sa marche lente mais sûre; il s'éloigne de tous les partis pris, il s'occupe de ceux qu'il laisse en chemin.

Malheureusement, même parmi les membres qui forment le noyau fidèle, il en est qui voient tout en beau chez les autres comme chez eux, et, facilement, bénévolement, se laissent prendre aux apparences et vont sottement se prendre à la glu de leurs ennemis, d'une personnalité qui dit se dépouiller, donner son sang son bien son intelligence pour le triomphe de l'idée. Eh bien! relisez la communication (communication qu'il venait d'écrire), et vous verrez que chez certains individus de tels sacrifices ne peuvent être faits sans arrière-pensée.

Il faut se défier des dévouements et des générosités de parade, comme de la véracité des gens qui disent qu'ils ne mentent jamais.

Prétendre donner une chose à des prix impossibles sans y perdre, c'est une rubrique de métier; faire plus encore: donner pour rien, soi-disant par excès de zèle à titre de prime, tous les éléments d'une doctrine sublime, c'est le sublime de l'hypocrisie. Spirites, prenez garde à vous!

16 Août 1867

(*Société de Paris, Médium. M. D.*)

Événements.

13. — La société en général, pour mieux dire, la réunion d'êtres, tant incarnés que désincarnés, qui composent la population flottante d'un monde, en un mot une humanité, n'est autre qu'un grand enfant collectif qui, comme tout être doué de vie, passe par toutes les phases qui se succèdent chez chacun depuis la naissance jusqu'à l'âge le plus avancé ; et de même que le développement de l'individu est accompagné de certaines perturbations physiques et intellectuelles qui incombent plus particulièrement à certaines périodes de la vie, l'humanité a ses maladies de croissance, ses bouleversements moraux et intellectuels. C'est à l'une de ces grandes époques qui terminent une période et qui en commencent une autre qu'il vous est donné d'assister. Participant à la fois aux choses du passé et à celles de l'avenir, aux systèmes qui s'écroulent et aux vérités qui se fondent, ayez soin mes amis, de vous mettre du côté de la solidité, de la progression et de la logique, si vous ne voulez être entraînés à la dérive ; et d'abandonner des palais somptueux quant à l'apparence, mais vacillant par la base et qui enseveliront bientôt sous leurs ruines les malheureux assez insensés pour ne pas vouloir en sortir, malgré les avertissements de toute nature qui leur sont prodigués.

Tous les fronts s'assombrissent, et le calme apparent

dont vous jouissez ne sert qu'a accumuler un plus grand nombre d'éléments destructeurs.

Quelquefois, l'orage qui détruit le fruit des sueurs d'une année est précédé d'avant-coureurs qui permettent de prendre les précautions nécessaires, pour éviter, autant que possible, la dévastation. Cette fois, il n'en sera pas ainsi. Le ciel assombri semblera s'éclaircir ; les nuages fuiront ; puis, tout d'un coup, toutes les fureurs longtemps comprimées se déchaîneront avec une violence inouïe.

Malheur à ceux qui ne se seront pas préparé un abri! malheur aux fanfarons qui iront au danger le bras désarmé et la poitrine découverte ! malheur à ceux qui affronteront le péril la coupe à la main ! Quelle déception terrible les attend ? La coupe tenue par leur main n'aura pas atteint leurs lèvres, qu'ils seront frappés !

A l'œuvre donc, Spirites et n'oubliez pas que vous devez être tout prudence et tout prévoyance. Vous avez un bouclier, sachez vous en servir ; une ancre de salut, ne la négligez pas.

9 Septembre 1867.

(*Ségur, Séance intime. Médium. M. D.*

Mon nouvel ouvrage sur la Genèse.

(Communication spontanée).

Deux mots d'abord pour l'œuvre qui est sur le chantier. Comme nous l'avons dit maintes fois, il est urgent de la mettre à exécution sans retard et de presser le plus possible sa publication. Il est nécessaire que la première impression soit produite sur les esprits lorsque le conflit européen éclatera ; si elle tardait, les évènements brutaux pourraient détourner l'attention des œuvres purement philosophiques ; et comme cet ouvrage est appelé à jouer son rôle dans l'élaboration qui se prépare, il ne faut pas manquer de le présenter en temps opportun. Cependant il ne faudrait pas non plus, pour cela, en restreindre les développements. Donnez-y toute l'ampleur désirable ; chaque petite partie a son poids dans la balance d'action, à une époque aussi décisive que celle-ci, il ne faut rien négliger, pas plus dans l'ordre matériel que dans l'ordre moral.

Je suis satisfait personnellement du travail, mais mon opinion est peu de chose auprès de la satisfaction de ceux qu'il est appelé à transformer. Ce qui me réjouit surtout, ce sont ses conséquences sur les masses, tant de l'espace que de la terre.

Demande. — Si rien ne vient à la traverse, l'ouvrage pourra paraître en décembre. Prévoyez-vous des obstacles ?

Réponse. — Je ne prévois point de difficultés insurmontables ; votre santé serait le principal, c'est pourquoi nous vous conseillons sans cesse de ne pas la négliger. Quand à des obstacles extérieurs, je n'en pressens pas de sérieux.   D' D.

22 Février 1868.

(*Communication particulière. Médium. M. D.*)

La Genèse.

A la suite d'une communication du D' Demeure, dans laquelle il me donna de très sages conseils sur les modifications à apporter au livre de la Genèse lors de sa réimpression, dont il m'engageait à m'occuper sans retard, je lui dis.

La vente si rapide jusqu'ici se calmera, sans doute; c'est l'effet du premier moment. Je crois donc que la 4ᵉ et la 5ᵉ édition seront plus longues à s'écouler. Néanmoins, comme il faut un certain temps pour la révision et la réimpression, il importe de n'être pas pris au dépourvu. Pourriez-vous me dire approximativement combien j'ai de temps devant moi, pour agir en conséquence ?

Réponse. — C'est un travail sérieux que cette révision, et je vous engage à ne pas attendre trop tard pour l'entreprendre : il vaut mieux que vous soyez prêt avant l'heure que si l'on devait attendre après vous. Surtout ne vous pressez point. Malgré la contradiction apparente de mes paroles, vous me comprenez sans doute. Mettez-vous promptement à l'œuvre, mais ne vous y tenez pas d'arrache-pied trop longtemps. Prenez votre temps : les idées seront plus nettes, et le corps y gagnera de se moins fatiguer.

Il faut néanmoins vous attendre à un écoulement rapide. Lorsque nous vous avons dit que ce livre serait un succès parmi vos succès, nous entendions à la fois un succès philosophique, et matériel. Comme vous le voyez, nos prévisions étaient justes. Soyez prêt à toute heure, cela sera plus prompt que vous ne le supposez.

Remarque. — Dans une communication du 18 décembre, il est dit : *Ce sera, certes, un succès parmi vos succès.* Il est remarquable, qu'à deux mois d'intervalle, un autre Esprit répète précisément les mêmes paroles, en disant ; *Lorsque* **nous** *vous avons dit*, etc. Ce mot nous prouve que les Esprits agissent de concert, et que souvent un seul parle au nom de plusieurs.

Paris 23 février 1868.

(*Communication intime donnée à M. C. médium.*)

Évènements.

Occupez-vous dès à présent du travail que vous avez ébauché sur les moyens d'être un jour utile à vos frères en croyance et de servir la cause de la doctrine parce qu'il serait possible que les évènements qui se dérouleront ne vous laissent pas des loisirs suffisants pour vous y livrer.

Ces évènements eux-mêmes amèneront des phases pendant lesquelles la pensée humaine pourra se produire avec une liberté absolue. Dans ces moments-là les cerveaux en délire, dépourvus de toute direction saine, enfanteront de telles énormités, que l'annonce de l'apparition prochaine de la bête de l'apocalypse n'étonnerait personne et passerait inaperçue. Les presses vomiront toutes les folies humaines jusqu'à l'épuisement des passions qu'elles auront engendrées.

Un pareil temps sera favorable aux spirites. Ils se compteront ; ils prépareront leurs matériaux et leurs armes. Personne ne songera à les inquiéter, car ils ne gêneront personne. Ils seront seuls les disciples de l'Esprit, et les autres seront les disciples de la matière.

Mes travaux personnels Conseils divers.

Paris 4 juillet 1868 — *Médium M. D.*

Vos travaux personnels sont en bonne voie ; poursuivez la réimpression de votre dernier ouvrage ; faites votre table générale pour la fin de l'année, c'est une chose utile, et reposez-vous en du reste sur nous.

L'impulsion produite par la Genèse n'est qu'à son début, et bien des éléments ébranlés par son apparition se rangeront bientôt sous votre drapeau ; d'autres œuvres sérieuses paraîtront encore pour achever d'éclairer la pensée humaine sur la nouvelle doctrine.

J'applaudis également à la publication des lettres de Lavater : c'est une petite chose destinée à produire de grands effets. En somme l'année sera fructueuse pour tous les amis du progrès rationnel et libéral.

Je suis aussi entièrement d'avis de publier le résumé que vous vous proposez de faire sous forme de catéchisme ou manuel, mais je suis aussi d'avis de l'éplucher avec soin. Lorsque vous serez pour le faire paraître, n'oubliez pas de me consulter sur le titre, j'aurai peut-être un bon avis à vous donner alors, et dont les termes dépendront des événements accomplis.

Lorsque nous vous conseillâmes dernièrement de ne pas attendre trop tard pour vous occuper du remaniement de la Genèse nous vous disions qu'il y aurait à ajouter en différents endroits, à combler quelques lacunes, et à condenser ... la matière afin de ne pas donner plus d'étendue au ...

Nos observations n'ont point été perdues, et nous

serons heureux de collaborer au remaniement de cet ouvrage comme d'avoir contribué à son exécution.

Je vous engagerai aujourd'hui à revoir avec soin surtout les premiers chapitres, dont toutes les idées sont excellentes, qui ne contiennent rien que de vrai, mais dont certaines expressions pourraient prêter à une interprétation erronnée. Sauf ces rectifications que je vous conseille de ne point négliger, car on se rejette sur les mots lorsqu'on ne peut attaquer les idées, je n'ai rien autre chose à vous indiquer à ce sujet. Je conseille, par exemple, de ne point perdre de temps ; il vaut mieux que les volumes attendent le public que de se trouver à court. Rien ne déprécie une œuvre comme une lacune dans la vente. L'éditeur impatienté de ne pouvoir répondre aux demandes qui lui sont faites, et qui manque l'occasion de vendre, se refroidit pour les ouvrages d'un auteur imprévoyant ; le public se fatigue d'attendre et l'impression produite a peine à s'effacer.

D'autre part, il n'est pas mauvais que vous ayez quelque liberté d'esprit pour parer aux éventualités qui peuvent naître autour de vous, et donner vos soins à des études particulières qui, selon les événements, peuvent être suscitées actuellement ou remises à des temps plus propices.

Tenez-vous donc prêt à tout ; soyez dégagé de toute entrave, soit pour vous adonner à un travail spécial, si la tranquillité générale le permet, soit pour être préparé à tout événement si des complications imprévues venaient nécessiter de votre part une détermination subite. L'année prochaine sera bientôt atteinte ; il faut donc, dans la fin de celle-ci, mettre la dernière main à la première partie de l'œuvre spirite, afin d'avoir le champ libre pour terminer la tâche qui concerne l'avenir.

Hors la Charité, point de salut.

Ces principes pour moi ne sont pas seulement en théorie, je les mets en pratique ; je fais le bien autant que le permet ma position ; je rends service quand je puis ; les pauvres ont-ils jamais été rebutés chez moi ou traités avec dureté ; à toute heure n'ont-ils pas toujours été reçus avec la même bienveillance ? ai-je jamais plaint mes pas et mes démarches pour rendre service ; des pères de famille ne sont-ils pas sortis de prison par mes soins ? Certes il ne m'appartient pas de faire l'inventaire du bien que j'ai pu faire ; mais, dans un moment où l'on semble tout oublier, il m'est bien permis je crois de rappeler à mon souvenir que ma conscience me dit que je n'ai fait de tort à personne, que j'ai fait tout le bien que j'ai pu, et cela je le répète sans demander compte de l'opinion ; sous ce rapport ma conscience est tranquille, et de quelque ingratitude que j'aie pu être payé en plus d'une occasion, cela ne saurait être pour moi un motif de cesser de le faire ; l'ingratitude est une des imperfections de l'humanité, et comme personne de nous n'est exempt de reproches, il faut savoir passer aux autres pour qu'on nous passe à nous-mêmes, afin qu'on puisse dire, comme J. C. : « que celui qui est sans péché lui jette la première pierre. » Je continuerai donc à faire le plus de bien que je pourrai, même à mes ennemis, car la haine ne m'aveugle pas ; et je leur tendrai toujours la main pour les tirer d'un précipice si l'occasion s'en présentait.

Voilà comment j'entends la charité chrétienne ; je comprends une religion qui nous ordonne de rendre le bien pour le mal, à plus forte raison de rendre le bien pour le bien. Mais je ne comprendrais jamais celle qui nous prescrirait de rendre le mal pour le mal. (Pensées intimes d'Allan Kardec, document retrouvé dans ses papiers.)

Projet. — 1868.

Un des plus grands obstacles qui peuvent entraver la propagation de la doctrine, serait le défaut d'unité ; le seul moyen de l'éviter, sinon pour le présent, du moins pour l'avenir, c'est de la formuler dans toutes ses parties et jusque dans les plus minutieux détails, avec tant de précision et de clarté, que toute interprétation divergente soit impossible.

Si la doctrine du Christ a donné lieu à tant de controverses, si elle est encore aujourd'hui si mal comprise et si diversement pratiquée, cela tient à ce que le Christ s'est borné à un enseignement oral, et que ses apôtres eux-mêmes n'ont donné que des principes généraux que chacun a interprétés selon ses idées ou ses intérêts. S'il eût formulé l'organisation de l'Église chrétienne avec la précision d'une loi ou d'un règlement, il est incontestable que cela eût prévenu la plupart des schismes et des querelles religieuses, ainsi que l'exploitation qui a été faite de la religion au profit des ambitions personnelles. Il en est résulté que, si le Christianisme a été pour quelques hommes éclairés une cause de réforme morale sérieuse, il n'a été et n'est encore pour beaucoup que l'objet d'une croyance aveugle et fanatique, résultat qui, chez un grand nombre, a engendré le doute et l'incrédulité absolue.

Le spiritisme, bien entendu et bien compris, peut seul remédier à cet état de choses, et devenir, ainsi que l'ont dit les Esprits, le grand levier de la transformation de l'humanité. L'expérience doit nous éclairer sur la marche à suivre ; en nous montrant les inconvénients du passé, elle nous dit clairement que le seul moyen de les éviter pour l'avenir, c'est d'asseoir le Spiritisme sur les bases solides d'une doctrine positive ne laissant rien à l'arbitraire des interprétations. Les dissidences qui pourraient s'élever se fondront d'elles-mêmes dans l'unité principale qui sera établie sur les bases les plus rationnelles, si ces bases sont clairement définies et non laissées dans le vague. Il ressort encore de ces considérations que cette marche, dirigée avec prudence, est le plus puissant moyen de lutter contre les antagonistes de la doctrine spirite. Tous les sophismes viendront se briser contre des principes auxquels la saine raison ne saurait rien trouver à redire.

Deux éléments doivent concourir aux progrès du Spiritisme, ce sont : l'établissement théorique de la doctrine et les moyens de la populariser. Le développement qu'elle prend chaque jour multiplie nos relations qui ne peuvent que s'accroître par l'élan que donnera la nouvelle édition du Livre des Esprits et la publicité qui sera faite à ce sujet. Pour pouvoir utiliser ces relations d'une manière profitable, si, après avoir constitué la théorie, je dois concourir à son installation, il serait nécessaire, qu'outre la publication de mes ouvrages, j'eusse des moyens d'action plus directe ; or, je crois qu'il serait utile que celui qui a fondé la théorie, pût en même temps donner l'impulsion, parce qu'il y aurait plus d'unité. Sous ce rapport, la société doit nécessairement exercer une grande influence, ainsi que l'on dit les Esprits eux-mêmes, mais son action ne sera réellement efficace que lorsqu'elle servira de centre et de point de ralliement d'où partira un enseignement prépondérant sur l'opinion publique. Pour cela il lui faut une organisation plus forte et des éléments qu'elle ne possède pas. Dans le siècle où nous sommes et vu l'état de nos mœurs, les ressources financières sont le grand moteur de toutes choses, lorsqu'elles sont employées avec discernement. Dans l'hypothèse où ces ressources me viendraient par une voie quelconque, voici le plan que je me proposerais de suivre, et dont l'exécution serait proportionnée à l'importance des moyens et subordonnée aux conseils des Esprits.

Etablissement central.

La phase la plus urgente serait de se pourvoir d'un local convenablement situé et disposé pour les relations et les réceptions. Sans y mettre un luxe inutile qui serait déplacé, il faudrait que rien n'y accusât la pénurie, et qu'il représentât suffisamment pour que les personnes de distinction puissent y venir sans croire trop déroger. Outre mon logement particulier d'habitation, il devrait comprendre :

1° Une grande salle pour les séances de la société et les grandes réunions ;

2° Un salon de réception.

3° Une pièce consacrée aux évocations intimes, sorte

de sanctuaire qui ne serait profané par aucune occupation étrangère.

4° Un bureau pour la Revue, les archives et les affaires de la société.

Le tout disposé et agencé d'une manière commode et convenable pour sa destination,

Il serait créé une bibliothèque composée de tous les ouvrages et écrits périodiques français et étrangers, anciens et modernes ayant rapport au Spiritisme.

Le salon de réception serait ouvert tous les jours à certaines heures aux membres de la société qui pourraient y venir conférer librement, y lire les journaux et consulter les archives et la bibliothèque. Les adeptes étrangers, de passage à Paris, et présentés par un membre, y seraient admis.

Une correspondance régulière serait établie avec les différents centres de la France et de l'étranger.

Un commis secrétaire et un garçon de bureau seraient attachés à l'établissement.

Enseignement Spirite.

Un cours régulier de Spiritisme serait professé dans le but de développer les principes de la science et de propager le goût des études sérieuses. Ce cours aurait l'avantage de fonder l'unité de principes, de faire des adeptes éclairés capables de répandre les idées spirites, et de développer un grand nombre de médiums. Je regarde ce cours comme pouvant exercer une influence capitale sur l'avenir du Spiritisme et sur ses conséquences.

Publicité.

Il serait donné plus de développement à la Revue soit par l'augmentation, soit par une périodicité plus rapprochée. Un rédacteur rétribué y serait attaché.

Une publicité sur une large échelle, faite dans les journaux les plus répandus, porterait dans le monde entier et jusque dans les endroits les plus reculés, la connaissance des idées spirites, ferait naître le désir de les approfondir, et en multipliant les adeptes, imposerait silence aux détracteurs qui bientôt devraient céder devant l'ascendant de l'opinion.

Voyages.

Deux ou trois mois de l'année seraient consacrés à faire des voyages pour visiter les différents centres et leur imprimer une bonne direction.

Si les ressources le permettaient, un fonds serait institué pour rétribuer un certain nombre de voyageurs missionnaires, éclairés et de talent, qui seraient chargés de répandre la doctrine.

Une organisation complète et l'assistance d'aides rétribués, sur lesquels je pourrais compter, m'affranchissant d'une foule d'occupations et de préoccupations matérielles, me laisseraient le loisir nécessaire pour activer les travaux qui me restent à faire et auxquels l'état actuel des choses ne me permet pas de me livrer aussi assidûment qu'il le faudrait, le temps matériel me faisant défaut, et les forces physiques n'y pouvant suffire.

Si jamais il m'était réservé d'accomplir ce projet, dans l'exécution duquel il faudrait apporter la même prudence que par le passé, il est indubitable que quelques années suffiraient pour faire avancer la doctrine de quelques siècles.

La Constitution du Spiritisme, fut insérée par Allan Kardec dans la Revue de décembre 1868, mais sans les commentaires qu'il y avait ajoutés avant de mourir, et que nous reproduisons textuellement ; la mort corporelle l'arrêta lorsqu'il se préparait à tracer les *Principes fondamentaux de la doctrine spirite reconnus comme vérités acquises*, ce que nos lecteurs regretteront comme nous, car ils eussent complété sa constitution à l'aide d'aperçus logiques et judicieux ; c'est le dernier manuscrit du Maître, et nous l'avons lu avec respect.

Constitution du Spiritisme.

Exposé des motifs.

I

Considérations Préliminaires

Le Spiritisme a eu, comme toutes choses, sa période d'enfantement, et jusqu'à ce que toutes les questions principales et accessoires qui s'y rattachent, aient été résolues, il n'a pu donner que des résultats incomplets ; on a pu en entrevoir le but, en pressentir les conséquences, mais seulement d'une manière vague. De l'incertitude sur les points non encore déterminés devaient forcément naître des divergences sur la manière de les considérer ;

l'unification ne pouvait être que l'œuvre du temps ; elle s'est faite graduellement à mesure que les principes se sont élucidés. Ce n'est que lorsque la doctrine aura embrassé toutes les parties qu'elle comporte, qu'elle formera un tout harmonieux, et c'est seulement alors qu'on pourra juger ce qu'est véritablement le Spiritisme.

Tant que le Spiritisme n'a été qu'une opinion philosophique, il ne pouvait y avoir entre les adeptes que la sympathie naturelle produite par la communauté des idées, mais aucun lien sérieux ne pouvait exister faute d'un programme nettement défini. Telle est, évidemment, la principale cause du peu de cohésion et de stabilité des groupes et sociétés qui se sont formés. Aussi avons-nous, constamment et de toutes nos forces, détourné les Spirites de fonder prématurément aucune institution spéciale appuyée sur la doctrine, avant que celle-ci ne fût assise sur des bases solides ; c'eût été s'exposer à des échecs inévitables dont l'effet aurait été désastreux par l'impression qu'ils auraient produite sur le public et le découragement qui en serait résulté chez les adeptes. Ces échecs auraient peut-être retardé d'un siècle le progrès définitif de la doctrine, à l'impuissance de laquelle on aurait imputé un insuccès qui, en réalité, n'aurait été que le résultat de l'imprévoyance. Faute de savoir attendre pour arriver à point, les trop pressés et les impatients ont de tout temps compromis les meilleures causes (1).

Il ne faut demander aux choses que ce qu'elles peuvent donner, à mesure qu'elles sont en état de produire ;

---

(1) Voir pour plus de développement sur la question des institutions spirites la Revue spirite de Juillet 1866, page 193.

on ne peut exiger d'un enfant ce qu'on peut attendre
d'un adulte, ni d'un jeune arbre nouvellement planté ce
qu'il produira quand il sera dans toute sa force. Le
Spiritisme, en voie d'élaboration, ne pouvait donner que
des résultats individuels ; les résultats collectifs et généraux seront les fruits du Spiritisme complet qui se dé-
veloppera succesivement.

Bien que le Spiritisme n'ait pas encore dit son dernier
mot sur tous les points, il approche de son complément
et le moment est venu de lui donner une base forte et
durable, susceptible, néanmoins, de recevoir tous les
développements que comporteront les circonstances ultérieures, et donnant toute sécurité à ceux qui se demandent qui en prendra les rênes après celui qui en a dirigé
les premiers pas.

La doctrine est impérissable, sans doute, parce qu'elle
repose sur les lois de la nature, et que, mieux que toute
autre, elle répond aux légitimes aspirations des hommes;
cependant sa diffusion et son installation définitive peuvent être avancées ou retardées par des circonstances,
dont quelques-unes sont subordonnées à la marche générale des choses, mais d'autres sont inhérentes à la doctrine elle-même, à sa constitution et à son organisation.

Bien que la question de fond soit en tout prépondérante et finisse toujours par prévaloir, la question de
forme a ici une importance capitale ; elle pourrait
même l'emporter momentanément et susciter des entraves et des retards selon la manière dont elle sera résolue.

Nous aurions donc fait une chose incomplète et laissé
de grands embarras à l'avenir, si nous n'avions pas prévu
les difficultés qui peuvent surgir. C'est en vue d'y parer,

que nous avons élaboré un plan d'organisation pour lequel nous avons mis à profit l'expérience du passé, afin d'éviter les écueils contre lesquels se sont heurtées la plupart des doctrines qui ont paru dans le monde.

Le plan ci-après est conçu depuis longtemps, parce que nous nous sommes toujours préoccupé de l'avenir du Spiritisme ; nous l'avons fait pressentir en diverses circonstances, vaguement, il est vrai, mais suffisamment pour montrer que ce n'est pas aujourd'hui une conception nouvelle, et que, tout en travaillant à la partie théorique de l'œuvre, nous n'en négligions pas le côté pratique.

II

Des Schismes.

Une question qui se présente tout d'abord à la pensée est celle des Schismes qui pourront naître dans le sein de la doctrine ; le Spiritisme en sera-t-il préservé ?

Non, assurément, parce qu'il aura, dans le commencement surtout, à lutter contre les idées personnelles, toujours absolues, tenaces, lentes à se rallier aux idées d'autrui, et contre l'ambition de ceux qui veulent attacher, quand même, leur nom à une innovation quelconque ; qui créent des nouveautés uniquement pour pouvoir dire qu'ils ne pensent pas et ne font pas comme les autres ; ou parce que leur amour-propre souffre de n'occuper qu'un rang secondaire.

Si le Spiritisme ne peut échapper aux faiblesses humaines, avec lesquelles il faut toujours compter, il peut en paralyser les conséquences, et c'est l'essentiel.

Il est à remarquer que les nombreux systèmes divergents, éclos à l'origine du Spiritisme, sur la manière d'expliquer les faits, ont disparu à mesure que la doctrine s'est complétée par l'observation et une théorie rationnelle ; c'est à peine, aujourd'hui, si ces premiers systèmes trouvent encore quelques rares partisans. C'est là un fait notoire d'où l'on peut conclure que les dernières divergences s'effaceront avec la complète élucidation de toutes les parties de la doctrine ; mais il y aura toujours les dissidents de parti-pris, intéressés, par une cause ou par une autre, à faire bande à part : c'est contre leur prétention qu'il faut se prémunir.

Pour assurer l'unité dans l'avenir, une condition est indispensable, c'est que toutes les parties de l'ensemble de la doctrine soient déterminées avec précision et clarté, sans rien laisser dans le vague ; pour cela nous avons fait en sorte que nos écrits ne puissent donner lieu à aucune interprétation contradictoire, et nous tâcherons qu'il en soit toujours ainsi. Lorsqu'il aura été dit carrément et sans ambiguïté que deux et deux font quatre, nul ne pourra prétendre qu'on a voulu dire que deux et deux font cinq. Il pourra donc se former *à côté* de la doctrine des sectes qui n'en adopteront pas les principes, ou tous les principes, mais non dans la doctrine par l'interprétation du texte, comme il s'en est formé de si nombreuses sur le sens des paroles mêmes de l'Évangile. C'est là un premier point d'une importance capitale.

Le second point est de ne pas sortir du cercle des idées pratiques. S'il est vrai que l'utopie de la veille soit souvent la vérité du lendemain, laissons au lendemain le soin de réaliser l'utopie de la veille, mais n'embarrassons pas la doctrine de principes qui seraient considérés comme des chimères et la feraient rejeter par les hommes positifs.

Le troisième point, enfin, est inhérent au caractère essentiellement progressif de la doctrine. De ce qu'elle ne se berce pas de rêves irréalisables pour le présent, il ne s'ensuit pas qu'elle s'immobilise dans le présent. Exclusivement appuyée sur les lois de la nature, elle ne peut pas plus varier que ces lois, mais si une nouvelle loi se découvre, elle doit s'y rallier ; elle ne doit fermer la porte à aucun progrès, sous peine de se suicider : s'assimilant toutes les idées reconnues justes, de quelque ordre qu'elles soient, physiques ou métaphysiques, elle ne sera jamais débordée, et c'est là une des principales garanties de sa perpétuité.

Si donc une secte se forme à ses côtés, fondée ou non sur les principes du Spiritisme, il arrivera de deux choses l'une : ou cette secte sera dans la vérité, ou elle n'y sera pas ; si elle n'y est pas, elle tombera d'elle-même sous l'ascendant de la raison et du sens commun, comme déjà tant d'autres sont tombées depuis des siècles ; si ses idées sont justes, ne fut-ce que sur un point, la doctrine, qui cherche le bien et le vrai partout où ils se trouvent, se les assimile, de sorte qu'au lieu d'être absorbée, c'est elle qui absorbe.

Si quelques-uns de ses membres viennent à s'en séparer, c'est qu'ils croiront pouvoir faire mieux ; s'ils font réellement mieux, elle les imitera ; s'ils font plus de bien, elle s'efforcera d'en faire autant, et davantage si cela se peut ; s'ils font plus mal, elle les laissera faire, certaine que, tôt ou tard, le bien l'emporte sur le mal, et le vrai sur le faux. Voilà la seule lutte qu'elle engagera.

Ajoutons que la tolérance, conséquence de la charité,

qui est la base de la morale spirite, lui fait un devoir de respecter toutes les croyances. Voulant être acceptée librement, par conviction et non par contrainte, proclamant la liberté de conscience comme un droit naturel imprescriptible, elle dit : *Si j'ai raison, les autres finiront par penser comme moi ; si j'ai tort, je finirai par penser comme les autres.* En vertu de ces principes, ne jetant la pierre à personne, elle ne donnera aucun prétexte à représailles, et laissera aux dissidents toute la responsabilité de leurs paroles et de leurs actes.

Le programme de la doctrine ne sera donc invariable que sur les principes passés à l'état de vérités constatées ; pour les autres, elle ne les admettra, comme elle l'a toujours fait, qu'à titre d'hypothèses jusqu'à confirmation. S'il lui est démontré qu'elle est dans l'erreur sur un point, elle se modifiera sur ce point.

La vérité absolue est éternelle, et, par cela même, invariable ; mais qui peut se flatter de la posséder tout entière ? Dans l'état d'imperfection de nos connaissances, ce qui nous semble faux aujourd'hui, peut être reconnu vrai demain, par suite de la découverte de nouvelles lois ; il en est ainsi dans l'ordre moral comme dans l'ordre physique. C'est contre cette éventualité que la doctrine ne doit jamais se trouver au dépourvu. Le principe progressif, qu'elle inscrit dans son code, sera la sauvegarde de sa perpétuité, et son unité sera maintenue précisément parce qu'elle ne repose pas sur le principe de l'immobilité.

L'immobilité, au lieu d'être une force, devient une cause de faiblesse et de ruine, pour qui ne suit pas le mouvement général ; elle rompt l'unité, parce que ceux qui veulent aller en avant se séparent de ceux qui s'obstinent à rester en arrière. Mais, tout en suivant le mouvement progressif, il faut le faire avec prudence et se garder de donner tête baissée dans les rêveries des utopies et des systèmes ; il faut le faire à temps, ni trop tôt ni trop tard, et en connaissance de cause.

On comprend qu'une doctrine assise sur de telles bases doit être réellement forte ; elle défie toute concurrence et neutralise les prétentions de ses compétiteurs.

L'expérience, d'ailleurs, a déjà justifié cette prévision. La doctrine ayant marché dans cette voie depuis son origine, elle a constamment avancé, mais sans précipitation, regardant toujours si le terrain où elle pose le pied est solide, et mesurant ses pas sur l'état de l'opinion. Elle a fait comme le navigateur qui ne marche que la sonde à la main et en consultant les vents.

III

Le chef du Spiritisme.

Mais qui sera chargé de maintenir le Spiritisme dans cette voie ? Qui aura le loisir et la persévérance de s'adonner au travail incessant qu'exige une pareille tâche ? Si le Spiritisme est livré à lui-même, sans guide, n'est-il pas à craindre qu'il ne dévie de sa route ? que la malveillance, à laquelle il sera longtemps encore en butte, ne s'efforce d'en dénaturer l'esprit ? C'est là, en effet, une question vitale, et dont la solution est d'un intérêt majeur pour l'avenir de la doctrine.

La nécessité d'une direction centrale supérieure, gardienne vigilante de l'unité progressive et des intérêts généraux de la doctrine, est tellement évidente, que l'on s'inquiète déjà de ne pas voir encore de conducteur poindre à l'horizon. On comprend que, sans une autorité morale capable de centraliser les travaux, les études et les observations, de donner l'impulsion, de stimuler le zèle, de défendre le faible, de soutenir les courages chancelants, d'aider des conseils de l'expérience, de fixer l'opinion sur les points incertains, le Spiritisme courrait risque de marcher à la dérive. Non seulement cette direction est nécessaire, mais il faut qu'elle soit dans des conditions de force et de stabilité suffisantes pour braver les orages.

Ceux qui ne veulent d'aucune autorité ne comprennent pas les véritables intérêts de la doctrine; si quelques uns pensent pouvoir se passer de toute direction, la plupart, ceux qui ne croient pas à leur infaillibilité et n'ont pas une confiance absolue en leurs propres lumières, éprouvent le besoin d'un point d'appui, d'un guide, ne serait-ce que pour les aider à marcher avec plus d'assurance et de sécurité. (Voir la *Revue* d'avril 1866, p. 111 : *Le Spiritisme indépendant.*)

La nécessité d'une direction étant établie, de qui le chef tiendra-t-il ses pouvoirs ? Sera-t-il acclamé par l'universalité des adeptes ? C'est une chose impraticable. S'il s'impose de son autorité privée, il sera accepté par les uns, rejeté par les autres, et vingt prétendants peuvent surgir qui élèveraient drapeau contre drapeau ; ce serait à la fois le despotisme et l'anarchie. Un tel acte serait le fait d'un ambitieux, et rien ne serait moins propre qu'un ambitieux, par cela même orgueilleux, à diriger une doctrine basée sur l'abnégation, le dévouement, le désintéressement et l'humilité ; placé en dehors du principe fondamental de la doctrine, il ne pourrait qu'en fausser l'esprit. C'est ce qui aurait inévitablement lieu s'il n'était pris d'avance des mesures efficaces pour parer à cet inconvénient.

Admettons, cependant, qu'un homme réunisse toutes les qualités requises pour l'accomplissement de son mandat, et qu'il arrive à la direction supérieure par une voie quelconque : les hommes se suivent et ne se ressemblent pas ; après un bon il peut en venir un mauvais ; avec l'individu peut changer l'Esprit de la direction ; sans mauvais desseins, il peut avoir des vues plus ou moins justes ; s'il veut faire prévaloir ses idées personnelles, il peut faire dévoyer la doctrine, susciter des divisions, et les mêmes difficultés se renouvelleront à chaque changement. Il ne faut pas perdre de vue que le Spiritisme n'est pas encore dans la plénitude de sa force ; au point de vue de l'organisation, c'est un enfant qui commence seulement à marcher ; il importe donc, au début surtout, de le prémunir contre les difficultés de la route.

Mais, dira-t-on, l'un des Esprits annoncés qui doivent prendre part à la régénération, ne sera-t-il pas à la tête du Spiritisme ? C'est probable : mais comme ils n'auront pas au front une marque pour se faire reconnaître, qu'ils ne s'affirmeront que *par leurs actes*, et ne seront, pour la plupart, reconnus pour tels qu'après leur mort, selon ce qu'ils auront fait pendant leur vie ; que d'ailleurs, il n'y en aura pas à perpétuité, il faut prévoir toutes les éventualités. On sait que leur mission sera multiple : qu'il y en aura à tous les degrés de l'échelle, et dans les diverses branches de l'économie sociale, où chacun exercera son influence au profit des idées nouvelles, selon la spécialité de sa position ; tous travailleront donc à l'établissement de la doctrine, soit dans une partie soit dans une autre ; les uns comme chefs d'Etats, les autres comme légistes, d'autres comme magistrats, savants, littérateurs, orateurs, industriels, etc ; chacun fera ses preuves dans sa partie, depuis le prolétaire jusqu'au souverain, *sans que rien autre que ses œuvres le distingue du commun des hommes.* Si l'un d'eux doit prendre part à la direction, il est probable qu'il sera mis providentiellement en position d'y arriver par les moyens légaux qui seront adoptés ; des circonstances en apparence fortuites l'y amèneront, sans dessein prémédité de sa part, sans même qu'il ait conscience de sa mission. (*Revue Spirite : Les messies du Spiritisme.* février-Mars 1868, pages 45 et 65.)

En pareil cas, le pire de tous les chefs serait celui qui se donnerait pour l'élu de Dieu. Comme il n'est pas rationnel d'admettre que Dieu confie de telles missions à des ambitieux ou à des orgueilleux, les vertus caractéristiques d'un véritable messie, doivent être avant tout la simplicité, l'humilité, la modestie, en un mot, le désintéressement matériel et moral le plus complet; or, la seule prétention d'être un messie, serait la négation de ces qualités essentielles ; elle prouverait, chez celui qui se prévaudrait d'un pareil titre, ou une sotte présomption s'il est de bonne foi, ou une insigne imposture. Il ne manquera pas d'intrigants, soi-disant Spirites, qui voudront s'élever par orgueil, ambition cupidité ; d'autres qui s'étaieront de prétendues révélations à l'aide desquelles ils chercheront à se mettre en relief et à fasciner les imaginations trop crédules. Il faut prévoir aussi que, sous de fausses apparences, des individus pourraient tenter de s'emparer du gouvernail avec l'arrière-pensée de faire sombrer le navire en le faisant dévier de sa route. Il ne sombrera pas, mais il pourrait éprouver de fâcheux retards qu'il faut éviter. Ce sont là, sans contredit, les plus grands écueils dont le Spiritisme doit se garer : plus il prend de consistance, plus ses adversaires lui dresseront d'embûches.

Il est donc du devoir de tous les Spirites sincères de déjouer les manœuvres de l'intrigue qui peuvent s'ourdir dans les plus petits centres comme dans les plus grands. Ils devront tout d'abord répudier, de la manière la plus absolue, quiconque se poserait de lui-même en messie, soit comme chef du Spiritisme, soit comme simple apôtre de la doctrine. On connait l'arbre à son fruit ; attendez donc que l'arbre ait donné son fruit avant de juger s'il est bon, et regardez encore si les fruits sont véreux. (Evangile selon le Spiritisme, chap XXI, n° 9, *Caractère du vrai prophète.*)

On a proposé de faire désigner les candidats par les Esprits eux-mêmes dans chaque groupe ou société spirite. Outre que ce moyen n'obvierait pas à tous les inconvénients, il en aurait de spéciaux à ce mode de procéder, que l'expérience a déjà démontrés et qu'il serait superflu de rappeler ici. Il ne faut pas perdre de vue que la mission des Esprits est de nous instruire, de nous améliorer, mais non de se substituer à l'initiative de notre libre arbitre ; ils nous suggèrent des pensées, nous aident de leurs conseils, surtout en ce qui touche aux questions morales, mais ils laissent à notre jugement le soin de l'exécution des choses matérielles qu'ils n'ont pas pour mission de nous épargner. Que les hommes se contentent d'être assistés et protégés par les bons Esprits, mais qu'ils ne se déchargent pas sur eux de la responsabilité qui incombe au rôle d'incarné.

Ce moyen, d'ailleurs, susciterait plus d'embarras qu'on ne le pense, par la difficulté de faire participer tous les groupes à cette élection ; ce serait une complication dans les rouages et les rouages sont d'autant moins susceptibles de se, désorganiser qu'ils sont plus simplifiés.

Le problème est donc de constituer une direction centrale dans des conditions de force et de stabilité qui la mettent à l'abri des fluctuations, qui répondent à tous les besoins de la cause et opposent une barrière absolue aux menées de l'intrigue et de l'ambition. Tel est le but du plan dont nous allons donner une exquisse rapide.

IV

Comité central.

Pendant la période d'élaboration, la direction du Spiritisme a dû être individuelle ; il était nécessaire que tous les éléments constitutifs de la doctrine, sortis à l'état d'embryons d'une multitude de foyers, aboutissent à un centre commun pour y être contrôlés et collationnés, et qu'une seule pensée présidât à leur coordination pour établir l'unité dans l'ensemble et l'harmonie dans toutes les parties. S'il en eût été autrement, la doctrine aurait ressemblé à un mécanisme dont les rouages ne s'engrènent pas avec précision les uns dans les autres.

Nous l'avons dit, parce que c'est une incontestable

vérité, clairement démontrée aujourd'hui : la doctrine ne pouvait pas plus sortir de toutes pièces d'un seul centre que toute la science astronomique d'un seul observatoire ; et tout centre qui eût tenté de la constituer sur ses seules observations aurait fait quelque chose d'incomplet et se serait trouvé, sur une infinité de points, en contradiction avec les autres. Si mille centres eussent voulu faire leur doctrine, il n'y en aurait pas eu deux de pareils sur tous les points. Si elles eussent été d'accord pour le fond elles auraient inévitablement différé pour la forme ; or, comme il y a beaucoup de gens qui voient la forme avant le fond, il y aurait eu autant de sectes que de formes différentes. L'unité ne pouvait sortir que de l'ensemble et de la comparaison de tous les résultats partiels ; c'est pourquoi la concentration des travaux était nécessaire. (*Genèse*, chap. I, *Caractères de la révélation spirite*, n° 51 et suivants.)

Mais ce qui était un avantage pour un temps deviendrait plus tard un inconvénient. Aujourd'hui que le travail d'élaboration est terminé en ce qui concerne les questions fondamentales ; que les principes généraux de la science sont établis, la direction, d'individuelle qu'elle a dû être en commençant, doit devenir collective ; d'abord parce qu'il vient un moment où son poids excède les forces d'un homme, et, en second lieu, parce qu'il y a plus de garantie de stabilité dans une réunion d'individus, dont chacun n'a que sa voix, et qui ne peuvent rien sans le concours les uns les autres, que dans un seul qui peut abuser de son autorité et vouloir faire prédominer ses idées personnelles.

Au lieu d'un chef unique, la direction sera dévolue à un *comité central* permanent, dont l'organisation et les attributions seront définies de manière à ne rien laisser à l'arbitraire. Ce comité sera composé de douze membres titulaires au plus, qui devront, à cet effet, réunir certaines conditions voulues, et d'un nombre égal de conseillers. Il se complétera, lui-même, selon des règles également déterminées, à mesure des vacances par extinctions ou autres causes. Une disposition spéciale fixera le mode de nomination des douze premiers.

Le comité nomme son président pour un an.

L'autorité du président est purement administrative ; il dirige les délibérations du comité, surveille l'exécution des travaux et l'expédition des affaires ; mais en dehors des attributions qui lui sont conférées par les statuts constitutifs, il ne peut prendre aucune décision sans le concours du comité. Partant, point d'abus possibles, point d'aliments à l'ambition, point de prétextes d'intrigue ni de jalousie, point de suprématie blessante.

Le comité central sera donc la tête, le véritable chef du Spiritisme, chef collectif, ne pouvant rien sans l'assentiment de la majorité. Suffisamment nombreux pour s'éclairer par la discussion, il ne le sera pas assez pour qu'il y ait confusion.

L'autorité du comité central sera tempérée, et ses actes contrôlés par les congrès ou assemblées générales, dont il sera parlé ci-après.

Pour le public des adeptes, l'approbation ou la désapprobation, le consentement ou le refus, les décisions, en un mot, d'un corps constitué, représentant une opinion collective, auront forcément une autorité qu'elles n'auraient jamais émanant d'un seul individu qui ne représente qu'une opinion personnelle. Souvent on rejette l'opinion d'un seul, on se croit humilié de s'y soumettre alors qu'on défère sans difficulté à celle de plusieurs.

Il est bien entendu qu'il s'agit ici d'une autorité morale, en ce qui concerne l'interprétation et l'application des principes de la doctrine, et non d'un pouvoir disciplinaire quelconque. Cette autorité sera, en matière de Spiritisme, ce qu'est celle d'une académie en matière de science.

Pour le public étranger, un corps constitué a plus d'ascendant et de prédondérance, contre les adversaires ; surtout, il présente une force de résistance et possède des moyens d'action que ne saurait avoir un individu ; il lutte avec infiniment plus d'avantage. On s'attaque à une individualité, on la brise. il n'en est pas de même d'un être collectif.

Il y a également, dans un être collectif, une garantie de stabilité qui n'existe pas lorsque tout repose sur une seule tête ; que l'individu soit empêché par une cause quelconque, tout peut être entravé. Un être collectif, au contraire, se perpétue sans cesse : qu'il perde un ou plusieurs de ses membres, rien ne périclite.

La difficulté, dira-t-on, sera de réunir, d'une manière permanente, douze personnes qui soient toujours d'accord.

L'essentiel est qu'elles soient d'accord sur les principes fondamentaux ; or, ce sera une condition absolue de leur admission, comme de celle de tous les participants à leur direction. Sur les questions pendantes de détail, peu importe leur divergence, puisque c'est l'opinion de la majorité qui prévaut. Celui dont la manière de voir sera juste, ne manquera pas de bonnes raisons pour la justifier. Si l'un d'eux, contrarié de ne pouvoir faire admettre ses idées, se retirait, les choses n'en suivraient pas moins leur cours, et il n'y aurait pas lieu de le regretter, puisqu'il ferait preuve d'une susceptibilité orgueilleuse peu spirite, et qu'il pourrait devenir une cause de trouble.

La cause la plus ordinaire de division entre co-intéressés c'est le conflit des intérêts et la possibilité, pour l'un, de supplanter l'autre à son profit. Cette cause n'a aucune raison d'être dès l'instant que le préjudice de l'un ne peut profiter aux autres, qu'ils sont solidaires et ne peuvent que perdre au lieu de gagner à la désunion. Ceci est une question de détail, prévue dans l'organisation.

Admettons que dans le nombre se trouve un faux frère, un traître, gagné par les ennemis de la cause ; que pourra-t-il, puisqu'il n'a que sa voix dans les décisions ? Supposons que, par impossible, le comité entier entre dans une mauvaise voie : les congrès seront là pour y mettre ordre.

Le contrôle des actes de l'administration sera dans les congrès, qui pourront décréter le blâme ou une accusation contre le comité central, pour cause d'infration à son mandat, de déviation des principes reconnus, ou de mesures préjudiciables à la doctrine. C'est pour cela qu'il en référera au congrès dans les circonstances où il jugerait que sa responsabilité pourrait être engagée d'une manière grave.

Si donc les congrès sont un frein pour le comité, celui-ci puise une nouvelle force dans leur approbation. C'est ainsi que ce chef collectif relève en définitive de l'opinion générale, et ne peut, sans péril pour lui-même, s'écarter du droit chemin.

Les principales attributions du comité central seront:

1° Le soin des intérêts de la doctrine et sa propagation ; le maintien de son utilité par la conservation de l'intégrité des principes reconnus ; le développement de ses conséquences ;

2° L'étude des principes nouveaux susceptibles d'entrer dans le corps de la doctrine ;

3° La concentration de tous les documents et renseignements qui peuvent intéresser le Spiritisme ;

4° La correspondance ;

5° Le maintien, la consolidation et l'extension des liens de fraternité entre les adeptes et les sociétés particulières des différents pays ;

6° La direction de la *Revue* qui sera le journal officiel du Spiritisme, et à laquelle pourra être jointe une autre publication périodique ;

7° L'examen et l'appréciation des ouvrages, articles de journaux, et tous écrits intéressant la doctrine. La réfutation des attaques, s'il y a lieu ;

8° La publication des ouvrages fondamentaux de la doctrine, dans les conditions les plus propres à leur vulgarisation. La confection et la publication de ceux dont nous donnerons le plan, et que nous n'aurions pas le temps de faire de notre vivant. Les encouragements donnés aux publications qui pourront être utiles à la cause ;

9° La fondation et la conservation de la bibliothèque, des archives et du musée ;

10° L'administration de la caisse de secours, du dispensaire et de la maison de retraite ;

11° L'administration des affaires matérielles :

12° La direction des séances de la société ;

13° L'enseignement oral ;

15° Les visites et instructions aux réunions et sociétés particulières qui se placeront sous son patronage.

16° La convocation des congrès et assemblées générales.

Ces attributions seront réparties entre les différents membres du comité, selon la spécialité de chacun, lesquels au besoin, seront assistés par un nombre suffisant de membres auxiliaires ou de simples employés.

V

*Institutions accessoires
et complémentaires du comité central.*

Plusieurs institutions complémentaires du comité central, y seront annexées, comme dépendances locales, à mesure que les circonstances le permettront, savoir :

1° Une *bibliothèque* où se trouveront réunis tous les ouvrage qui intéressent le Spiritisme, et qui pourront être consultés sur place ou donnés en lecture ;

2° Un *musée*, où seront réunis les premières œuvres de l'art spirite, les travaux médianimiques les plus remarquables, les portraits des adeptes qui auront bien mérité de la cause par leur dévoûment, ceux des hommes que le Spiritisme honore, quoique étrangers à la doctrine, comme bienfaiteurs de l'humanité, grands génies missionnaires du progrès, etc.

3° Un *dispensaire* destiné aux consultations médicales *gratuites*, et au traitement de certaines affections, sous la direction, d'un médecin patenté ;

4° Une caisse de secours et de prévoyance, dans des conditions pratiques ;

5° Une maison de retraite ;

6° Une société d'adeptes, ayant des séances régulières.

Sans entrer dans un examen prématuré à ce sujet, il est utile de dire quelques mots de deux articles sur le sens desquels on pourrait se méprendre.

L'établissement d'une caisse générale de secours est une chose impraticable, et qui présenterait de sérieux inconvénients, ainsi que nous l'avons démontré dans un article spécial. (*Revue* de juillet 1866, page 193). Le comité ne peut donc s'engager dans une voie qu'il serait bientôt forcé d'abandonner, ni rien entreprendre qu'il ne soit certain de pouvoir réaliser. Il doit être positif, et ne point se bercer d'illusions chimériques ; c'est le moyen de marcher longtemps et sûrement ; pour cela il doit, en tout, rester dans les limites du possible.

Cette caisse de secours ne peut et ne doit être qu'une institution locale, d'une action circonscrite, dont la prudente organisation pourra servir de modèle à celles du même genre que pourraient créer les sociétés particulières. C'est par leur multiplicité qu'elles pourront rendre des services efficaces, et non en centralisant les moyens d'action.

Elle sera alimentée : 1° par la portion affectée à cette destination sur le revenu de la caisse générale du Spiritisme ; 2° par les dons spéciaux qui y seront faits. Elle capitalisera les sommes reçues de manière à se constituer un revenu ; c'est sur ce revenu qu'elle donnera des secours temporaires ou viagers, et remplira les obligations de son mandat, lesquelles seront stipulées dans son règlement constitutif.

Le projet d'une maison de retraite, dans l'acception complète du mot, ne peut être réalisé au début, en raison des capitaux qu'exigerait une semblable fondation, et, en outre, parce qu'il faut laisser à l'administration le temps de s'asseoir et de marcher avec régularité, avant de songer à compliquer ses attributions par des entreprises où elle pourrait échouer. Embrasser trop de choses avant d'être assuré des moyens d'exécution, serait une imprudence. On le comprendra facilement, si l'on réfléchit à tous les détails que comportent les établissements de ce genre. Il est bon, sans doute, d'avoir de bonnes intentions, mais avant tout il faut pouvoir les réaliser.

VI

Etendue d'action du comité central.

Un centre d'élaboration des idées spirites s'est formé de lui-même à l'origine, sans dessein prémédité, par la force des choses, mais sans aucun caractère officiel. Il était nécessaire, car s'il n'eût pas existé, quel aurait été le point de ralliement des Spirites disséminés en différents pays ? Ne pouvant communiquer leurs idées, leurs impressions, leurs observations à tous les autres centres particuliers, disséminés eux-mêmes, et souvent sans consistance, ils seraient restés isolés, et la diffusion de la doctrine en aurait souffert. Il fallait donc un point où tout aboutit, et d'où tout pût rayonner. Le développement des idées spirites, loin de rendre ce centre inutile, en fera encore mieux sentir la nécessité, parce que le besoin de se rapprocher et de se former en faisceau sera d'autant plus grand que le nombre des adeptes sera plus considérable. La constitution du Spiritisme, en régularisant l'état des choses, aura pour effet d'en faire sortir de plus grands avantages, et de combler les lacunes qu'il présente. Le centre qu'elle crée n'est point une individualité, mais un foyer d'activité collective, agissant dans l'intérêt général, et où l'autorité personnelle s'efface.

Mais quelle sera l'étendue du cercle d'activité de ce centre ? Est-il destiné à régir le monde, et à devenir l'arbitre universel de la vérité ? S'il avait cette prétention, ce serait mal comprendre l'esprit du Spiritisme qui, par cela même qu'il proclame les principes du libre examen et de la liberté de conscience, répudie la pensée de s'ériger en autocratie ; dès le début, il entrerait dans une voie fatale.

Le Spiritisme a des principes qui, en raison de ce qu'ils sont fondés sur les lois de la nature, et non sur des abstractions métaphysiques, tendent à devenir, et seront certainement un jour, ceux de l'universalité des hommes ; tous les accepteront, parce que ce seront des vérités palpables et démontrées, comme ils ont accepté la théorie du mouvement de la terre ; mais prétendre que le Spiritisme sera partout organisé de la même manière ; que les Spirites du monde entier seront assujettis à un régime uniforme, à une même manière de procéder ; qu'ils devront attendre la lumière d'un point fixe vers lequel ils devront fixer leurs regards, serait une utopie aussi absurde que de prétendre que tous les peuples de la terre ne formeront un jour qu'une seule nation, gouvernée par un seul chef, régie par le même code de lois, et assujettie aux mêmes usages. S'il est des lois générales qui peuvent être communes à tous les peuples, ces lois seront toujours, dans les détails de l'application et de la forme, appropriées aux mœurs, aux caractères, aux climats de chacun.

Ainsi en sera-t-il du Spiritisme organisé. Les Spirites du monde entier auront des principes communs qui les rattacheront à la grande famille par le lien sacré de la fraternité, mais dont l'application pourra varier selon les contrées, sans, pour cela, que l'unité fondamentale soit rompue, sans former des sectes dissidentes se jetant la pierre et l'anathème, ce qui serait antispirite au premier chef. Il pourra donc se former, et il se formera inévitablement des centres généraux en différents pays, sans autre lien que la communauté de croyance et la solidarité morale, sans subordination de l'un à l'autre, sans que celui de France, par exemple, ait les prétentions de s'imposer aux Spirites américains et réciproquement.

La comparaison des observatoires, que nous avons citée plus haut, est parfaitement juste. Il y a des observatoires sur différents points du globe ; tous, à quelque nation qu'ils appartiennent, sont fondés sur les principes généraux et reconnus de l'astronomie, ce qui ne les rend pas, pour cela, tributaires les uns des autres ; chacun règle ses travaux comme il l'entend ; ils se communiquent leurs observations, et chacun met à profit pour la science, les découvertes de ses confrères. Il en sera de même des centres généraux du Spiritisme ; ce seront les observatoires du monde invisible, qui s'emprunteront réciproquement ce qu'ils auront de bon et d'applicable aux mœurs des contrées où ils seront établis : leur but étant le bien de l'humanité, et non la satisfaction des ambitions personnelles. Le Spiritisme est une question de fond; s'attacher à la forme serait une puérilité indigne de la grandeur du sujet; voilà pourquoi les centres divers, qui seront dans le véritable esprit du Spiritisme, devront se tendre une main fraternelle, et s'unir pour combattre leurs ennemis communs : l'incrédulité et le fanatisme.

VII

Les Statuts constitutifs.

La rédaction des statuts constitutifs devait précéder toute exécution ; si elle eût été confiée à une assemblée, il n'en aurait pas moins fallu déterminer à l'avance les conditions à remplir par ceux qui auraient été chargés de ce travail. Le défaut de base préalable, la divergence des vues, peut-être aussi les prétentions individuelles, sans parler des intrigues des adversaires, auraient pu amener des divisions. Un travail d'une aussi grande portée ne pouvait être improvisé ; il demandait une longue élaboration, la connaissance des véritables besoins de la doctrine acquise par l'expérience et de sérieuses méditations ; pour l'unité de vues, l'harmonie et la coordination de toutes les parties de l'ensemble, il ne pouvait émaner que de l'initiative individuelle, sauf à recevoir plus tard la sanction des intéressés. Mais dès le début, il était nécessaire d'avoir une règle, une route tracée, un but déterminé; la règle établie, on marche avec assurance, sans tâtonnements, sans hésitation.

Toutefois, comme il n'est donné à personne de posséder la lumière universelle, ni de rien faire de parfait; qu'un homme peut se faire illusion de ses propres idées; que d'autres peuvent voir ce qu'il ne voit pas; que la prétention de s'imposer à un titre quelconque serait abusive, les statuts constitutifs seront soumis à la révision du plus prochain congrès qui pourra y apporter les rectifications jugées utiles.

Mais une constitution, quelque bonne qu'elle soit, ne saurait être perpétuelle; ce qui est bon pour un temps peut devenir insuffisant plus tard; les besoins changent avec les époques et le développement des idées. Si l'on ne veut pas qu'à la longue elle tombe en désuétude, ou qu'elle soit un jour violemment renversée par les idées progressistes, il faut qu'elle marche avec ces idées. Il en est des doctrines philosophiques et des sociétés particulières comme en politique ou en religion : suivre ou ne pas suivre le mouvement propulsif est une question de vie ou de mort. Dans l'objet dont il s'agit ici, ce serait donc un tort grave que d'enchaîner l'avenir par une règle qu'on déclarerait inflexible.

Ce serait un tort non moins grave d'apporter à la constitution organique des modifications trop fréquentes qui lui ôteraient de sa stabilité : il faut agir avec maturité et circonspection; une expérience d'une certaine durée peut seule faire l'utilité réelle des modifications. Or, qui peut être juge en pareil cas? Ce n'est pas un seul homme qui ne voit généralement qu'à son point de vue : ce ne serait pas même l'auteur du travail primitif qui pourrait voir son œuvre avec trop de complaisance;

ce sont les intéressés eux-mêmes, parce qu'ils subissent d'une manière directe et permanente les effets de l'institution, et peuvent sentir par où elle pèche.

La révision des statuts constitutifs se fera par les *congrès ordinaires*, transformés à cet effet en *congrès organiques*, à des époques déterminées, et se poursuivra indéfiniment de manière à les maintenir sans interruption au niveau des besoins et du progrès des idées, fût-ce dans mille ans d'ici.

Les époques de révision étant périodiques et connues d'avance, il n'y aura lieu de faire ni appels, ni convocations spéciales. La révision sera non seulement un droit, mais un devoir pour le congrès de l'époque indiquée ; elle se trouvera inscrite par anticipation à son ordre du jour ; de sorte qu'elle ne sera subordonnée au bon vouloir de personne ; que nul ne pourra s'arroger le droit de décider de son autorité privée, qu'elle est ou non opportune. Si, après lecture des statuts, le congrès juge qu'aucune modification n'est nécessaire, il les déclare maintenus dans leur intégrité.

Le nombre des membres des congrès étant forcément limité, attendu l'impossibilité matérielle d'y réunir tous les intéressés, pour ne pas se priver des lumières des absents, chacun pourra, dans quelque lieu du monde qu'il se trouve, et dans l'intervalle de deux congrès organiques, transmettre au comité central ses observations qui seront mises à l'ordre du jour pour le prochain congrès.

Ce n'est guère que dans une période d'un quart de siècle que se dessine un mouvement appréciable dans les idées. Ce sera donc tous les vingt-cinq ans que la constitution organique du Spiritisme sera soumise à la révision. Ce laps de temps, sans être trop long, est suffisant pour permettre d'apprécier les nouveaux besoins et ne pas apporter de perturbations par des modifications trop fréquentes.

Toutefois, comme c'est dans les premières années qu'aura lieu le plus grand travail d'élaboration, que le mouvement social qui s'opère en ce moment peut faire surgir des besoins imprévus jusqu'à ce que la société ait pris son assiette, et qu'il importe de mettre à profit, sans trop de retard, les leçons de l'expérience, les époques de révision seront plus rapprochées, mais toujours déterminées à l'avance, jusqu'à la fin de ce siècle. Dans l'intervalle de ces trente premières années, la constitution se sera suffisamment complétée et rectifiée pour avoir une stabilité relative, c'est alors que pourront, sans inconvénient, commencer les périodes de vingt-cinq ans.

De cette manière, l'œuvre individuelle première, qui avait frayé la route, devient en réalité l'œuvre collective de tous les intéressés, avec les avantages inhérents à ces deux modes, sans en avoir les inconvénients ; elle se modifie sous l'empire des idées progressives et de l'expérience, mais sans secousses, sans précipitations, parce que le principe en est posé dans la constitution même.

VIII

Du programme des croyances.

La condition absolue de vitalité pour toute réunion ou association, quelqu'en soit l'objet, c'est l'homogénéité, c'est-à-dire l'unité de vues, de principes et de sentiments, la tendance vers un même but déterminé, en un mot la communion de pensées. Toutes les fois que des hommes s'assemblent au nom d'une idée vague, ils n'arrivent jamais à s'entendre, parce que chacun comprend cette idée à sa manière. Toute réunion formée d'éléments hétérogènes porte en elle les germes de sa propre dissolution, parce qu'elle se compose d'intérêts divergents, matériels, ou d'amour-propre, tendant à un but différent, qui se combattent, et sont bien rarement disposés à faire des concessions à l'intérêt commun, ou même à la raison ; qui subissent l'opinion de la majorité s'ils ne peuvent faire autrement, mais ne s'y rallient jamais franchement.

Ainsi en a-t-il été jusqu'à ce jour du Spiritisme ; formé graduellement, par suite d'observations successives, comme toutes les sciences, l'acception a pris peu à peu plus d'extension. La qualité de Spirite, appliquée successivement à tous les degrés de croyance, comprend une infinité de nuances, depuis la simple croyance aux faits de manifestations, jusqu'aux plus hautes déductions morales et philosophiques ; depuis celui qui, s'arrêtant à la surface, n'y voit qu'un passe-temps de curiosité, jusqu'à celui qui cherche la concordance des principes avec les lois universelles, et leur application aux intérêts généraux de l'humanité ; enfin depuis celui qui n'y voit qu'un moyen d'exploitation à son profit, jusqu'à celui qui y puise les éléments de sa propre amélioration morale.

Se donner pour Spirite convaincu, n'indique donc, en aucune façon, la mesure de la croyance ; ce mot en dit trop pour les uns, et trop peu pour les autres. Une assemblée à laquelle on convoquerait tous ceux qui se disent Spirites, présenterait un amalgame d'opinions divergentes qui ne sauraient s'assimiler, et elle n'aboutirait à rien de sérieux ; sans parler des gens intéressés à y semer la discussion auxquels elle ouvrirait ses portes.

Ce défaut de précision, inévitable au début et pendant la période d'élaboration, a souvent causé des méprises regrettables, en ce qu'il a fait attribuer à la doctrine ce qui n'en était que l'abus ou une déviation. C'est par suite de la fausse application qui est journellement faite de la qualité de Spirite, que la critique, qui s'enquiert assez peu du fond des choses, et encore moins du côté sérieux du Spiritisme, a pu y trouver matière à raillerie. Qu'un individu se dise spirite ou prétende faire du Spiritisme, comme les prestidigitateurs prétendent faire de la physique, fut-il un saltimbanque, il est à ses yeux le représentant de la doctrine.

On a fait, il est vrai, une distinction entre les bons et les mauvais, les vrais et les faux Spirites, les Spirites plus ou moins éclairés, plus ou moins convaincus, les Spirites de cœur, etc. ; mais ces désignations, toujours vagues, n'ont rien d'authentique, rien qui les caractérise quand on ne connaît pas les individus, et qu'on n'a pas eu l'occasion de les juger à leurs œuvres.

On peut donc être abusé par les apparences. Il en résulte que la qualité de Spirite, ne permettant qu'une application incomplète, n'est pas une recommandation absolue ; cette incertitude jette dans les esprits une sorte de défiance qui empêche d'établir entre les adeptes un lien sérieux de confraternité.

Aujourd'hui que l'on est fixé sur tous les points fondamentaux de la doctrine, et sur les devoirs qui incombent à tout adepte sérieux, la qualité de Spirite peut avoir un caractère défini qu'elle n'avait pas auparavant.

Un formulaire de profession de foi peut être établi, et l'adhésion, par écrit, à ce programme sera un témoignage authentique de la manière d'envisager le Spiritisme. Cette adhésion constatant l'uniformité des principes, sera, en outre, le lien qui unira les adeptes en une grande famille, sans distinction de nationalités, sous l'empire d'une même foi, d'une communauté de pensées, de vues, et d'aspirations. La croyance au Spiritisme ne sera plus un simple acquiescement, souvent partiel, à une idée vague, mais une adhésion motivée, faite en connaissance de cause, et constatée par un titre officiel délivré à l'adhérent. Pour éviter les inconvénients du défaut de précision de la qualité de Spirites, les signataires de la profession de foi prendront le titre de *Spirites profès*.

Cette qualification, reposant sur une base précise et définie, ne donne lieu à aucune équivoque, elle permet aux adeptes qui professent les mêmes principes et marchent dans la même voie, de se reconnaître sans autre formalité que la déclaration de leur qualité, et, au besoin, la production de leur titre. Une réunion composée de spirites profès, sera nécessairement aussi homogène que le comporte l'humanité.

Un formulaire de profession de foi, circonstancié et nettement défini, sera la voie tracée ; le titre de *spirite-profès* sera le mot de ralliement.

Mais, dira-t-on, ce titre est-il une garantie suffisante contre les hommes à sincérité douteuse ?

Une garantie absolue contre la mauvaise foi est impossible, car il y a des gens qui se font un jeu des actes les plus solennels ; mais on conviendra que cette garantie est plus grande que lorsqu'il n'y en a pas du tout. Tel, d'ailleurs, qui se donne sans scrupule pour ce qu'il n'est pas, quand il ne s'agit que de paroles qui s'envolent, recule souvent devant une affirmation écrite qui laisse des traces, et qui peut lui être opposée dans le cas où il s'écarterait du droit chemin. Si, cependant, il y en avait qui ne fussent pas retenus par cette considération, le nombre en serait très minime et sans influence. Du reste, ce cas est prévu par les statuts, et il y est pourvu par une disposition spéciale.

Cette mesure aura inévitablement pour effet d'écarter des réunions sérieuses, les personnes qui n'y seraient pas à leur place. Si elle en écartait quelques spirites de bonne foi, ce ne serait toujours que ceux qui ne sont pas assez sûrs d'eux-mêmes pour s'affirmer, les timorés qui craignent de se mettre en évidence, et ceux qui, en toutes circonstances, ne sont jamais les premiers à se prononcer, voulant voir auparavant comment les choses tourneront. Avec le temps les uns s'éclaireront plus complètement, les autres prendront du courage ; jusque-là ni les uns ni les autres ne pourront compter parmi les solides défenseurs de la cause. Quant à ceux que l'on pourrait véritablement regretter, le nombre en sera petit, il diminuera chaque jour.

Rien n'étant parfait en ce monde, les meilleures choses ont leurs inconvénients ; si l'on voulait rejeter tout ce qui n'en est pas exempt, rien ne serait admissible. En tout il faut peser la forme des avantages et des inconvénients ; or, il est bien évident qu'ici les premiers l'emportent sur les seconds.

Tous ceux qui portent le nom de Spirites ne se rallieront donc pas à la constitution, cela est certain ; aussi n'est-elle que pour ceux qui l'accepteront librement et volontairement, car elle n'a pas la prétention de s'imposer à personne.

Le Spiritisme n'étant pas compris de la même manière par tout le monde, la constitution fait appel à ceux qui l'envisagent à son point de vue, dans le but de leur donner un point d'appui alors qu'ils se trouvaient isolés, de cimenter les liens de la grande famille par l'unité de croyances. Mais, fidèle au principe de liberté de conscience que la doctrine proclame comme un droit naturel, elle respecte toutes les convictions sincères, et ne jette point l'anathème à ceux qui ont des idées différentes ; elle n'en profitera pas moins des lumières qu'ils pourront émettre en dehors de son sein.

L'essentiel est donc de connaître ceux qui suivent la même voie ; mais comment le savoir avec précision ? Il est matériellement impossible d'y arriver par des interrogatoires individuels, et, d'ailleurs, nul ne peut être investi du droit de scruter les consciences. Le seul moyen, le plus simple, le plus légal, était d'établir un formulaire de principes, résumant l'état des connaissances actuelles qui ressortent de l'observation, et sanctionnées par l'enseignement général des Esprits auquel chacun est libre d'adhérer. L'adhésion écrite est une profession de foi qui dispense de toute autre investigation, et laisse à chacun son entière liberté.

La constitution du Spiritisme a donc pour complément nécessaire un programme de principes définis en ce qui touche la croyance, sans lequel ce serait une œuvre sans portée et sans avenir. Ce programme, fruit de l'expérience acquise, sera le jalon indicateur de la route. Pour marcher avec assurance, à côté de la constitution organique, il faut la constitution de la foi, un *credo*, si l'on veut, qui soit le point de repère de tous les adhérents.

Mais ce programme, pas plus que la constitution organique, ne peut ni ne doit enchaîner l'avenir, sous peine de succomber tôt ou tard sous les étreintes du progrès. Fondé par l'état présent des connaissances, il doit se modifier et se compléter à mesure que des nouvelles observations viendront en démontrer l'insuffisance ou les défectuosités. Toutefois ces modifications ne doivent pas être faites légèrement ni avec précipitation. Elles seront l'œuvre des congrès organiques qui, à la révision périodique des statuts constitutifs, joindra celle du formulaire des principes.

Constitution et credo, marchant constamment de concert avec le progrès, se survivront dans la suite des temps.

IX

Voies et moyens.

Il est fâcheux, sans doute, d'être obligé d'entrer dans des considérations matérielles pour atteindre un but tout spirituel ; mais il faut observer que la spiritualité même de l'œuvre se rattache à la question de l'humanité terrestre et de son bien-être ; qu'il ne s'agit plus seulement de l'émission de quelques idées philosophiques, mais de fonder quelque chose de positif et de durable, pour l'extension et la consolidation de la doctrine à laquelle il faudra faire produire les fruits qu'elle est susceptible de donner. Se figurer que nous sommes encore aux temps où quelques apôtres pouvaient se mettre

n route avec leur bâton de voyage, sans souci de leur
te et de leur pain quotidien, serait une illusion bientôt
détruite par une amère déception. Pour faire quelque
chose de sérieux, il faut se soumettre aux nécessités
qu'imposent les mœurs de l'époque où l'on vit ; ces
nécessités sont tout autres qu'aux temps de la vie
patriarcale ; l'intérêt même du Spiritisme exige donc
que l'on calcule ses moyens d'action pour ne pas être
arrêté en chemin. Calculons donc, puisque nous sommes
dans un siècle où il faut compter.

Les attributions du comité central sont assez nombreuses, comme on le voit, pour nécessiter une véritable administration. Chaque membre ayant des fonctions actives et assidues, si l'on ne prenait que des hommes de bonne volonté, les travaux pourraient en souffrir, car nul n'aurait le droit de faire des reproches aux négligents. Pour la régularité des travaux et de l'expédition des affaires, il est nécessaire d'avoir des hommes sur l'assiduité desquels on puisse compter, et dont les fonctions ne soient pas de simples actes de complaisance. Plus ils auraient d'indépendance par leurs ressources personnelles, moins ils s'astreindraient à des occupations assidues ; s'ils n'en ont pas, ils ne peuvent donner leur temps. Il faut donc qu'ils soient rétribués, ainsi que le personnel administratif ; la doctrine y gagnera en force, en stabilité, en ponctualité, en même temps que ce sera un moyen de rendre service à des personnes qui pourraient en avoir besoin.

Un point essentiel, dans l'économie de toute administration prévoyante, c'est que son existence ne repose pas sur des produits éventuels pouvant faire défaut, mais sur des ressources fixes, régulières, de manière à ce que sa marche, quoi qu'il arrive, ne puisse être entravée. Il faut donc que les personnes qui seront appelées à donner leur concours ne puissent concevoir aucune inquiétude sur leur avenir. Or, l'expérience démontre qu'on doit considérer comme essentiellement aléatoires les ressources qui ne reposent que sur le produit de cotisations, toujours facultatives, quels que soient les engagements contractés et d'un recouvrement souvent difficile. Asseoir des dépenses permanentes et régulières sur des ressources éventuelles, serait un manque de prévoyance que l'on pourrait un jour regretter. Les conséquences sont moins graves, sans doute, quand il s'agit de fondations temporaires qui durent ce qu'elles peuvent; mais ici, c'est une question d'avenir. Le sort d'une administration comme celle-ci ne peut être subordonné aux chances d'une affaire commerciale; elle doit être dès son début, sinon aussi florissante, du moins aussi stable qu'elle le sera dans un siècle d'ici. Plus sa base sera solide, moins elle sera exposée aux coups de l'intrigue.

En pareil cas, la plus vulgaire prudence veut que l'on capitalise, d'une manière inaliénable, les ressources à mesure qu'elles arrivent, afin de constituer un revenu perpétuel, à l'abri de toutes les éventualités. L'administration réglant ses dépenses sur son revenu, son existence ne peut, dans aucun cas, être compromise, puisqu'elle aura toujours les moyens de fonctionner. Elle peut, en commençant, être organisée sur une plus petite échelle; les membres du comité peuvent être provisoirement bornés à cinq ou six, le personnel et les frais administratifs réduits à leur plus simple expression, sauf à proportionner le développement à l'accroissement des ressources et des besoins de la cause, mais encore faut-il le nécessaire.

C'est à préparer les voies de cette installation que nous avons consacré jusqu'à ce jour le produit de nos travaux, ainsi que nous l'avons dit plus haut. Si nos moyens personnels ne nous permettent pas de faire plus, nous aurons du moins la satisfaction d'en avoir posé la première pierre.

Supposons donc que, par une voie quelconque, le comité central soit, dans un temps donné, mis en mesure de fonctionner, ce qui suppose un revenu fixe de 25 à 30.000 francs, en se restreignant pour le début, les ressources de toutes natures dont il disposera, en capitaux et produits éventuels, constitueront la *Caisse Générale du Spiritisme*, qui sera l'objet d'une comptabilité rigoureuse. Les dépenses obligatoires étant réglées, l'excédant du revenu accroîtra le fonds commun ; c'est proportionnellement aux ressources de ce fonds que le comité pourvoira aux diverses dépenses utiles au développement de la doctrine, sans que jamais il puisse en faire son profit personnel, ni une source de spéculation pour aucun de ses membres. L'emploi des fonds et la comptabilité seront, d'ailleurs, soumis à la vérification de commissaires spéciaux délégués à cet effet par les congrès ou assemblées générales.

Un des premiers soins du comité sera de s'occuper des publications dès qu'il en aura la possibilité, sans attendre de pouvoir le faire à l'aide du revenu ; les fonds affectés à cet usage ne seront, en réalité qu'une avance, puisqu'ils rentreront par la vente des ouvrages, dont le produit retournera au fonds commun. C'est une affaire d'administration.

X

Allan Kardec et la nouvelle constitution.

Les considérations que renferme l'extrait ci après du compte-rendu fait à propos de la caisse du Spiritisme, à la société de Paris, le 5 mai 1865, par Allan Kardec, étant le prélude de la nouvelle constitution du Spiritisme qu'il élaborait, et l'exposé de ses vues sur sa position personnelle, ont leur place nécessaire dans ce préambule.

« On a beaucoup parlé des produits que je retirais de mes ouvrages ; personne de sérieux assurément ne croit à mes millions, malgré l'affirmation de ceux qui disaient tenir de bonne source que j'avais un train princier, des équipages à quatre chevaux et que chez moi on ne marchait que sur des tapis d'Aubusson. (*Revue* de juin 1862, page 170.) Quoi qu'en ait dit, en outre, l'auteur d'une brochure que vous connaissez et qui prouve par des calculs hyperboliques, que mon budget de recettes dépasse la liste civile du plus puissant souverain de l'Europe, parce que, en France seulement, vingt millions de spirites sont mes tributaires (*Revue* de juin 1863, page 175), il est un fait plus authentique que ses calculs, c'est que je n'ai jamais rien demandé à personne, que personne ne m'a jamais rien donné pour moi personnellement ; en un mot, que *je ne vis aux dépens, de personne*, puisque, sur les sommes qui m'ont été volontairement confiées dans l'intérêt du

Spiritisme, aucune parcelle n'en a été distraite à mon profit (1).

« Mes immenses richesses proviendraient donc de mes ouvrages spirites. Bien que ces ouvrages aient eu un succès inespéré, il suffit d'être tant soit peu initié aux affaires de librairie, pour savoir que ce n'est pas avec des livres philosophiques qu'on amasse des millions en cinq ou six ans, quand on n'a sur la vente qu'un droit d'auteur de quelques centimes par exemplaire. Mais qu'il soit fort ou faible, ce produit étant le fruit de mon travail, personne n'a le droit de s'immiscer dans l'emploi que j'en fais.

Commercialement parlant, je suis dans la position de tout homme qui recueille le fruit de son travail ; je cours la chance de tout écrivain qui peut réussir, comme il peut échouer.

« Bien que, sous ce rapport, je n'aie aucun compte à rendre, je crois utile, pour la cause même à laquelle je me suis voué, de donner quelques explications.

« Quiconque a vu notre intérieur jadis et le voit aujourd'hui, peut attester que rien n'est changé à notre manière de vivre depuis que je m'occupe de Spiritisme ; elle est tout aussi simple maintenant qu'elle l'était autrefois. Il est donc certain que mes bénéfices, quels qu'ils soient, ne servent pas à nous donner les jouissances du luxe. A quoi donc cela passe t-il ?

« Le Spiritisme, en me tirant de l'obscurité, est venu me lancer dans une nouvelle voie ; en peu de temps je

---

(1) Ces sommes s'élevaient à cette époque au total de 14.100 francs, dont l'emploi, au profit exclusif de la doctrine, est justifié par les comptes.

me suis trouvé entraîné dans un mouvement que j'étais loin de prévoir. Lorsque je conçus l'idée du *Livre des Esprits*, mon intention était de ne point me mettre en évidence et de rester inconnu ; mais, promptement débordé, cela ne m'a pas été possible : j'ai dû renoncer à mes goûts de retraite, sous peine d'abdiquer l'œuvre entreprise et qui grandissait chaque jour ; il m'a fallu en suivre l'impulsion et en prendre les rênes. A mesure qu'elle se développait, un horizon plus vaste se déroulait devant moi, et en reculait les bornes ; je compris alors l'immensité de ma tâche, et l'importance du travail qui me restait à faire pour la compléter ; les difficultés et les obstacles, loin de m'effrayer, redoublèrent mon énergie ; je vis le but et je résolus de l'atteindre avec l'assistance des bons Esprits. Je sentais que je n'avais pas de temps à perdre et je ne le perdis ni en visites inutiles, ni en cérémonies oiseuses ; ce fut l'œuvre de ma vie ; j'y donnai tout mon temps, j'y sacrifiai mon repos, ma santé, parce que l'avenir était écrit devant moi en caractères irrécusables.

« Sans nous écarter de notre genre de vie, cette position exceptionnelle ne nous en a pas moins créé des nécessités auxquelles mes seules ressources personnelles, très bornées, ne me permettaient pas de pourvoir. Il serait difficile de se figurer la multiplicité des dépenses qu'elle entraîne et que j'aurais évitées sans cela.

« Eh bien ! messieurs, ce qui m'a procuré ce supplément de ressources, c'est le produit de mes ouvrages. Je le dis avec bonheur, c'est avec mon propre travail, avec le fruit de mes veilles que j'ai pourvu, en majeure partie du moins, aux nécessités matérielles de l'installation de la doctrine. J'ai ainsi apporté une large quote-part à la caisse du Spiritisme ; ceux qui aident à la propagation des ouvrages ne pourront donc pas dire qu'ils travaillent à m'enrichir, puisque le produit de tout livre acheté, de tout abonnement à la *Revue*, profite à la doctrine et non à l'individu.

« Ce n'était pas tout de pourvoir au présent ; il fallait aussi penser à l'avenir, et préparer une fondation qui, après moi, pût aider celui qui me remplacera dans la grande tâche qu'il aura à remplir ; cette fondation, sur laquelle je dois me taire encore, se rattache à la propriété que je possède, et c'est en vue de cela que j'applique une partie de mes produits à l'améliorer. Comme je suis loin des millions dont on m'a gratifié, je doute fort que, malgré mes économies, mes ressources me permettent jamais de donner à cette fondation le complément que je voudrais lui voir de mon vivant ; mais puisque sa réalisation est dans les vues de mes guides spirituels, si je ne le fais pas moi-même, il est probable qu'un jour ou l'autre, cela se fera. En attendant, j'en élabore les plans.

« Loin de moi, messieurs, la pensée de tirer la moindre vanité de ce que je viens de vous exposer ; il a fallu la persévérance de certaines diatribes pour m'engager, quoique à regret, à rompre le silence sur quelques-uns des faits qui me concernent. Plus tard tous ceux que la malveillance s'est plue, à dénaturer seront mis en lumière par des documents authentiques, mais le temps de ces explications n'est pas encore venu ; la seule chose qui m'importait pour le moment, c'était que vous fussiez édifiés sur la destination des fonds que la Providence fait passer par mes mains, qu'elle qu'en soit l'origine. Je ne me considère que comme dépositaire, même de ceux que je gagne, à plus forte raison de ceux qui me sont confiés.

« Quelqu'un me demandait un jour, sans curiosité bien entendu, et par pur intérêt pour la chose, ce que je ferais d'un million si je l'avais. Je lui ai répondu qu'aujourd'hui l'emploi en serait tout différent de ce qu'il eût été dans le principe. Jadis j'eusse fait de la propagande par une large publicité ; maintenant je reconnais que cela eût été inutile, puisque nos adversaires s'en sont chargés à leurs frais. En ne mettant pas alors de grandes ressources à ma disposition pour cet objet, les Esprits ont voulu prouver que le Spiritisme devait son succès à sa propre force.

« Aujourd'hui que l'horizon s'est élargi, que l'avenir surtout s'est déroulé, des besoins d'un tout autre ordre se font sentir. Un capital, comme celui que vous supposez, recevrait un emploi plus utile. Sans entrer dans des détails qui seraient prématurés, je dirai simplement qu'une partie servirait à convertir ma propriété en une maison spéciale de retraite spirite, dont les habitants recueilleraient les bienfaits de notre doctrine morale ; l'autre à constituer un revenu *inaliénable* destiné : 1° à l'entretien de l'établissement ; 2° à assurer une existence indépendante à celui qui me succédera et à ceux qui l'aideront dans sa mission ; 3° à subvenir aux besoins courants du Spiritisme sans courir la chance de produits éventuels comme je suis obligé de le faire, puisque la majeure partie de ses resssources repose sur mon travail qui aura un terme.

« Voilà ce que je ferais ; mais si cette satisfaction ne m'est pas donnée, je sais que, d'une manière ou d'une autre, les Esprits qui dirigent le mouvement pourvoiront à toutes les nécessités en temps utile; c'est pourquoi je ne m'en inquiète nullement, et m'occupe de ce qui est pour moi la chose essentielle : l'achèvement des travaux qui me restent à terminer. Cela fait, je partirai quand il plaira à Dieu de me rappeler. »

A ce qu'il disait alors, Allan Kardec ajoute aujourd'hui :

Lorsque le comité sera organisé, nous en ferons partie à titre de simple membre, ayant notre part de collaboration, sans revendiquer, pour nous, ni suprématie, ni titre, ni privilège quelconque.

Bien que partie active du comité, nous ne serons d'aucune charge au budget, ni pour émoluments, ni pour indemnités de voyages, ni pour une cause quelconque ; si nous n'avons jamais rien demandé à personne pour nous, nous le ferions encore moins dans cette circonstance ; notre temps, notre vie, toutes nos forces physiques et intellectuelles appartiennent à la doctrine. Nous déclarons donc formellement qu'aucune partie des ressources dont disposera le comité ne sera distraite à notre profit.

Nous y apportons, au contraire, note quote-part :

1° Par l'abandon des produits de nos ouvrages faits et à faire ;

2° Par l'apport de valeurs mobilières et immobilières.

Lorsque la doctrine sera organisée par la constitution du comité central, nos ouvrages deviendront la propriété du Spiritisme dans la personne de ce même comité, qui en aura la gérance et donnera les soins nécessaires à leur publication par les moyens les plus propres à les populariser. Il devra également s'occuper de leur traduction dans les principales langues étrangères.

La *Revue* a été, jusqu'à ce jour, et ne pouvait être qu'une œuvre personnelle, attendu qu'elle fait partie de nos œuvres doctrinales, tout en servant d'annales au Spiritisme. C'est là que tous les principes nouveaux sont élaborés et mis à l'étude. Il était donc nécessaire qu'elle conservât son caractère individuel pour la fondation de l'unité.

Nous avons été maintes fois sollicité de la faire paraître à des époques plus rapprochées ; quelque flatteur que fût pour nous ce désir, nous n'avons pu y accéder ; d'abord, parce que le temps matériel ne nous permettait pas ce surcroît de travail, et en second lieu, qu'elle ne devait pas perdre son caractère essentiel, qui n'est pas celui d'un journal proprement dit.

Aujourd'hui que notre œuvre personnelle approche de son terme, les nécessités ne sont plus les mêmes ; la *Revue* deviendra, comme nos autres ouvrages faits et à faire, la propriété collective du comité, qui en prendra la direction, pour la plus grande utilité du Spiritisme, sans que nous renoncions, pour cela, à y donner notre collaboration.

Pour compléter l'œuvre doctrinale, il nous reste à publier plusieurs ouvrages, qui n'en sont pas la partie la moins difficile, ni la moins pénible. Bien que nous en possédions tous les éléments, et que le programme en soit tracé jusqu'au dernier chapitre, nous pourrions y donner des soins plus assidus et les activer si, par l'institution du comité central, nous étions affranchis de détails qui absorbent une grande partie de notre temps.

La première période du Spiritisme a été consacrée à l'étude des principes et des lois dont l'ensemble devait constituer la doctrine, en un mot à préparer les matériaux, en même temps qu'à la vulgarisation de l'idée, c'était la semence jetée, mais qui, pareille à celle de la parabole de l'Evangile, ne devait pas partout fructifier également. L'enfant a grandi ; il est adulte, et le moment est venu où, soutenu par des adeptes sincères et dévoués, il doit marcher au but qui lui est tracé, sans être entravé par les retardataires.

Mais comment faire ce triage ? qui oserait prendre la responsabilité d'un jugement à porter sur les consciences individuelles ? Le mieux était donc que ce triage se fît de lui-même, et pour cela le moyen était bien simple ; il suffisait de planter un drapeau, et de dire : que ceux qui l'adoptent le suivent !

En prenant l'initiative de la constitution du Spiritisme, nous avons usé d'un droit commun, celui qu'a tout homme de compléter, comme il l'entend, l'œuvre qu'il a commencée, et d'être juge de l'opportunité ; dès l'instant que chacun est libre de s'y rallier ou non, nul ne peut se plaindre de subir une pression arbitraire. Nous avons créé le mot *Spiritisme* pour les besoins de la cause ; nous avons bien le droit d'en déterminer les applications, et de définir les qualités et les croyances du vrai spirite. (Revue spirite d'avril 1866, page III).

D'après tout ce qui précède, on comprendra facilement combien il eût été impossible et prématuré d'établir cette constitution au début. Si la doctrine spirite avait été formée de toutes pièces, comme toute conception personnelle, elle aurait été complète dès le premier jour, et dès lors rien n'eût été plus simple que de la constituer ; mais comme elle ne s'est faite que graduellement, par suite d'acquisitions successives, la constitution aurait sans doute rallié tous les amateurs de nouveautés, mais elle aurait bientôt été abandonnée par ceux qui n'en auraient pas accepté toutes les conséquences.

Mais, dira-t-on peut-être, n'est-ce pas une scission que vous établissez entre les adeptes? En faisant deux camps, n'est-ce pas affaiblir la phalange?

Tous ceux qui se disent Spirites ne pensent pas de même sur tous les points, la division existe de fait, et elle est bien plus préjudiciable parce qu'il peut arriver que l'on ne sache pas si, dans un Spirite, on a un allié ou un antagoniste. Ce qui fait la force, c'est l'univers; or, une union franche ne saurait exister entre gens intéressés, moralement ou matériellement, à ne pas suivre la même route, et qui ne poursuivent pas le même but. Dix hommes sincèrement unis par une pensée commune, sont plus forts que cent qui ne s'entendent pas. En pareil cas, le mélange de vues divergentes ôte la force de cohésion entre ceux qui voudraient marcher ensemble, absolument comme un liquide qui, en s'infiltrant dans un corps, est un obstacle à l'agrégation des molécules.

Si la constitution a pour effet de diminuer momentanément le nombre apparent des spirites, elle aura pour conséquence inévitable de donner plus de force à ceux qui marcheront d'un commun accord à la réalisation du grand but humanitaire que le Spiritisme doit atteindre. Ils se connaîtront et pourront se tendre la main, d'un bout du monde à l'autre.

Elle aura en outre pour effet d'opposer une barrière aux ambitions qui, en s'imposant, tenteraient de le détourner à leur profit, et de le faire dévier de sa route. Tout est calculé en vue de ce résultat, par la suppression de toute autocratie ou suprématie personnelle.

CREDO SPIRITE

Préambule.

Les maux de l'humanité viennent de l'imperfection des hommes : c'est par leurs vices qu'ils se nuisent les uns aux autres. Tant que les hommes seront vicieux, ils seront malheureux, parce que la lutte des intérêts engendrera sans cesse des misères.

De bonnes lois contribuent sans doute à l'amélioration de l'état social, mais elles sont impuissantes, pour assurer le bonheur de l'humanité, parce qu'elles ne font que comprimer les mauvaises passions, sans les anéantir ; en second lieu, parce qu'elles sont plus répressives que moralisatrices, et qu'elles ne répriment que les actes mauvais les plus saillants, sans détruire la cause. D'ailleurs, la bonté des lois est en raison de la bonté des hommes ; tant que ceux-ci seront dominés par l'orgueil et l'égoïsme, ils feront des lois au profit des ambitions personnelles. La loi civile ne modifie que la surface ; la loi morale seule peut pénétrer le for intérieur de la conscience et le réformer.

Etant donc admis que c'est le froissement causé par le contact des vices qui rend les hommes malheureux, le seul remède à leurs maux est dans leur amélioration morale. Puisque les imperfections sont la source des maux, le bonheur augmentera à mesure que les imperfections diminueront.

Quelque bonne que soit une institution sociale, si les hommes sont mauvais, ils la fausseront et en dénatureront l'esprit pour l'exploiter à leur profit, Quand les hommes seront bons, ils feront de bonnes institutions, et elles seront durables, parce que tous auront intérêt à leur conservation.

La question sociale n'a donc pas son point de départ dans la forme de telle ou telle institution ; elle est toute entière dans l'amélioration morale des individus et des masses. Là est le principe, la véritable clef du bonheur de l'humanité, parce qu'alors les hommes ne songeront plus à se nuire les uns aux autres. Il ne suffit pas de mettre un vernis sur la corruption, c'est la corruption qu'il faut extirper.

Le principe de l'amélioration est dans la nature des croyances, parce que les croyances sont le mobile des actions et modifient les sentiments ; il est aussi dans les idées inculquées dès l'enfance et identifiées avec l'esprit, et dans les idées que le développement ultérieur de l'intelligence et de la raison peuvent fortifier et non détruire. C'est par l'éducation, plus encore que par l'instruction, qu'on transformera l'humanité.

L'homme qui travaille sérieusement à sa propre amélioration, assure son bonheur dès cette vie ; outre la satisfaction de sa conscience, il s'exempte des misères matérielles et morales qui sont les conséquences inévitables de ses imperfections. Il aura le calme parce que les vicissitudes ne feront que l'effleurer ; il aura la santé, parce qu'il n'usera pas son corps par les excès ; il sera riche, parce qu'on est toujours riche quand on sait se contenter du nécessaire ; il aura la paix de l'âme, parce qu'il n'aura pas de besoins factices, qu'il ne sera pas tourmenté par la soif des honneurs et du superflu, par la fièvre de l'ambition, de l'envie et de la jalousie ; indulgent pour les imperfections d'autrui, il en souffrira moins ; elles exciteront sa pitié et non sa colère ; évitant tout ce qui peut nuire à son prochain, en paroles et en actions, cherchant au contraire tout ce qui peut être utile et agréable aux autres, nul ne souffrira de son contact.

Il assure son bonheur dans la vie future, parce que, plus il sera épuré, plus il s'élèvera dans la hiérarchie des êtres intelligents, et plutôt il quittera cette terre d'épreuve pour des mondes supérieurs ; parce que le mal qu'il aura réparé en cette vie, il n'aura plus à le réparer dans d'autres existences ; parce que, dans l'erraticité, il ne rencontrera que des êtres amis et sympathiques, et ne sera pas tourmenté par la vue incessante de ceux qui auraient eu à se plaindre de lui.

Que des hommes, vivant ensemble, soient animés de ces sentiments, ils seront aussi heureux que le comporte notre terre ; que, de proche en proche, ces sentiments gagnent tout un peuple, toute une race, toute l'humanité, et notre globe prendra rang parmi les mondes heureux.

Est-ce une chimère, une utopie ? Oui, pour celui qui ne croit pas au progrès de l'âme ; non pour celui qui croit à sa perfectibilité indéfinie.

Le progrès général est la résultante de tous les progrès individuels ; mais le progrès individuel ne consiste pas seulement dans le développement de l'intelligence, dans l'acquisition de quelques connaisances ; ce n'est là qu'une partie du progrès, et qui ne conduit pas nécessairement au bien, puisqu'on voit des hommes faire un très mauvais usage de leur savoir ; il consiste surtout dans l'amélioration morale, dans l'épuration de l'Esprit, dans l'extirpation des mauvais germes qui existent en nous ; c'est là le véritable progrès, le seul qui puisse assurer le bonheur de l'humanité parce qu'il est le négateur même du mal. L'homme le plus avancé en intelligence peut faire beaucoup de mal ; celui qui est avancé moralement ne fera que du bien. Il y a donc intérêt pour tous au progrès moral de l'humanité.

Mais que font l'amélioration et le bonheur des générations futures, à celui qui croit que tout finit avec la vie ? Quel intérêt a-t-il à se perfectionner, à se contraindre, à dompter ses mauvaises passions, à se priver pour les autres ? Il n'en a aucun ; la logique même lui dit que son intérêt est de jouir vite et par tous les moyens possibles, puisque, demain peut-être, il ne sera plus rien.

La doctrine du néantisme est la paralysie du progrès humain, parce qu'elle circonscrit la vue de l'homme sur l'imperceptible point de l'existence présente ; parce qu'elle rétrécit les idées et les concentre forcément sur la vie matérielle; avec cette doctrine, l'homme n'étant rien avant, rien après, tous rapports sociaux cessant avec la vie, la solidarité est un vain mot, la fraternité une théorie sans racines, l'abnégation au profit d'autrui une duperie, l'égoïsme, avec sa maxime : chacun pour soi, un droit naturel, la vengeance un acte de raison ; le bonheur est au plus fort et aux plus adroits ; le suicide, la fin logique de celui qui, à bout de ressources et d'expédients, n'espère plus rien, et ne peut se tirer du bourbier. Une société fondée sur le néantisme, porterait en elle le germe de la prochaine dissolution.

Tout autres sont les sentiments de celui qui a foi en

l'avenir ; qui sait que rien de ce qu'il acquiert en savoir et en moralité n'est perdu pour lui, que le travail d'aujourd'hui portera des fruits demain ; qu'il fera lui-même partie de ces générations futures plus avancées et plus heureuses. Il sait qu'en travaillant pour les autres, il travaille pour lui-même. Sa vue ne s'arrête pas à la terre : elle embrasse l'infinité des mondes qui seront un jour sa demeure ; elle entrevoit le lieu glorieux qui sera son partage, comme celui de tous les êtres arrivés à la perfection.

Avec la foi en la vie future, le cercle des idées s'élargit ; l'avenir est à soi ; le progrès personnel a un but, une utilité *effective*. De la continuité des rapports entre les hommes, naît la solidarité ; la fraternité est fondée sur une loi de nature et sur l'intérêt de tous.

La croyance en la vie future est donc l'élément du progrès, parce qu'elle est le stimulant de l'Esprit : seule elle peut donner le courage dans les épreuves, parce qu'elle en fournit la raison, la persévérance dans la lutte contre le mal, parce qu'elle montre un but. C'est donc à affermir cette croyance dans l'esprit des masses qu'il faut s'attacher.

Cependant, cette croyance est innée en l'homme ; toutes les religions la proclament ; pourquoi n'a-t-elle pas donné, jusqu'à ce jour, les résultats qu'on doit en attendre ? C'est qu'en général elle est présentée dans des conditions inacceptables pour la raison. Telle qu'on la montre, elle rompt tous les rapports avec le présent ; dès qu'on a quitté la terre, on devient étranger à l'humanité : nulle solidarité n'existe entre les morts et les vivants ; le progrès est purement individuel ; en travaillant pour l'avenir, on ne travaille que pour soi, on ne songe qu'à soi, et encore pour un but vague qui n'a rien de défini, rien de positif sur quoi la pensée puisse se reposer avec assurance ; c'est enfin parce qu'elle est plutôt une espérance qu'une certitude matérielle. Il en résulte chez les uns l'indifférence, chez d'autres une exaltation mystique qui, en isolant l'homme de la terre, est essentiellement préjudiciable au progrès réel de l'humanité, car il néglige les soins du progrès matériel auquel la nature lui fait un devoir de concourir.

Cependant, tout incomplets que soient les résultats, ils n'en sont pas moins réels. Que d'hommes ont été encouragés et soutenus dans la voie du bien par cette espérance vague ! Combien se sont arrêtés sur la pente du mal par la crainte de compromettre l'avenir ! Que de nobles vertus cette croyance n'a-t-elle pas développées ! Ne dédaignons pas les croyances du passé, quelque imparfaites qu'elles soient, lorsqu'elles conduisent au bien : elles étaient en rapport avec le degré d'avancement de l'humanité. Mais l'humanité progressant, veut des croyances en harmonie avec les nouvelles idées. Si les éléments de la foi restent stationnaires et sont distancés par l'esprit, ils perdent toute influence, et le bien qu'ils ont produit dans un temps ne peut se poursuivre, parce qu'ils ne sont plus à la hauteur des circonstances.

Pour que la doctrine de la vie future porte désormais les fruits qu'on en doit attendre, il faut avant tout qu'elle satisfasse complètement la raison ; qu'elle réponde à l'idée que l'on a de la sagesse, de la justice et de la bonté de Dieu ; qu'elle ne puisse recevoir aucun démenti de la science ; il faut que la vie future ne laisse dans l'esprit ni doute, ni incertitude ; qu'elle soit aussi positive que la vie présente dont elle est la continuation, comme le lendemain est la continuation de la veille ; il faut qu'on la voie, qu'on la comprenne, qu'on la touche, pour ainsi dire du doigt ; il faut enfin que la solidarité du passé, du présent et de l'avenir, à travers les différentes existences, soit évidente.

Telle est l'idée que le Spiritisme donne de la vie future ; ce qui en fait la force, c'est que ce n'est point une conception humaine qui n'aurait que le mérite d'être plus rationnelle, mais sans plus de certitude que les autres. C'est le résultat des études faites sur les exemples fournis par les différentes catégories d'Esprits qui se présentent dans les manifestations, ce qui a permis d'explorer la vie extra corporelle dans toutes ses phases, depuis le haut jusqu'au plus bas de l'échelle des êtres, Les péripéties de la vie future ne sont donc plus une théorie, une hypothèse plus ou moins probable, mais un résultat d'observations ; ce sont les habitants du monde invisible qui viennent eux-mêmes décrire leur état, et il est telle situation que l'imagination la plus féconde n'aurait pu concevoir, si elle ne se fût présentée aux yeux de l'observateur.

En donnant la preuve matérielle de l'existence et de l'immortalité de l'âme, en nous initiant aux mystères de la naissance, de la mort, de la vie future, de la vie universelle, en nous rendant palpables les conséquences inévitables du bien et du mal, la doctrine spirite fait, mieux que toute autre, ressortir la nécessité de l'amélioration individuelle. Par elle, l'homme sait d'où il vient, où il va, pourquoi il est sur la terre ; le bien a un but, une utilité pratique ; elle ne forme pas l'homme seulement pour l'avenir, elle le forme aussi pour le présent, pour la société ; par leur amélioration morale, les hommes prépareront sur la terre le règne de la paix et de la fraternité.

La doctrine spirite est ainsi le plus puissant élément moralisateur, en ce qu'elle s'adresse à la fois au cœur, à l'intelligence et à l'intérêt personnel bien compris.

Par son esssence même, le Spiritisme touche à toutes les branches des connaissances physiques, métaphysiques et de la morale ; les questions qu'il embrasse sont innombrables ; néanmoins, elles peuvent se résumer dans les points suivants qui, étant considérés comme des vérités acquises, constituent le programme des croyances spirites.

Principes fondamentaux de la doctrine spirite reconnus comme vérités acquises.

La mort corporelle d'Allan Kardec a suspendu les Œuvres posthumes de cet Esprit éminent ; ce volume se termine sur un point d'interrogation, et bien des lecteurs eussent voulu le voir résolu logiquement, comme le savait faire le docte professeur en Spiritisme ; sans doute il en devait être ainsi.

Au Congrès spirite et spiritualiste international de 1890, les délégués ont déclaré que, depuis 1869, des études suivies avaient révélé des choses nouvelles, et que, selon l'enseignement préconisé par Allan Kardec, quelques-uns des principes du Spiritisme, sur lesquels le maître avait basé son enseignement, devaient être mis au point et en accord avec les progrès de la science en général depuis 20 ans.

Ce courant d'idées, commun aux délégués venus de toutes les parties de la terre, a prouvé qu'un volume nouveau devait être fait, pour marier l'enseignement d'Allan Kardec avec celui que nous donne constamment la recherche de la vérité.

Ce sera l'*œuvre du Comité de propagande* ; nous comptons beaucoup sur les bons avis de nos F. E. S. qui ont prouvé au Congrès leur compétence sur les plus hautes questions philosophiques, pour seconder le comité dans cette composition d'un travail collectif, sans cesse progressif ; ce volume devra lui-même, à son tour, être mis au point lorsqu'un nouveau Congrès en aura décidé. « La science, a dit Allan Kardec, est appelée à constituer la véritable genèse d'après les lois de la nature.

« Les découvertes de la science glorifient Dieu au lieu
« de l'abaisser ; elles ne détruisent que ce que les
« hommes ont bâti sur les idées fausses qu'ils se sont
« faites de Dieu. »

« Le Spiritisme, marchant avec le progrès, ne sera
« jamais débordé, parce que, si de nouvelles découvertes
« lui démontraient qu'il est dans l'erreur sur un point
« il se modifierait sur ce point ; si une nouvelle vérité se
« révèle, il l'accepte. » (Genèse, page 39).

P. G. Leymarie.

TABLE DES MATIÈRES

PREMIÈRE PARTIE

Biographie d'Allan Kardec	1
Discours prononcé sur la tombe d'Allan Kardec par Camille Flammarion	13
Aux abonnés de la revue spirite	25
Profession de foi spirite raisonnée	27
§ 1. Dieu	27
§ 2. L'Ame	29
§ 3. Création	33
Manifestations des Esprits; caractères et conséquences religieuses des manifestations spirites	38
§ 1. Le périsprit, principe des manifestations	42
§ 2. Manifestations visuelles	45
§ 3. Transfiguration. Invisibilité	49
§ 4. Emancipation de l'âme	50
§ 5. Apparition des personnes vivantes. Bi-corporéité	56
§ 6. Des médiums	57
§ 7. De l'obsession et de la possession	70
Des hommes doubles et des apparitions de personnes vivantes	79
Controverses sur l'idée de l'existence d'Êtres intermédiaires entre l'homme et Dieu	92
Cause et nature de la clairvoyance somnambulique; explication du phénomène de la lucidité	102
La seconde vue; connaissance de l'avenir, prévisions	103

Introduction à l'étude de la photographie et de la télégraphie de la pensée	117
Photographie et télégraphie de la pensée	123
Etude sur la nature du Christ	132
I. Source des preuves de la nature du Christ	132
II. La divinité du Christ est-elle prouvée par les miracles ?	135
III. La divinité de Jésus est-elle prouvée par ses paroles	139
IV. Paroles de Jésus après sa mort	153
V. Double nature de Jésus	156
VI. Opinion des Apôtres	158
VII. Prédictions des prophètes concernant Jésus	165
VIII. Le verbe s'est fait chair	167
IX. Fils de Dieu et Fils de l'homme	170
Influence pernicieuse des idées matérialistes	177
Théorie de la beauté	184
La musique céleste	198
La musique spirite	202
La route de la vie	214
Les cinq alternatives de l'humanité	222
§ 1. Doctrine matérialiste	223
§ 2. Doctrine panthéiste	226
§ 3. Doctrine déiste	227
§ 4. Doctrine dogmatique	228
§ 5. Doctrine spirite	230
La mort spirituelle	232
La vie future	239
Questions et problèmes. Les expiations collectives	247
L'égoïsme et l'orgueil. Leurs causes, leurs effets et les moyens de les détruire	259
Liberté, égalité, fraternité	268
Les Aristocraties	274
Les déserteurs	282
Courte réponse aux détracteurs du Spiritisme	293

DEUXIÈME PARTIE

Extraits in-extenso, tirés du livre des prévisions concernant le Spiritisme	301
Ma première initiation au Spiritisme	303
Mon esprit protecteur, 11 décembre 1855.	310
Mon guide spirituel, 25 mars 1856	312
Première révélation de ma mission, 30 avril 1856 . . .	316
Ma mission, 7 mai 1856.	317
Evénements	319
Le Livre des Esprits, 10 juin 1856	321
Ma mission, 12 juin 1856	322
Le livre des Esprits, 17 juin et 11 septembre 1856 . . .	326
La Tiare spirituelle, 6 mai 1857.	329
Première annonce d'une nouvelle incarnation	334
La Revue spirite	336
Fondation de la Société spirite de Paris, 1er avril 1858. .	338
Durée de mes travaux, 24 janvier 1860	339
Evénements. Papauté, 28 janvier 1860	340
Ma Mission, 12 avril 1860	342
Avenir du Spiritisme, 15 avril 1860.	343
Mon Retour, 10 juin 1860	344
Auto da-fé de Barcelone, 21 septembre 1861.	345
Mon successeur, 22 décembre 1861	349
Imitation de l'Evangile (9 août 1863)	352
L'Eglise (30 septembre 1863)	356
Vie de Jésus, par Renan (14 octobre 1863)	358
Précurseurs de l'orage (30 janvier 1866)	359
La nouvelle génération (30 janvier 1866).	361
Instruction pour la santé d'Allan Kardec (23 avril 1866 .	365
Régénération de l'humanité (25 avril 1866)	369
Marche graduelle du Spiritisme. Dissidences et entraves (27 avril 1866)	378
Publications spirites (16 août 1867).	379
Evènements (16 août 1867)	381
Mon nouvel ouvrage sur la Genèse (9 septembre 1867). .	382

Événements (23 février 1868)	385
Mes travaux personnels. Conseils divers (4 juillet 1868)	386
Hors la Charité point de salut	388
Projet — 1868	389
Etablissement central	391
Enseignement spirite	392
Publicité	393
Voyages	393
Constitution du Spiritisme. Exposé des motifs	
I. Considérations préliminaires	394
II. Des schismes	397
III. Le chef du Spiritisme	401
IV. Comité central	406
V. Institutions accessoires et complémentaires du co- central	412
VI. Etendue d'action du comité central	414
VII. Les statuts constitutifs	417
VIII. Du programme des croyances	420
IX. Voies et moyens	426
X. Allan Kardec et la nouvelle constitution	430
Credo spirite. Préambule	432
Principes fondamentaux de la Doctrine Spirite reconnus comme vérités acquises	446

Saint-Amand (Cher). — Imprimerie Bussière.

A LA MÊME LIBRAIRIE

LA REVUE SPIRITE
Journal d'Études Psychologiques et Spiritualisme Expérimental

REVUE MENSUELLE FONDÉE EN 1858
Par ALLAN KARDEC

PRIX DE L'ABONNEMENT

France et ses Colonies	10 francs	par an
Etranger	12	—
Outre-mer	14	—

Allan Kardec.	— Le livre des Esprits (61ᵉ mille)	3 50
—	— Le livre des Médiums (44ᵉ m.)	3 50
—	— L'Evangile selon le Spiritisme (43ᵉ mille)	3 50
—	— Le Ciel et l'Enfer (18ᵉ mille)	3 50
—	— La Genèse (18ᵉ mille)	3 50
Léon Denis.	— Après la mort (26ᵉ mille)	2 50
—	— Christianisme et Spiritisme (7ᵉ mille)	2 50
—	— Dans l'Invisible (7ᵉ mille)	2 50
—	— Le problème de l'Être et de la Destinée (6ᵉ mille)	2 50
—	— Jeanne d'Arc médium (4ᵉ m.)	2 50
—	— La grande Énigme (2ᵉ mille)	2 »
Gabriel Delanne	— Le Spiritisme devient la Science (4ᵉ édit.)	3 50
—	— Le phénomène spirite (6ᵉ édit.)	2 »
—	— L'évolution animique (3ᵉ édit.)	3 50
—	— L'âme est immortelle (4ᵉ édit.)	3 50
—	— Recherche sur la médiumnité (2ᵉ édit.)	3 50
—	*Les apparitions matérialisées des vivants et des morts :*	
	Les fantômes des vivants, t. I	6 »
	Les apparitions des morts, t. II	10 »
Dʳ Geley.	— L'Être subconscient	4 »
De Rochas.	— L'Extériorisation de la sensibilité	7 »
—	— L'Extériorisation de la motricité	8 »
—	— Recueils de documents relatifs à la lévitation du corps humain	2 50
William Crookes.	— Recherches sur le Spiritualisme	3 50
Aksakoff.	— Animisme et Spiritisme	10 »
Stainton Moses.	— Enseignements spiritualistes	5 »
Crowe (Mistress).	— Les côtés obscurs de la nature	5 »
Schopenhauer.	— Mémoires sur les sciences occultes	6 »

SAINT-AMAND (CHER). — IMPRIMERIE BUSSIÈRE

www.ingramcontent.com/pod-product-compliance
Lightning Source LLC
Chambersburg PA
CBHW060518230426
43665CB00013B/1561